TRAINING 2016

Zentrale Prüfung

Deutsch 10. Klasse

Realschule · Gesamtschule EK · Hauptschule Typ B

Nordrhein-Westfalen

2015

STARK

Bildnachweis
S. 3: © Chris Schmidt / iStockphoto
S. 4: © LianeM – Fotolia.com
S. 6: © Sebastian Czapnik / Dreamstime.com (links oben), © ullstein bild – Schöning (links unten), © picture-alliance/dpa (rechts)
S. 9: © ullstein bild – TopFoto
S. 11: © Monika Adamczyk / iStockphoto
S. 14: © runzelkorn – Fotolia.com
S. 17: © Kurt MISAR – Fotolia.com
S. 21 und S. 22: © Getty Images
S. 24: © U.P.images – Fotolia.com
S. 33: © Joyfull / Dreamstime.com
S. 35: © Stephan Koscheck – Fotolia.com
S. 41: © Sandor Jackal – Fotolia.com
S. 42: © George Peters / iStockphoto
S. 46: © Marty Kropp – Fotolia.com
S. 48: © klick klick – Fotolia.com
S. 51: © Massimo Valicchia / Dreamstime.com
S. 61: © Chris Schmidt / iStockphoto
S. 64: © Timothy Stone – Fotolia.com
S. 65: © Julian Weber – Fotolia.com
S. 69: © Jean Scheijen / www.vierdrie.nl
S. 75: © Danny Meyer – Fotolia.com
S. 79: © Steve Pepple / iStockphoto
S. 81: © Andrew Kazmierski / Dreamstime.com
S. 84: © panthermedia.net / P. Lanik
S. 85: © Radiat-r, CC BY-SA 3.0 (Wikimedia Commons)
S. 88: © Gene Chutka / iStockphoto (links), © ullstein bild – Imagebroker.net (Mitte), © ullstein bild – Vision Photos (rechts)
S. 90: © corepics – Fotolia.com
S. 94: © ullstein bild – Reuters
S. 95: © picture alliance / dpa-infografik
S. 97: © ullstein bild – SIPA
S. 98: © Boris Yankov / iStockphoto
S. 106: © Ron Chapple Studios / Dreamstime.com
S. 110: © Daniel Gale – Fotolia.com
S. 117: © Fotolia.com
S. 118: © rekemp – Fotolia.com
S. 120: © Roberto A Sanchez / iStockphoto
S. 124: © Dan Brandenburg / iStockphoto
S. 128: © Cat London / iStockphoto
S. 129: © Jan Martin Will / Dreamstime.com
S. 130: © Miroslav Ferkuniak / iStockphoto
S. 131: © rusm / iStockphoto
S. 134: © Suprijono Suharjoto – Fotolia.com
S. 141: © Halina Yakushevich / Dreamstime.com
S. 148: © Susan Stevenson. Shutterstock
S. 149: © Constantin Opris / Dreamstime.com
S. 155: © contrastwerkstatt – Fotolia.com
S. 156: © VRD – Fotolia.com
S. 157: © artjazz. Shutterstock
S. 163: © Donna Coleman / iStockphoto (links), © Effe45 / Dreamstime.com (rechts)
S. 164: © Michaeldb / Dreamstime.com

12. ergänzte Auflage
www.stark-verlag.de

Inhalt

C Original-Prüfungsaufgabe

Autorin: Marion von der Kammer

Vorwort

Liebe Schülerin, lieber Schüler,

dieses Buch hilft dir bei der selbstständigen Vorbereitung auf die **zentrale Prüfung** am Ende der Klasse 10 im Fach **Deutsch**. Die Prüfung zum Erwerb des **mittleren Schulabschlusses** in NRW findet **im Mai 2016** statt.

Am besten beginnst du schon frühzeitig mit dem Training. Diesen Band kannst du **ab Klasse 9** zum **regelmäßigen Üben** nutzen und dich so langfristig und effektiv auf die Abschlussprüfung vorbereiten. Dann bist damit für die schriftliche Prüfung sicher gut gerüstet.

- Im ersten Kapitel „**Die zentrale Prüfung – Training und Tipps**“ erfährst du genau, welche Strategien und Kernkompetenzen von dir in der Prüfung erwartet werden. Dir wird gezeigt, wie die einzelnen Aufgaben aussehen können und wie sie **Schritt für Schritt** zu bearbeiten sind. Wichtige **Tipps**, Übersichten **Auf einen Blick** und zahlreiche **Hinweise** helfen dir, nichts zu vergessen und ein gutes Ergebnis zu erzielen.
- Anhand von einzelnen **Übungen** kannst du trainieren, wie du mit möglichen Aufgabenstellungen umgehen kannst und wie du sie erfolgreich löst.
- Fachbegriffe aus dem Deutschunterricht, die in der Prüfung vorkommen könnten, solltest du dir mithilfe des **Merkwissens** noch einmal in Erinnerung rufen. Der praktische Überblick hilft dir, deine Kenntnisse gezielt zu überprüfen.
- Die **Übungsaufgaben im Stil der zentralen Prüfung** entsprechen genau dem Aufbau der offiziellen Prüfung. Mit ihrer Hilfe trainierst du selbstständig, wie du die Prüfungsaufgaben erfolgreich bearbeiten kannst.
- Am Schluss findest du die **Originalprüfungsaufgaben** aus dem Jahr **2015**. Sie verschaffen dir einen Eindruck davon, was dich in der Prüfung erwartet.

Zu diesem Band gibt es ein **Lösungsbuch** im A5-Format (Bestell-Nr. 51540L). Es enthält ausführliche Lösungsvorschläge und wertvolle Hinweise zur Bearbeitung der Aufgaben. Wichtig ist aber, dass du selbstständig übst. Du solltest die Aufgaben also erst einmal selbst bearbeiten, ehe du dir die Lösungen anschaust.

Weitere zentral gestellte **Original-Prüfungsaufgaben** mit Lösungen zum Üben findest du in unserem Band „Zentrale Prüfung 2016“ (Best.-Nr. 515401).

Wichtig: Sollten nach Erscheinen dieses Bandes noch **Änderungen zur zentralen Prüfung 2016** vom Kultusministerium NRW bekannt gegeben werden, findest du aktuelle Informationen dazu im **Internet** unter:
www.stark-verlag.de/pruefung-aktuell

Viel Spaß beim Üben und vor allem viel Erfolg in der Prüfung!

Marion v. d. Kammer

Marion von der Kammer

Die zentrale Prüfung – Training und Tipps

Lesekompetenz

Was muss man können? Was wird geprüft?

Texte sehen auf den ersten Blick aus wie eine einfache Ansammlung von Wörtern. Doch das Aussehen täuscht: Bei jedem Text (lat. *textus*: Gewebe) handelt es sich um ein hochkomplexes Geflecht, dessen Botschaften gar nicht so leicht zu verstehen sind. Ein guter Leser muss Folgendes können:

- **Wörter erlesen:** Er muss imstande sein, Buchstabenfolgen (z. B.: B – a – u – m) zu dem entsprechenden Wort (hier: Baum) zusammenzufügen.
- **Bedeutungen kennen:** Er muss Zusammenhänge zwischen seinem Erfahrungswissen und den Wörtern im Text herstellen können. (Schließlich genügt es nicht, dass er die Buchstabenfolge B-a-u-m zum Wort „Baum" zusammenfügen kann, – er muss auch wissen, was ein Baum ist!)
- **Zusammenhänge herstellen:** Die Wörter in einem Text beziehen sich aufeinander, und auch einzelne Sätze bilden Sinnzusammenhänge. Diese Zusammenhänge muss der Leser herstellen.
- **Leerstellen füllen:** Selbst dem besten Verfasser ist es nicht möglich, einen Sachverhalt lückenlos darzustellen. (Vielleicht will er das auch gar nicht!) Also muss der Leser das, was nur „zwischen den Zeilen steht", ergänzen. Das erfordert die **Fähigkeit des Schlussfolgerns:** Er muss aus den Textinformationen jeweils das ableiten können, was **nicht** ausdrücklich gesagt wird. Dazu muss der Leser auch sein Erfahrungswissen heranziehen.

Dass du die einzelnen Wörter erlesen kannst, wird für selbstverständlich gehalten. Hin und wieder wirst du zwar auch aufgefordert, nach bestimmten Textstellen zu suchen. Geprüft wird aber vor allem, ob du **Zusammenhänge** herstellen kannst, und zwar …

- **textinterne Zusammenhänge** zwischen Wörtern und Sätzen und
- **textübergreifende Zusammenhänge** zwischen Textinformationen und deinem Erfahrungswissen.

Tipp

Auch wenn es für das Textverständnis wichtig ist, dass du dein Erfahrungswissen hinzuziehst: Hüte dich davor, zu spekulieren! Maßgeblich ist immer der Text. Bei jeder Aussage zu einem Text solltest du dich sicherheitshalber immer fragen: *Wo steht das?*

1 Den Leseprozess steuern

Gewöhne dir an, einen Text dreimal zu lesen, ehe du anfängst, die Aufgaben zu bearbeiten. Keine Angst: Was dir wie Zeitverschwendung erscheinen mag, ist in Wirklichkeit Zeitersparnis! Denn die Zeit, die du bei den ersten drei Lesedurchgängen investierst, sparst du später beim Lösen der Aufgaben. Hinzu kommt, dass du einen Text besonders gut verstehen kannst, wenn du so vorgehst. Im Übrigen sind die Texte (oder Textauszüge), die dir in der Prüfung vorgelegt werden, ohnehin nur von begrenztem Umfang.

Schritt für Schritt

Texte richtig lesen

Arbeitsschritt 1 **Überfliege** den Text. Lies ihn zügig durch. Es macht nichts, wenn du noch nicht alles verstehst. Versuche nur, Antworten auf die folgenden Fragen zu finden:

- Um was für eine Art von Text handelt es sich? Bestimme die **Textsorte**. (Eine Übersicht über die wichtigsten Textsorten findest du auf S. 20 und S. 35 f.). Wenn du unsicher bist, verwendest du einfach die Bezeichnung „Text".
- Worum geht es in dem Text? Bestimme das **Thema**.
- Was ist der **dargestellte Sachverhalt**? Bestimme, soweit möglich, Ort, Zeit, beteiligte Personen und das dargestellte Geschehen.
- Was ist die **Absicht des Verfassers**? Will er den Leser sachlich informieren – oder will er einen Sachverhalt kommentieren? (Weitere Möglichkeiten findest du auf S. 18).

Am besten hältst du die Antworten auf diese Fragen gleich stichwortartig fest.

Arbeitsschritt 2 **Lies** den Text **ganz genau**. Markiere Textstellen, die dir bedeutsam erscheinen. Dabei kann es sich um Textstellen handeln, die eine wichtige Information über das Thema bringen, oder solche, die du nicht auf Anhieb verstehst und über die du später noch einmal nachdenken möchtest. Notiere am Rand, warum du diese Textstellen markiert hast: Halte mit wenigen Stichworten fest, worum es dort geht. Textstellen, die dir besonders wichtig erscheinen, kennzeichnest du zusätzlich mit **!**, Textstellen, deren Sinn dir noch unklar erscheint, mit **?**.

Arbeitsschritt 3 Danach stellst du folgende Überlegungen an:

- Welche **Schlüsselwörter** (vgl. S. 3) gibt es in dem Text?
- Was ist die **Kernaussage** (die „Botschaft")?
- In wie viele **Sinnabschnitte** (vgl. S. 3) lässt sich der Text untergliedern? Markiere den Beginn jedes neuen Sinnabschnitts mit ⌈. Notiere jeweils am Rand, mit welchem (Unter-) Thema sich der Abschnitt befasst.
- Wie lauten wichtige **allgemeine Aussagen** (vgl. S. 3)?
- Wo wird die Darstellung durch **Beispiele** (vgl. S. 3) veranschaulicht?

Arbeitsschritt 4 **Lies** den Text **selektiv.** Wirf noch einmal gezielt einen Blick auf die Textstellen, die du mit **?** gekennzeichnet hast. Versuche, ihren Sinn jetzt zu klären.

Tipp

Bestimmte **Elemente** finden sich in praktisch jedem Sachtext wieder. Wenn du diese Elemente erkennst, hilft dir das, den Aufbau und Inhalt des Textes besser zu verstehen.

Achte daher beim Lesen eines **Sachtextes** immer auf:

- **Schlüsselwörter:** Sie fallen besonders auf – entweder, weil sie mehrmals wiederholt werden oder weil sie einem anderen Sprachgebrauch angehören als die übrigen Wörter im Text (z. B. ein Wort aus der Umgangssprache in einem Text, der sonst in der Standardsprache verfasst ist). Oft handelt es sich auch um Fremdwörter oder Fachbegriffe.
- **Sinnabschnitte:** So bezeichnet man eine Gruppe von Textaussagen, die sich mit einem bestimmten (Unter-)Thema befassen. Oft – aber nicht immer – entspricht ein Sinnabschnitt einem Absatz im Text. Es gibt bei einem Text keine festgelegte Anzahl von Sinnabschnitten. Deshalb hast du beim Untergliedern eines Textes in Sinnabschnitte gewisse Freiheiten.
- **Allgemeine Aussagen:** Sie sind die entscheidenden Aussagen im Text und vermitteln die wesentlichen Informationen. Allgemeine Aussagen beziehen sich immer auf einen Sachverhalt, der grundsätzlich gilt – oder der als Verallgemeinerung zu verstehen ist. Sie stehen im Plural oder enthalten Wörter, die auf andere Weise eine Verallgemeinerung ausdrücken (z. B. das Pronomen *man*).
- **Beispiele:** Beispiele sind – im Gegensatz zu allgemeinen Aussagen – konkrete Einzelfälle. Sie dienen dazu, allgemeine Aussagen zu veranschaulichen, liefern aber keine neue Information.

Übung 1

Lies den Text „Ruhelos im Großraumbüro“ einmal überfliegend, einmal genau und einmal selektiv. Halte dich bei jedem Lesedurchgang an die genannten Hinweise. Trage deine Zwischenergebnisse in die unten vorgegebenen Linien ein.

Ruhelos im Großraumbüro

In modernen Großraumbüros ist Lärmschutz angesagt. Die Störungen am Arbeitsplatz nehmen dadurch allerdings nur zu – weil nun die Gespräche der Kollegen besser zu hören sind. 70 Prozent aller befragten Büroangestellten sind „oft bis immer“ durch Geräusche und Gespräche abgelenkt. Das ergab eine Studie der Hochschule Luzern. Dabei wird eine Unterhaltung von Kollegen störender empfunden als mechanischer Lärm. Besonders gravierend ist die Situation in modernen Großraumbüros. Hier hat die verbesserte Dämpfung des Geräuschpegels durch leisere Geräte und Schallschlucker zu einer paradoxen Situation geführt: Stimmen treten noch deutlicher hervor. Am wenigsten geschätzt werden trendige „Multi-Space-Büros“ mit einer Aufteilung in Zonen wie „Arbeiten“, „Nachdenken“, „Kommunizieren“: Das stete Nomadisieren zwischen den Zonen erschwert es den Beschäftigten, wirklich zur Ruhe zu kommen. Beliebt ist hingegen das klassische Kombi-Büro: zwei separate Arbeitsräume mit dazwischen liegender Kommunikationszone.

Quelle: http://www.geo.de/GEO/mensch/medizin/63653.html

Aufgaben

1. Nach dem **überfliegenden Lesen**:

   Textsorte: Sachtext ✓

   Thema: (zu viel) Lärm in Großraumbüros ✓

   Dargestellter Sachverhalt: Auswirkungen von Lärmschutzmaßnahmen

   Absicht des Verfassers: Leser soll informiert werden

2. Nach dem **genauen Lesen**:

   Schlüsselwörter: paradox, Nomadisieren, Büro, Lärm

   Kernaussage: Lärmschutzmaßnahmen erhöhen die Belästigung, weil Gespräche deutlicher wahrgenommen werden.

   Anzahl der Sinnabschnitte: 3

   Unterthemen: Abschnitt 1: Lärm am Arbeitsplatz

   Abschnitt 2: Studie der Hochschule

   Abschnitt 3: Verschiedene Büros

   Allgemeine Aussagen:

   Beispiele: Unterhaltungen sind störender als mechanischer Lärm

3. Nach dem **selektiven Lesen**: Erkläre den Sinn dieser Wörter.

   mechanischer Lärm (Z. 12): Lärm, der von Maschinen verursacht wird.

   Multi-Space-Büro (Z. 20): Büro mit mehreren Aufteilungen

   Nomadisieren (Z. 23): Umstetes Hin- und Herlaufen

   Kombi-Büro (Z. 26): Zwei Arbeitsplätzen + Kommunikationszone

   Kommunikationszone (Z. 28): Ein Ort, wo man reden kann

Tipp

Oft kannst du den **Sinn** einer dir unklar erscheinenden Textstelle **klären**, indem du in ihrem Umkreis, also kurz davor und danach, nach „**Nahtstellen**" suchst. Es gibt keine Textstelle, die völlig isoliert in den Text hineingestreut wurde. Suche nach „**Verbindungswörtern**" im Umkreis der Textstelle, und zwar sowohl zwischen Wörtern als auch zwischen Sätzen.

2 Leseaufgaben lösen

In der Prüfung werden dir **drei Arten von Aufgaben** zum Leseverstehen vorgelegt, um festzustellen, ob du die Sinnzusammenhänge in einem Text verstanden hast: **geschlossene**, **halboffene** und **offene** Aufgaben. Bei den meisten Aufgaben handelt es sich um geschlossene Aufgaben. Löse diese zuerst. In der Regel kostet es nämlich mehr Zeit, halboffene oder offene Aufgaben zu lösen.

Hinweis: Das Lösen von offenen Aufgaben gehört genau genommen zu den Schreibaufgaben. Deshalb findest du die entsprechenden Erläuterungen dazu im Kapitel „Schreibkompetenz“ ab Seite 66.

2.1 Geschlossene Aufgaben lösen

Geschlossene Aufgaben sind so gestellt, dass es für die richtigen Antworten praktisch keinen Spielraum gibt. (Deshalb auch die Bezeichnung „geschlossene Aufgaben“!) Das Prinzip ist immer gleich: Auf eine Frage ist jeweils nur **eine einzige Antwort** möglich und richtig.

Schritt für Schritt

Geschlossene Aufgaben lösen

Arbeitsschritt 1 Zur Vorbereitung:
- **Lies** den Text zweimal durch: einmal überfliegend und einmal genau (vgl. S. 2).
- Wirf einen Blick auf die **Aufgaben**, damit du weißt, worauf du beim selektiven Lesen achten musst. Lies den Text dann selektiv (vgl. S. 2).

Arbeitsschritt 2 Bearbeite die **Aufgaben**:
- Halte dich an die gegebene **Reihenfolge**. Denn das Bearbeiten der ersten Fragen bereitet dich auf die schwierigeren Aufgaben am Schluss vor.
- **Lies** jede Aufgabe **ganz genau** durch. Erst wenn du hundertprozentig verstanden hast, wonach gefragt wird, kannst du die passende Antwort finden.

Arbeitsschritt 3 Arbeite **mit dem Text**:
- Die richtige Antwort **steht** immer **im Text**. Spekuliere nicht! Stelle dir bei jeder Aussage, die du ankreuzt, die Frage: *Wo steht das im Text?*
- Nicht jede Antwort steht aber wortwörtlich im Text. Suche dann nach einer Aussage, die **sinngemäß** zu der Frage passt.
- Manchmal musst du auch **mehrere Informationen** im Text miteinander kombinieren, um die richtige Antwort zu finden.

Arbeitsschritt 4 Sollte **am Schluss** noch eine ungelöste Aufgabe übrig bleiben, dann **sei mutig:** Kreuze die Aussage an, die dir am wahrscheinlichsten vorkommt. Vielleicht kommt dir der Zufall zu Hilfe und du landest einen Treffer. (Für eine falsch gelöste Aufgabe gibt es zwar null Punkte – für eine ungelöste Aufgabe aber auch!)

Es gibt verschiedene Arten von geschlossenen Aufgaben:

Multiple-Choice-Aufgaben

Es wird eine Frage gestellt; dazu gibt es mehrere Auswahlantworten (meist vier), von denen die richtige angekreuzt werden muss. Multiple-Choice-Aufgaben (auch: Mehrfachwahlaufgaben) können sich auch auf die Textsorte, das Thema des Textes oder die Absicht des Verfassers beziehen.

Beispiel

Warum solltest du mutig sein, wenn eine Aufgabe am Schluss noch ungelöst geblieben ist? Kreuze die passende Aussage an.

☐ Man darf keine Aufgabe ungelöst lassen.
☐ Es ist egal, ob die Lösung stimmt oder nicht.
☒ Vielleicht kreuzt man zufällig die richtige Aussage an.
☐ Ungelöste Aufgaben machen einen schlechten Eindruck.

Es kann auch vorkommen, dass mit einer Multiple-Choice-Aufgabe gezielt nach einer **Falschaussage** gefragt wird. In der Regel ist das Wort, das eine Verneinung ausdrückt, in der Aufgabe fettgedruckt.

Beispiel

Was ist das Besondere an Multiple-Choice-Aufgaben?
Kreuze die Aussage an, die **nicht** zutrifft.

☐ Nur eine einzige Antwort kommt für die Lösung infrage.
☐ Man muss die richtige Lösung ankreuzen.
☒ Es gibt für die Lösung mehrere Möglichkeiten.
☐ Es werden mehrere Auswahlantworten vorgegeben.

Tipp

Gehe nach dem **Ausschlussverfahren** vor, wenn du beim Lösen einer Multiple-Choice-Aufgabe unsicher bist: Überlege, welche Antworten auf keinen Fall infrage kommen, und sondere sie aus. Von den verbliebenen Auswahlantworten wählst du die aus, die dir am plausibelsten erscheint.

Richtig-/ Falsch-Aufgaben

Zu einem Text werden mehrere Aussagen präsentiert. Jede Aussage ist auf ihre Richtigkeit hin zu überprüfen: Passt sie zum Text – oder nicht? Entsprechend muss jeweils angekreuzt werden.

Beispiel

Wie sollte man beim Lösen von geschlossenen Aufgaben vorgehen? Kreuze an.

Man sollte …	trifft zu	trifft nicht zu
jede Aufgabe ganz genau lesen.	☒	☐
im Text nach der passenden Information suchen.	☒	☐
sich vor allem an seinem Erfahrungswissen orientieren.	☐	☒
nur Aussagen ankreuzen, die wortwörtlich im Text stehen.	☐	☒
sich möglichst an die gegebene Reihenfolge halten.	☒	☐

Tipp

Sorge dafür, dass deine **Lösungen eindeutig** sind. Falls du versehentlich eine falsche Aussage angekreuzt hast, streichst du das Kreuz durch. Die richtige Lösung kannst du zusätzlich mit einem entsprechenden Vermerk versehen, z. B. so: *richtige Lösung* → ☒.

Geschlossene Fragen

Es werden Fragen gestellt, auf die es nur eine bestimmte Antwort gibt. Die richtige Antwort muss jeweils aufgeschrieben werden. Manchmal ist sie auch in eine Lücke einzutragen. In der Regel genügen dabei Stichworte.

Beispiel

Nenne den deutschen Begriff, den man anstelle des Begriffs *Multiple-Choice-Aufgaben* verwenden könnte.

Mehrfachwahlaufgaben

Umordnungsaufgaben

Du erhältst einige ungeordnete Aussagen zum Text. Deine Aufgabe ist es, sie in die richtige Reihenfolge zu bringen. In der Regel sollst du die Aussagen nummerieren.

Beispiel

Die Erläuterungen zu den Aufgaben, mit denen die Lesekompetenz geprüft wird (S. 5 f.), geben Antworten auf verschiedene Fragen. In welcher Reihenfolge werden diese Fragen im Text beantwortet? Nummeriere sie entsprechend.

Nummer	Frage
2	Welche Arten von Aufgaben gibt es, um die Lesekompetenz zu testen?
4	Wie können Beispiele für geschlossene Aufgaben aussehen?
1	Was soll anhand von geschlossenen Aufgaben geprüft werden?
3	Wie solltest du beim Lösen von geschlossenen Aufgaben vorgehen?

Zuordnungsaufgaben

Es werden bestimmte Aussagen zu einem Text gegeben. Zugleich werden einige Bezugsgrößen genannt, z. B. Namen von Personen. Bei jeder Aussage ist zu prüfen, auf was oder wen sie sich bezieht.

Beispiel

Worauf beziehen sich die folgenden Aussagen?
Trage den passenden Buchstaben in die Tabelle ein.

A. Multiple-Choice-Aufgaben
B. Richtig-/ Falsch-Aufgaben
C. Geschlossene Fragen
D. Umordnungsaufgaben
E. Zuordnungsaufgaben

Buchstabe	**Aussage**
B	Man muss bei jeder Aussage prüfen, ob sie zum Text passt oder nicht.
C	Man bekommt eine Frage, die man kurz und knapp beantworten muss.
D	Man muss ungeordnet vorliegende Aussagen zum Text ordnen.
A	Man muss von mehreren Auswahlantworten die passende ankreuzen.
E	Man erhält verschiedene Aussagen zum Text und trägt ein, worauf sie sich beziehen.

Auf einen Blick

Was du bei den verschiedenen geschlossenen Aufgaben beachten solltest	
Multiple-Choice-Aufgaben	Es darf nur eine Aussage angekreuzt werden.
Richtig-/Falsch-Aufgaben	Hier musst du in jeder Zeile ein Kreuz machen.
Geschlossene Fragen	Die Antworten findest du in der Regel wortwörtlich im Text.
Umordnungsaufgaben	Am besten überfliegst du den Text noch einmal. Überlege dir zu jedem Abschnitt mögliche Zwischenüberschriften: *Worum geht es hier?* Ordne die Zwischenüberschriften den einzelnen Aussagen zu.
Zuordnungsaufgaben	Suche nach Textstellen, in denen die Bezugsgrößen (z. B. Namen) genannt werden. Im Umfeld dieser Textstellen findest du meist die passende Aussage. Bedenke aber, dass der Wortlaut der gesuchten Aussagen in der Aufgabe anders ausfallen kann als im Text.

Übung 2

Lies den Text „O Sohle mio!" und bearbeite dann die Aufgaben.

O Sohle mio[1]!

[...] Freitags ist Chucks-Tag an der Lakewood Elementary School[2] in Modesto, Kalifornien. Morgens entscheidet der graubärtige Schuldirektor Doug Fraser, welches Modell von seinen 104 Paaren er anziehen wird: Das mit den Zebrastreifen? Oder dem Batman-Print? Fluoreszierendes Grün oder Disco-Glitter? Auch die Schüler tragen freitags Chucks. Wer Glück hat und eine ähnliche Farbe wie der Schuldirektor wählt, gewinnt einen Preis. „Das nimmt den Kids die Hemmungen, sich mit mir zu unterhalten", sagt Fraser. Und während sich der 56-jährige Vorzeigepädagoge lächelnd für ein pflaumenblaues Modell entscheidet, rotiert irgendwo auf einem Friedhof an der Ostküste der USA Joey Ramone in seinem Grab.

Der Chuck Taylor All Star, kurz Chuck genannt, steckt in einem Dilemma[3]. Über Jahrzehnte hinweg war dieser Schuh ein Symbol von Rebellion und Ausdruck von Individualität. James Dean trug ihn, Joey Ramone trug ihn, Kurt Cobain trug ihn sogar, als er starb. Und plötzlich sind Chucks Mainstream[4] geworden. Es gibt sie in allen Farben des Regenbogens: Der Schuh soll nicht mehr zur Lebenseinstellung, sondern zur Handtasche passen. [...]

Das aktuelle Comeback haben The Strokes eingeläutet, die 2001 einfach mal die Uniform der Punk-Urgesteine Ramones kopierten: Lederjacke, Röhrenjeans und Chucks. Die Schuhe machten danach genauso rasant Karriere wie die Band. Zunächst waren sie die Lieblingstreter von Künstlern und Kreativen, die sie aus Understatement[5]-Gründen überstreiften. Kein Schuhmodell sagt so schön „Ist mir doch egal, was du über mich denkst." Außerdem verleihen sie selbst Mittvierzigern eine gewisse Jungenhaftigkeit, da kann das Haar noch so schütter sein und das Hemd noch so sehr um den Bauch spannen.

Harry Potter trägt Chucks – wie konnte das passieren?

Die Gummisohle marschiert weiter, aus den Clubs und den Werbeagenturen hinein in den Alltag. Wer heute zur Hauptverkehrszeit in einer beliebigen Stadt U-Bahn fährt, zählt mindestens fünf Paar Chucks pro Waggon. Alternde Linke und Teenies mit Emocore-Buttons auf dem Rucksack tragen sie genauso wie Mütter und Kleinkinder im Partnerlook. Sogar Harry Potter – der Gegenentwurf zu cool – war in „Der Orden des Phönix" in Chucks zu sehen. Spätestens seit Carine Roitfeld, Chefredakteurin der französischen Vogue[6], 2007 in einem goldenen Paar bei den Fashion Shows in Mailand erschien, sind Chucks gesellschaftsfähig. Die österreichische Außenministerin Ursula Plassnik kombinierte ihre Converse prompt zum schwarzen Hosenanzug. Wie konnte das geschehen?

Rückblick: 1908 gründete Marquis Converse in Massachusetts die „Converse Rubber Shoe Company", die zunächst Gummistiefel herstellte, später auch Sportschuhe. Der Legende nach kontaktierte im Jahr 1921 der Basketballspieler Charles „Chuck“ Taylor die Firma, um Verbesserungsvorschläge zu machen. Er ließ unter anderem den Converse-Sticker mit seinem Logo auf die Innenseite des Schuhs nähen, um die Knöchel der Spieler zu schützen. Die Erfolgsgeschichte begann, nachdem die amerikanische Basketballmannschaft in Converse Chucks 1936 erstmalig olympisches Gold einfuhr.

Doch Sport allein hätte diesen Schuhen nie einen so unglaublichen Siegeszug ermöglicht. Der Rock’n’Roll, er war es. Schon Elvis hatte schnell kapiert, dass die „Blue Suede Shoes“, die guten Sonntagsschuhe, zu schade und zu unbequem waren, um damit auf der Bühne herumzuspringen. In den sechziger Jahren trafen sich die Beach Boys in pastellfarbenen Hemden am Strand und verpassten dem erstmals niedrig geschnittenen All-Star-Modell „Oxford“ kalifornische Lässigkeit.

Der Schuh für alle Außenseiter

In den späten Sechzigern tauchten auch Yoko Ono und John Lennon in Chucks auf. Genau wie viele andere Hippies, die sie mit Peace-Zeichen bemalten und Blumen durch die Schnürbandösen flochten. In den Siebzigern beanspruchten die Punks die Chucks für sich. Schwarz mussten sie sein, logisch, der Schuh wurde so lange mit Tape oder Sicherheitsnadeln geflickt, bis er endgültig auseinanderfiel. In den Achtzigern paarten Hard-Rocker wie Van Halen ihre Chucks mit engen Streifenhosen. In den Neunzigern ergänzten Chucks das Grunge-Outfit: Eddie Vedder und Kurt Cobain trugen sie zu zerlöcherter Jeans und Holzfällerhemd.

Auch im Kino steckten die Chucks bevorzugt an den Füßen von Außenseitern oder unbequemen Helden. Etwa in den Achtziger-Filmen wie „The Breakfast Club“ und „Fast Times At Ridgemont High“. In „Trainspotting“ (1996) trug sie Ewan McGregor in seiner Rolle als Junkie Renton.

Es scheint, als ob jede Generation den Schuh wieder neu für sich entdeckt. Das aktuelle Comeback sprengt jedoch alle Ausmaße. Zum ersten Mal besteht die Gefahr, dass ein Massenkult das Image erstickt. […]

Rebellenmythos recycelt

Im Hause Converse hat man die Gefahr erkannt. Obwohl die Verkaufszahlen durch die Decke knallen, lancierte die Company eine gigantische Imagekampagne in 75 Ländern. Ein Versuch, den alten Rebellenmythos in die Zukunft zu retten. Auf Schwarzweißporträts wirbt Converse mit Helden von gestern wie James Dean, Sid Vicious oder Hunter S. Thompson. […]

Vielleicht hätten sich die Marketing-Strategen aber gar nicht so ins Zeug legen müssen. Denn die größte Stärke des Chucks liegt ganz woanders – im Design. Ein einfacher, schöner, bequemer Schuh – genau das, wonach sich Menschen in hochtechnisierten Zeiten sehnen.

Und selbst wenn alle Chucks-Fans ihre Treter jetzt entnervt nach hinten ins Regal schieben, ist eines sicher: Irgendwann holt sie ein gelangweilter Teenie hervor und beginnt in den Schulstunden auf dem Stoff herumzukritzeln. Wie ein Boomerang wird der Schuh dann wieder da sein und sein nächstes Comeback feiern.

Immerhin ist den Chucks das gelungen, was vielen Politikern bislang versagt blieb: flächendeckende Demokratisierung! Ob es der Punk ist, der vor dem Bahnhof sein Dosenbier trinkt, oder die Chefredakteurin der Vogue. In Chucks riechen alle Füße gleich.

Quelle: http://einestages.spiegel.de/static/authoralbumbackground/2301/o_sohle_mio.html

Anmerkungen

1 *O Sohle mio!:* Die Überschrift spielt auf einen italienischen Schlager an, der vor vielen Jahren populär war: *O sole mio.* Die italienischen Worte bedeuten: *Meine Sonne* (*sole*: Sonne; *mio*: mein).

2 *Elementary School:* Grundschule

3 *Dilemma:* die Auswahl zwischen zwei Möglichkeiten, die beide schlecht sind

4 *Mainstream:* etwas, das allgemein üblich ist, das der Meinung der Mehrheit entspricht

5 *Understatement:* Untertreibung; hier: das Gegenteil von seriöser, eleganter Kleidung

6 *Vogue:* Titel einer französischen Modezeitschrift

Aufgaben

1. Multiple-Choice-Aufgaben

a) Welches Signal sendete man früher damit aus, dass man Chucks trug? Kreuze die passende Aussage an.

- [ ] Ich lege Wert darauf, nach der neuesten Mode gekleidet zu sein.
- [x] Durch meine Schuhe hebe ich mich von der Masse meiner Mitmenschen ab. ✓
- [ ] Ich möchte für Schuhe möglichst wenig Geld ausgeben.
- [ ] Bei Schuhen achte ich vor allem auf Bequemlichkeit.

b) Welche Absicht verfolgt der Verfasser hauptsächlich mit seinem Text? Kreuze die passende Aussage an.

In erster Linie will der Verfasser …

- [ ] den Leser mit einer Geschichte unterhalten.
- [x] den Leser über ein Modephänomen informieren. ✓
- [ ] den Leser zum Tragen von Chucks auffordern.
- [ ] den Imagewandel von Chucks kritisieren.

2. Richtig-/Falsch-Aufgabe

Welche Aussagen über Chucks lassen sich aus dem Text ableiten und welche nicht? Kreuze entsprechend an.

	trifft zu	trifft nicht zu
a) Früher wurden Chucks vor allem von Außenseitern getragen.	[x]	[ ]
b) Heute werden Chucks von vielen Menschen getragen.	✓ [x]	[ ]
c) Chucks werden besonders von Sportlern bevorzugt, die ihre Knöchel schonen wollen.	[ ]	[x] ✓
d) Wer Chucks trägt, hat keine Hemmungen, mit anderen ins Gespräch zu kommen.	[ ]	[x] ✓
e) Ältere Leute, die Chucks tragen, wirken dadurch oft jünger.	✓ [x]	[ ]

3. Geschlossene Fragen

a) Wie heißt der Gründer der Firma, in der Chucks hergestellt werden? Nenne seinen Namen.

✓ Marquis Converse

b) In welchem Jahr wurde die Firma gegründet?

✓ 1908

c) Womit begann die Erfolgsgeschichte der Chucks? Stichworte genügen.

✓ Basketball Team mit Charles Chuck getan
olympisches Gold

4. Umordnungsaufgabe

Bringe die folgenden Aussagen in die richtige Reihenfolge. Nummeriere sie.
Hinweis: Es geht um die zeitliche Abfolge.

Nummer	Aussage
6	a) Eine Musikband machte die Chucks in letzter Zeit von Neuem populär.
7	b) Chucks sind heute Schuhe für jedermann.
5	c) In Filmen wurden Chucks von Außenseitern und rebellischen Helden getragen.
3	d) Die amerikanische Basketballmannschaft gewann in Chucks erstmalig olympisches Gold.
4	e) Rock'n'Roll-Sänger trugen Chucks auf der Bühne.
2	f) Der Basketballspieler Charles „Chuck" Taylor setzte bei der Herstellerfirma Verbesserungsvorschläge durch.
1	g) Marquis Converse gründete die „Converse Rubber Shoe Company" in Massachusetts.

5. Zuordnungsaufgabe

Ordne die folgenden Aussagen den passenden Personen zu. Trage die Buchstaben in die linke Spalte ein. Ein Buchstabe bleibt übrig.

A. Hippies
B. Künstler und Kreative
C. Menschen mittleren Alters
D. The Strokes
E. der Schulleiter einer amerikanischen Grundschule
F. Harry Potter
G. Yoko Ono und John Lennon
H. Punks
I. eine österreichische Außenministerin

Buchstabe	Aussage
I	a) Sie trug Chucks einmal zu einem Hosenanzug.
E	b) Er trägt Chucks immer freitags.
H	c) Sie tragen Chucks in der Farbe Schwarz.
D	d) Sie haben das aktuelle Comeback der Chucks eingeleitet.
F	e) Er trug Chucks in einem Film.
A	f) Sie dekorierten ihre Chucks mit dem Peace-Zeichen.
C	g) Sie wirken durch Chucks direkt noch etwas jungenhaft.
B	h) Sie tragen Chucks aus Gründen des Understatements.

Tipp

Verharre nicht bei Aufgaben, deren Lösungen dir Kopfzerbrechen bereiten, sondern **überspringe** sie erst mal. Bearbeite zügig alle Aufgaben, die du sicher lösen kannst, damit du nicht unnötig Zeit verlierst. **Am Schluss** kehrst du noch einmal zu den **ungelösten Aufgaben** zurück und versuchst, sie doch noch zu lösen.

2.2 Halboffene Aufgaben lösen

Bei halboffenen Aufgaben sollst du die **Antwort** auf eine Frage mit **eigenen Worten** zum Ausdruck bringen. Auswahlantworten werden nicht vorgegeben. Du hast beim Lösen von halboffenen Aufgaben deshalb einen gewissen **Spielraum:** Bestimmte festgelegte Formulierungen werden nicht von dir erwartet.

Schritt für Schritt

Halboffene Aufgaben lösen

Arbeitsschritt **1** Löse als Erstes die geschlossenen Aufgaben. In der Regel bereitet dich das nämlich auf das Lösen der halboffenen Aufgaben vor.

Arbeitsschritt **2** Lies jede Aufgabe **genau durch**, um zu verstehen, wonach gefragt wird. Denn auch bei halboffenen Aufgaben müssen die Lösungen sowohl zur Aufgabenstellung als auch zum Text passen.

Arbeitsschritt **3** Ebenso gilt hier: Arbeite mit dem **Text**. Beziehe dich bei deinen Antworten auf passende Textstellen, um nachzuweisen, dass deine Lösungen richtig sind.

Arbeitsschritt **4** Zur **Form** der Antworten:

- Antworte immer in **vollständigen Sätzen** – selbst wenn du nicht dazu aufgefordert wirst. Das macht einen besseren Eindruck und du vermeidest Unklarheiten und Missverständnisse. Stichwortartige Antworten schreibst du nur, wenn das ausdrücklich verlangt wird.
- Bezüglich der **Länge** der Antworten orientierst du dich an der Anzahl der vorgegebenen Linien. Gehe davon aus, dass du die Linien möglichst füllen sollst. Wenn nur eine Linie vorgegeben ist, genügen acht bis zehn Wörter. Bei fünf Linien schreibst du 40 bis 50 Wörter.

Es gibt verschiedene Arten von halboffenen Aufgaben:

Textstellen deuten

Hier sollst du erklären, was eine bestimmte Textstelle bedeutet. Es kann sich um ein einzelnes Wort, eine Wortgruppe oder eine komplette Aussage handeln.

Beispiel

Es heißt, beim Lösen von halboffenen Aufgaben gebe es einen gewissen **Spielraum**. Erkläre, was das bedeutet.

Es wird nicht erwartet, dass man bestimmte Formulierungen verwendet. Die Antwort muss nur vom Sinn her stimmen.

Offene Fragen zum Text beantworten

In diesem Fall wird dir eine Frage zum Text gestellt, die du eigenständig beantworten sollst. Oft handelt es sich um Wie- oder Warum-Fragen. In deiner Antwort solltest du eigene Worte verwenden und du solltest dich möglichst auf den Text beziehen, um die Richtigkeit deiner Aussage nachzuweisen.

Hinweis: Detaillierte Erklärungen, wie du eine offene Frage ausführlich beantwortest, wie deine Antwort aufgebaut sein sollte und wie du dich richtig auf den Text beziehst, findest du im Kapitel „Schreibkompetenz“ ab S. 67.

Beispiel

Warum ist es wichtig, dass du dir die Formulierung der einzelnen halboffenen Aufgaben sehr genau durchliest?

Man kann eine Aufgabe nur dann richtig lösen, wenn man verstanden hat, wonach gefragt wird. Frage und Antwort müssen nämlich genau zusammenpassen.

Aussagen zum Text bewerten

In der Regel erhältst du einen Leserkommentar zum Text, zu dem du Stellung nehmen sollst. Deine Aufgabe ist es dann, zu sagen, ob du der Meinung dieses Lesers (z. B. eines Schülers) zustimmst oder nicht. Deine Einschätzung solltest du anschließend ausreichend begründen. Beziehe dich in deiner Begründung auf den Text.

Beispiel

Nachdem die Schülerin Jessica die Erläuterungen zu den halboffenen Aufgaben gelesen hatte, entfuhr ihr diese Äußerung:

„Was sollen diese ganzen Erklärungen und Hinweise? Man könnte uns doch gleich einen richtigen Text geben und dazu ein paar passende Aufgaben stellen!"

Nimm Stellung zu Jessicas Äußerung.
Begründe deine Meinung.

Jessica hat natürlich recht. Man könnte tatsächlich gleich ein paar Aufgaben zu einem Text bekommen. Allerdings erhält man durch den Erläuterungstext wichtige Hinweise und auch nützliche Tipps. So kann man beim Lesen des Textes und beim Lösen der Aufgaben gezielter vorgehen. Ich glaube deshalb, dass die Erklärungen und Hinweise für uns Schülerinnen und Schüler doch sehr hilfreich sind.

Grafische Darstellungen beurteilen

Manchmal werden wichtige Textzusammenhänge auch in Form einer Grafik dargestellt. Du musst dann den Zusammenhang, der in der Grafik dargestellt ist, entweder erklären (Welcher Zusammenhang ist hier gemeint?) oder bewerten (Passt die Darstellung zum Text oder nicht?). Auf jeden Fall musst du dich bei deiner Antwort wieder auf den Text beziehen.

Beispiel

Bei der Vorbereitung auf die Prüfung hat ein Schüler versucht, die Erläuterungen zum Lösen von halboffenen Aufgaben in Form einer Grafik darzustellen.
Ist ihm die Darstellung gelungen? Entscheide dich. Begründe deine Meinung.

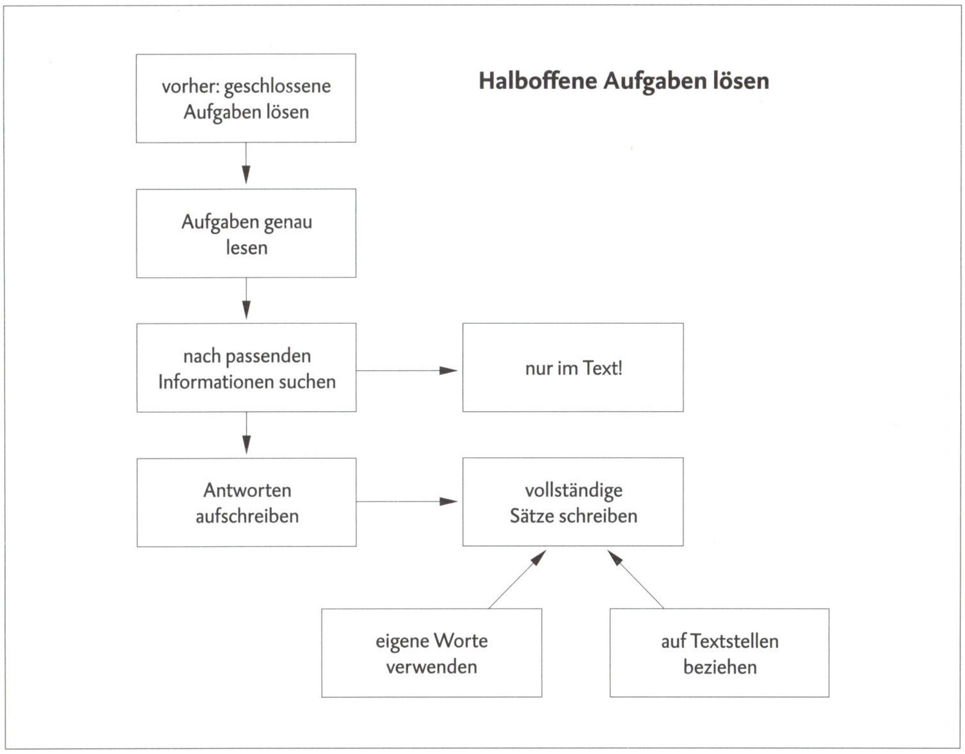

- [x] Ja, die Darstellung ist dem Schüler gelungen.
- [ ] Nein, die Darstellung ist dem Schüler nicht gelungen.

Begründung:
Der Schüler hat die entscheidenden Arbeitsschritte in der richtigen Reihenfolge übersichtlich dargestellt. Er hat sich dabei auf knappe Stichworte beschränkt. Worauf man bei den letzten beiden Arbeitsschritten achten sollte, steht jeweils daneben. So kann man sich leicht an dem Schema orientieren.

Auf einen Blick

Was du bei den verschiedenen halboffenen Aufgaben beachten solltest	
Textstellen deuten	Verwende für deine Deutung wirklich eigene Worte! Benutze möglichst keine Wörter, die du in der Textstelle findest. Ausnahme: Du kennzeichnest ein Wort als Zitat, um anschließend zu erklären, was es bedeutet.
Offene Fragen zum Text beantworten	Wenn in der Frage auf eine Textstelle Bezug genommen wird, solltest du noch einmal den Abschnitt lesen, in dem diese Textstelle enthalten ist. In der Regel findest du kurz vor oder nach dieser Textstelle Hinweise für deine Antwort.
Aussagen zum Text bewerten	Wenn du zu einem Leserkommentar Stellung nehmen sollst, geht es eigentlich immer darum, dass du sagst, was du von dieser Äußerung hältst: Stimmst du ihr zu – oder hältst du sie für falsch?
Grafische Darstellungen beurteilen	Oft sind beide Einschätzungen möglich: Die grafische Darstellung passt zum Text – oder sie passt nicht zum Text. Wichtig ist, dass du deine Meinung gut begründest.

Übung 3

Lies noch einmal den Text „O Sohle mio!“ (S. 9 f.) und bearbeite anschließend die Aufgaben.

1. Textstellen deuten

a) Erkläre, von welchem *Dilemma* (Z. 21) im Text die Rede ist.

Die Schuhe wurden als Zeichen der Rebellion und des Individualismus getragen, doch jetzt trägt sie jeder.

b) Die erste Zwischenüberschrift lautet: „Harry Potter trägt Chucks – wie konnte das passieren?“ (Z. 48 f.) Erkläre, was damit gemeint ist.

Da die Schuhe früher nur von „Außenseitern“ getragen wurde, ist die Frage, was passiert ist, dass der Schuh sogar von Schauspielern getragen wird.

c) „Der Schuh soll nicht mehr zur Lebenseinstellung, sondern zur Handtasche passen.“ (Z. 29–31) Erkläre den Sinn dieser Textstelle.

Da es die Schuhe in vielen verschiedenen Farben gibt, lassen sie sich leicht kombinieren.

d) Was bedeutet die Überschrift „O Sohle mio!“.
Hinweis: In der Überschrift sind zwei Bedeutungen versteckt.

Es bedeutet „Oh, meine Sohle / Schuhe“ / Es ist ein italienisches Lied „Oh, meine Sonne“

S. 155-160

2. Offene Fragen beantworten

a) Wie kam es dazu, dass die Chucks ihren ersten richtigen Erfolg hatten?

Der erste richtige Erfolg begann damit, dass die amerikanische Basketballmannschaft, in der damals Charles Chuck Taylor spielte, 1936 zum ersten Mal das olympische Gold gewann.

b) Warum meint der Verfasser, Chucks hätten einen Imageschaden erlitten?

Früher waren die Schuhe wegen ihrer Rebellion bekannt, doch heute ist das nicht mehr der Grund, warum man sie trägt.

c) Warum hat die Firma Converse eine *Imagekampagne* (Z. 136 f.) gestartet?

Die Firma hat Kampagnen auf der ganzen Welt, um sicher zu gehen, dass sie irgendwo immer „in“ sind und getragen werden.

3. Eine Aussage zum Text bewerten

Der Schüler Sven meinte nach der Lektüre des Textes „O Sohle mio!“: „Der Schulleiter, der freitags immer Chucks trägt, will sich bei seinen Schülern bloß anbiedern.“

Nimm Stellung zu dieser Aussage. Begründe deine Meinung anschließend. Beziehe dich auf den Text.

4. Eine grafische Darstellung beurteilen

Die Schülerin Dana hat versucht, die wesentlichen Textaussagen grafisch darzustellen. Ist ihr das gelungen? Entscheide dich. Begründe deine Meinung anschließend.

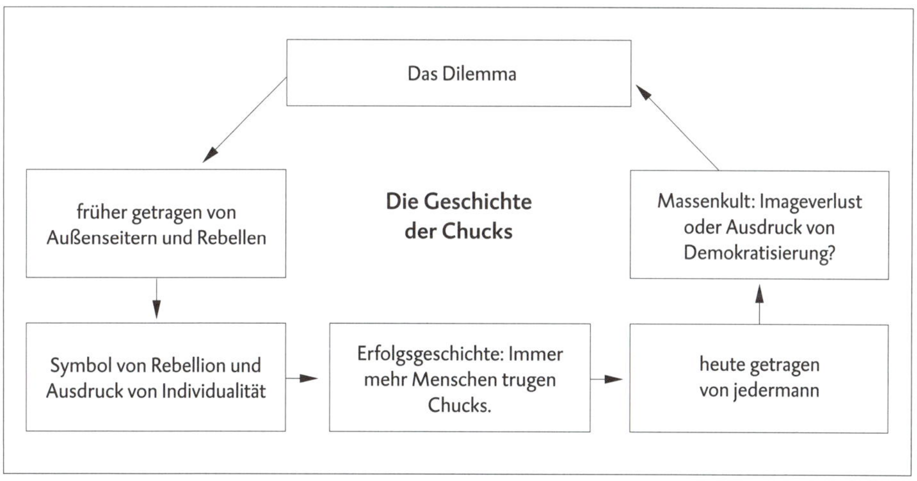

☐ Ja, die Darstellung ist der Schülerin gelungen.
☐ Nein, die Darstellung ist der Schülerin nicht gelungen.

Begründung:

3 Sachtexte verstehen

Sachtexte befassen sich mit Dingen, die es tatsächlich gibt (oder gab oder geben wird). Sie teilen vor allem **Fakten** mit. Das heißt aber nicht automatisch, dass Sachtexte immer wahr sein müssen. Schließlich kann sich der Verfasser auch einmal irren, z. B. weil seine Kenntnisse oder Beobachtungen nicht ausreichen.

3.1 Die Absicht des Verfassers erkennen

Es gibt verschiedene Arten von Sachtexten. Man unterscheidet sie vor allem danach, welche **Absicht** (Intention) der Verfasser verfolgt: Z. B. kann er den Leser mit seinem Text beeinflussen wollen, weil er möchte, dass dieser sich seiner Meinung anschließt. Es ist deshalb wichtig, dass du bei einem Sachtext erkennst, ob die Darstellung **neutral oder subjektiv** ist. Stelle dir beim Lesen die Frage: *Was will der Verfasser von mir?* Seine Absichten kann der Verfasser auch „verstecken". Er kann seine Meinung z. B. **indirekt** zum Ausdruck bringen, etwa durch die Wortwahl. Orientiere dich deshalb auch an der **Ausdrucksweise**.

Man unterscheidet Sachtexte nach der Absicht des Verfassers:

- **Informierende Texte:** Der Verfasser will über einen Sachverhalt **informieren**. Er teilt dem Leser Tatsachen mit.
  z. B. ein Bericht über ein Ereignis, ein wissenschaftlicher Aufsatz
- **Kommentierende Texte:** Der Verfasser will einen Sachverhalt **kommentieren**. Dann äußert er seine Meinung zu einem Ereignis oder einer Entwicklung.
  z. B. ein Kommentar zu einer Abstimmung im Bundestag
- **Appellierende Texte:** Der Verfasser will an den Leser **appellieren**. Er will ihn dazu bewegen, etwas Bestimmtes zu denken oder zu tun.
  z. B. Werbetexte, Reden über politische Programme
- **Instruierende Texte:** Der Verfasser will den Leser **instruieren**. Das bedeutet, dass er dem Leser Anweisungen erteilen will, die ihm helfen, eine bestimmte Handlung auszuführen.
  z. B. eine Bedienungsanleitung, Kochrezepte

Oft will der Verfasser den Leser mit seinem Text auch **unterhalten**. Dann will er erreichen, dass man beim Lesen auch Vergnügen empfindet. Allerdings ist die Unterhaltungsfunktion bei einem Sachtext immer zweitrangig.

Hinweis: Genaueres zu den Merkmalen von Zeitungstexten findest du auf S. 20.

Tipp

Wenn du bei einem Text bezüglich der Autorenintention unsicher bist, liegt das wahrscheinlich daran, dass der Verfasser **mehrere Absichten** verfolgt. Überlege dann, worum es ihm hauptsächlich geht. Frage dich z. B.: *Will der Verfasser in erster Linie erreichen, dass ich seine Meinung nachvollziehen kann?* Dann wäre es ein kommentierender Text. *Oder will er mich dazu veranlassen, seine Meinung zu übernehmen?* Dann wäre sein Text appellierend.

Übung 4

Lies die folgenden Textauszüge und bestimme jeweils die Absicht des Verfassers. Trage die passende Bezeichnung (appellierend, instruierend etc.) in die Tabelle ein.

Text A

TOYOTA | Highlights | Technische Daten | Preisliste | Ausstattung | Finanzangebote | Farben | Galerie

Mit der dritten Generation des Prius setzt Toyota die 1997 begonnene Erfolgsgeschichte alternativer Antriebe und nachhaltiger Mobilität erfolgreich fort. Der neue Prius überzeugt durch nochmals verbesserte Verbrauchswerte und eine Fülle zukunftsweisender Technologien. Darüber hinaus setzt er auch neue Akzente in den Bereichen Design und Fahrfreude. [...]

Quelle: http://www.toyota.de/cars/new_cars/prius/index.aspx?WT.mc_id=AdGroup_Modell_Prius&WT.adsite=Google&WT.srch=1

Text B

WELT ONLINE | Nachrichten | Debatte | Schönes Leben | Marktplatz | Ihre Suche
Kommentare | Kolumnen | Diskussionen | Die Welt in Worten

Bei aller Euphorie, die E-Mobile haben einige gravierende Nachteile. Sie taugen nicht für lange Strecken, sind zu teuer in der Anschaffung und nur so klimafreundlich wie der Strom, den sie fressen. Aber als Alternative zu den traditionellen Pkws haben die Elektroautos eine Chance verdient. [...]

Quelle: http://www.welt.de/debatte/kommentare/article7454678/Keine-uebertriebenen-Erwartungen-an-Elektroautos.html

Text C

CITROËN

Die Wahl der Gänge richtig zu gestalten, ist ein einfaches Mittel, um den Kraftstoffverbrauch zu optimieren. Auch wenn die Verkehrs- und Sicherheitsbedingungen manchmal zum Fahren mit höherer Drehzahl zwingen, besteht oft die Möglichkeit, die Drehzahl niedriger zu halten. Bei manuellem mechanischem Schaltgetriebe sollten Sie immer versuchen den höchstmöglichen Gang zu benutzen. [...]

Quelle: http://www.citroen.de/home/#/aktuelles/presse/c-zero-soll-modellpalette-von-db-fuhrpark-ergaenzen/

Text D

PORTEL.DE
Portal für den deutschen Telekommunikationsmarkt
NACHRICHTEN | WISSEN | ÜBER UNS

80 Prozent der Deutschen meinen, dass die hiesige Wirtschaft vom Trend hin zu Elektro-Mobilität (E-Mobility) und anderen Antriebstechniken profitieren wird. Nur zehn Prozent empfinden sie als Bedrohung. Das ergab eine breit angelegte, repräsentative Umfrage [...].

Quelle: Georg Stanossek; http://www.portel.de/nc/ nachricht/artikel/43898-bitkom-studie-70-der-deutschen-begruessen-e-auto-foerderung/12/

	Absicht des Verfassers
Text A	appelierend ✓
Text B	kommentierend
Text C	instruierend
Text D	informierend

3.2 Textsorten unterscheiden

Bei vielen Sachtexten, die uns im Alltag begegnen, handelt es sich um Zeitungstexte. Sie informieren über wichtige Ereignisse, die kurz zuvor passiert sind, und veranlassen den Leser, sich zu den Geschehnissen eine eigene Meinung zu bilden. Es erleichtert dir das Verständnis, wenn du die **Merkmale** der einzelnen Textsorten kennst. Am häufigsten kommen diese Zeitungstexte vor:

Merkmale der verschiedenen Sachtextsorten

Bericht
Er informiert sachlich und neutral über wichtige aktuelle Ereignisse. Berichte sind in der Regel so aufgebaut: Zuerst werden die W-Fragen beantwortet: **Was** ist geschehen? **Wer** ist betroffen? **Wo** ist es geschehen? **Wann** ist es geschehen? Evtl. wird auch gleich am Anfang etwas über die Folgen gesagt. Erst danach folgen genauere Ausführungen zum Ablauf: **Wie** ist es geschehen? **Warum** ist es passiert? Berichte sind in der Regel im Präteritum verfasst.

Kommentar
Er ist eine Art Stellungnahme: Der Verfasser äußert darin seine Meinung über ein aktuelles Ereignis oder eine aktuelle Entwicklung. Seine Meinung kann positiv (befürwortend) oder negativ (kritisch) ausfallen; evtl. wirkt er auch ratlos. In der Regel beginnt der Verfasser damit, kurz auf das Ereignis Bezug zu nehmen, zu dem er sich kommentierend äußern will. Danach sagt er, was er davon hält. Kommentare sind überwiegend im Präsens verfasst. Die Darstellung ist sachlich, aber nicht neutral. (Der Verfasser vertritt ja eine bestimmte Meinung!)

Reportage = viele Interviews
Sie informiert ausführlich, anschaulich und unterhaltsam über ein Thema. Der Einstieg erfolgt oft über eine „Nahaufnahme"; davon ausgehend wird Grundlegendes dargestellt (z. B. über eine bestimmte Situation). In einer Reportage gibt es sowohl konkrete Beispiele als auch allgemeine Informationen zu einem Sachverhalt. Reportagen sind in der Regel im Präsens verfasst, denn das wirkt anschaulich, so, als sei der Verfasser direkt vor Ort.

Interview
Es gibt den Ablauf eines Gesprächs in Form eines Dialogs wieder: Ein Vertreter der Zeitung stellt einer Person Fragen und diese antwortet darauf. Sowohl die Fragen als auch die Antworten werden abgedruckt. Das Interview lebt davon, dass die Äußerungen des Befragten spontan und echt wirken, umgangssprachliche Äußerungen werden daher nicht „geglättet".

Glosse
Sie ist eine Art humorvoller Kommentar. Der Verfasser übt darin Kritik an einem Ereignis oder einer Entwicklung; das aber tut er auf äußerst lässige und witzige Art. Eine Glosse lebt von der ironischen Darstellung (vgl. zur Ironie: S. 55 f.). Häufig wird darin auch Umgangssprache verwendet. Glossen sind – wie Kommentare – meist im Präsens und (bei Vorzeitigkeit) im Perfekt verfasst.

Übung 5 Lies die folgenden Texte (S. 21–23) und bearbeite dann die Aufgaben.

Text A

Frankfurter Allgemeine ZEITUNG FÜR DEUTSCHLAND

Der Respekt-Ehre-Komplex

[…] Es gibt, ungefähr in der Mitte dieses Films, der die Biografie des Gangsta-Rappers Bushido als deutsches Aufsteigermärchen erzählt, eine Szene, in der Anis Ferchichi, also Bushido, […] am 11. September 2001 zusammen mit seiner Mutter […] vorm Fernseher steht und die Bilder des einstürzenden World Trade Center sieht. Die Kamera zeigt die Fernsehbilder, dann die fassungslosen Gesichter von Anis und seiner Mutter. Und weil in diesem Film, der seinen eigenen Bildern nicht vertrauen will, alles noch mal erklärt werden muss, sagt Bushidos Stimme aus dem Off: „Das war bei weitem das Krasseste, was ich je in meinem Leben gesehen hatte." Wer hätte das gedacht?

Für den im Film sich selbst spielenden Bushido ist das die Initiation[1]. Im Angesicht des Todes überfällt ihn der unbändige Wille zu leben, also legt er los und macht Musik. Darüber hinaus muss er noch ein Trauma bewältigen, sein betrunkener Vater schlug die Mutter, als er noch klein war, er hat Hass in seinem Herzen, den muss er loswerden. Ein harter Weg, für Bushido, den Sieger, aber ein leichtes Spiel, schließlich kennt er die Gesetze der Straße. Erstens: Immer einen auf dicke Hose machen.

Zweitens: Immer schön nach unten treten, aber nicht nach oben. Drittens: Respekt, alles andere ist nicht korrekt. Am Ende singt der „Kanake vorm Brandenburger Tor", Mama und Papa unter Tausenden im Publikum: „Alles wird gut". Und in einer der ersten Berliner Nachmittagsvorstellungen, in der „Zeiten ändern Dich" in dieser Woche zu sehen war, klatschen Hunderte von Zehn- bis Fünfzehnjährigen unter Trainingsjackenkapuzen Beifall. […]

Anmerkung: 1 *Initiation:* Schritt ins Erwachsen-Sein

Text B

„Ich bin ein Spießer" DER TAGESSPIEGEL

Bushido, fangen wir mal locker an. Du ziehst gerade um …

… nee, erst in ein paar Tagen. Ich habe mir im Frühling ein schönes Haus gekauft, 660 Quadratmeter, drei Stockwerke, in Lichterfelde West. Klingt ziemlich spießig, privat bin ich auch ein Spießer. Die Nachbarn müssen keine Angst haben, dass meine Beats das Viertel beschallen. Und Messer werden höchstens am Holzkohlegrill eingesetzt. Keine Panik also.

Der liebe, nette Nachbar.

Jeder denkt bei meinem Namen an Gewalt, Drogen, Sex, aber ich bin jetzt bald 29 Jahre alt, meine Freunde haben fast alle Familie. Wir leiden am Peter-Pan-Syndrom. Wir werden nie so richtig erwachsen und machen gern Blödsinn. Zu Hause aber möchte ich meine Ruhe haben, Hecken schneiden, Depeche Mode hören und Frikadellen brutzeln. Das ist wie bei Heinz Rühmann.

Bitte?

Ich habe neulich in der ARD ein Portrait über sein Leben gesehen und Parallelen entdeckt. Der wollte abseits der Bühne seine totale Ruhe, auf der Bühne hat er sein Programm abgezogen und eine Person gespielt, die er nicht ist.

Mit dem Unterschied, dass er nicht zu Gewalt aufrief [...].

Ich rufe nicht zu Gewalt auf.

Was ist das sonst, was du propagierst?

Als ich letztes Wochenende auf dem Anti-Gewalt-Konzert von „Bravo“ auf der Bühne stand, habe ich wie Heinz Rühmann eine Show abgezogen und mich gewisser Klischees als Werkzeug bedient. Ich gebe zu, dass ich ziemlich angespannt war und erst mal eine Wasserpfeife brauchte, weil ich vorher so viel Scheiße fressen musste. Ich bin leider Choleriker und lasse mich manchmal gehen. [...]

Quelle: http://www.tagesspiegel.de/weltspiegel/werbinich/ich-bin-ein-spiesser/1028410.html

Text C

NDR 1 Radio MV

Bushido muss für Klangklau berappen

Weil er Teile von Musikstücken einer französischen Gothic-Band ohne deren Erlaubnis in eigenen Produktionen benutzt hat, muss Deutsch-Rapper Bushido Schadenersatz zahlen. Das Landgericht Hamburg entschied, dass der 31-Jährige der Gruppe Dark Sanctuary mindestens 63 000 Euro schuldet, weil er sie als Urheber unterschlug. Darüber hinaus wird wohl noch eine weitere Zahlung fällig, sobald Bushidos Label *ersguterjunge* und seine frühere Plattenfirma *Universal Music Deutschland* die Verkaufszahlen der umstrittenen Tonträger offengelegt haben.

Die Tonfolgen aus Dark-Sanctuary-Songs sollen den Sprechgesang des Berliners leicht verändert als sich ständig wiederholende Tonschleifen, sogenannte Loops, untermalen. Die Richter sahen es als erwiesen an, dass die Segmente sich in 13 Bushido-Titeln wiedererkennen lassen. „Er schmückte sich mit fremden Federn“, heißt es in der Urteilsbegründung. Bei drei weiteren Songs sah das Gericht keine Copyright-Verletzung gegeben. Der Musiker selbst war bei dem Verkündungstermin am Dienstag nicht im Gerichtsaal.

Mit der Zahlung des Schadenersatzes sind die finanziellen Folgen für Bushido noch nicht ausgestanden. Denn das Gericht ordnete darüber hinaus an, dass elf CDs, auf denen die umstrittenen Melodien zu hören sind, darunter neben Bushido-Singles und -Alben auch Sampler wie „The Dome“ und „Bravo Hits“, aus dem Handel zurückgerufen und vernichtet werden müssen. Auch die GEMA[1]-Ausschüttungen stehen laut Urteil der Gothic

Band zu. Allein auf Bushidos Erfolgsalbum „Von der Skyline zum Bordstein zurück“ erkannten die Franzosen bei acht Stücken ihre eigenen Lieder wieder. Rechtskräftig ist das Urteil hingegen noch nicht. Der Berliner kann vor dem Hamburger Oberlandesgericht in Berufung gehen.

Quelle: Norddeutscher Rundfunk

Anmerkung
1 *GEMA:* Gesellschaft für die Rechte von musikalischen Aufführungen und Vervielfältigungen; sie vertritt die Interessen der Musiker und zahlt ihnen Geld aus, wenn ihre Stücke in Umlauf gebracht werden, z. B. im Radio.

Text D

BR-online
Bayerischer Rundfunk

Bushido hat geklaut – So what?

1 […] Bushido hat also geklaut. Die deutsche Zeitung mit den großen Buchstaben ist empört, genauso wie kompetente Internet-Videoplattform-User – denn eines ist klar: Dieser Musiker ist kein Musiker, wenn er bei anderen Melodien stibitzt! „Skandal!“ hallt es allerorten. […]

Für diejenigen, die sich in einem halbwegs pop-kulturellen Umfeld bewegen, gestaltet sich dieser „Skandal“ weitaus harmloser – aber eines nach dem anderen: Ende 2008 gab es in Deutschland scheinbar endlich ein Grundsatz-Urteil in Sachen „Sampling“: Die Pioniere der elektronischen Musik „Kraftwerk“ verklagten 3p-Chef Moses Pelham, weil er für Sabrina Setlur einen ihrer Drum-Loops verwendet hatte, ohne vorher zu fragen. Der Bundesgerichtshof entschied damals, dass auch beim Einsatz von noch so kleinen Sound-Fetzen aus fremden Werken der betroffene Tonträger geschützt werden muss, und gab somit Kraftwerk zunächst Recht. […]

Man kann von Bushido halten, was man will. Was er abgesehen von Multimillionär, Kino-Held und Teenie-Star aber schon immer war und irgendwie auch immer noch ist: Hip-Hop-Künstler. Spätestens da sollte es bei einigen klingeln – HipHop und Sampling? Da war doch was? Exakt! Denn würde man das aktuelle Urteil einfach mal so auf sämtliche Rap-Releases der letzten 30 Jahre ummünzen, müssten mit Sicherheit über 80 % der Tonträger eingestampft werden. Was aber immer wieder auffällt, ist die verschiedene Herangehensweise, wie seit genau 30 Jahren versucht wird, mit diesem Phänomen umzugehen. Während zum Beispiel der Produzent Kanye West um die Jahrtausendwende, also am Anfang seiner Karriere, als so was wie der „Retter des Souls“ in die Jetztzeit gefeiert wurde, wird Sampling in unseren Breitengraden noch immer nicht als Stilmittel im Pop begriffen. Da wird schnell plump und vereinfachend von Klau, Plagiat und Kopie gesprochen und geschrieben. Genauso gut könnte man aber auch Begriffe wie Referenz, Inspiration oder Ehrerbietung verwenden. Macht aber keiner. Vielleicht, weil es hier schlicht und ergreifend um das liebe Geld geht, oft genug um nicht gerade kleine Summen.

Der schnöde Mammon bringt daher so manchen Anwalt dazu, Tage und Nächte lang Rap im Ghettoblaster zu pumpen – Recherche für den nächsten Prozess? […]

Quelle: http://www.br-online.de/bayerisches-fernsehen/suedwild/kommentar-bushido-dark-sanctuary-ID1269441887354.xml

Aufgaben

a) Bestimme bei den einzelnen Texten die Textsorte.
b) Erkläre anschließend, an welchen Merkmalen du die Textsorte erkannt hast.
c) Belege deine Erklärungen jeweils anhand von je zwei Textstellen.

Trage deine Lösungen auf der nächsten Seite (S. 24) ein.

Text A

Textsorte: Reportage

Merkmale: Wirkt wie eine Nahaufnahme, als wäre der Verfasser direkt vor Ort; Tempus: Präsens

Textbelege: „Die Kamera zeigt die Fernsehbilder, dann die fassungslosen Gesichter von Anis und seiner Mutter.“ (Z. 9–11)

Text B

Textsorte: Interview

Merkmale: Es werden Fragen gestellt, die Bushido beantwortet,

Textbelege: „Der liebe, nette Nachbar.“ (Z. 7) „Jeder denkt bei meinem Namen an Gewalt, Drogen, Sex, aber ich bin jetzt bald 29 Jahre alt (…)“ (Z. 8 f.)

Text C

Textsorte: Bericht

Merkmale:

Textbelege:

Text D

Textsorte: Kommentar

Merkmale: Eigene Meinung

Textbelege:

3.3 Nichtlineare Texte lesen: Tabellen und Diagramme

Eine besondere Art von Sachtexten sind **nichtlineare** Texte. Sie bestehen nicht aus vollständigen Sätzen, die lückenlos aufeinander folgen, sondern stellen wichtige Informationen verkürzt in einer Übersicht dar. (Texte, in denen die Sätze lückenlos aufeinander folgen, nennt man Fließtexte.) Man unterscheidet **zwei Arten** von nichtlinearen Texten: **Tabellen** und **Diagramme**.
Zahlenangaben spielen in nichtlinearen Texten eine große Rolle. Die wenigen Worte, die darin enthalten sind, sagen dem Leser vor allem, wie die Zahlenangaben zu verstehen sind. In der Regel werden diese Auskünfte erteilt:

- das **Thema** oder die **Fragestellung**, der nachgegangen wurde,
- die **Einheiten**, in denen die Zahlen angegeben sind (z. B.: in Tausend oder in Prozent),
- die **Herkunft** der Zahlen (z. B. aus einer Umfrage oder aus einer statistischen Erhebung),
- die **Bezugsgrößen** (z. B. der befragte Personenkreis, die Menge der Niederschläge innerhalb eines bestimmten Zeitraums o. Ä.),
- der **Zeitpunkt**, zu dem die Daten erhoben wurden (z. B. wann eine Umfrage oder Messung durchgeführt wurde), oder der Zeitraum, auf den sich die Zahlen beziehen,
- der **Herausgeber**; meist handelt es sich bei dem Herausgeber um eine Institution (z. B. eine Behörde oder ein Meinungsforschungsinstitut) oder eine Interessengemeinschaft,
- das **Datum der Veröffentlichung**.

Einige Auskünfte stehen außerhalb des eigentlichen nichtlinearen Textes, z. B. rechts unten. Man nennt diese Informationen die **Legende**.

Tipp

Interessant sind bei nichtlinearen Texten vor allem **Übereinstimmungen** und **Unterschiede**. Daraus lassen sich nämlich bestimmte Aussagen ableiten. Achte also insbesondere darauf, wo sich Zahlenangaben ähneln – und wo sie deutlich voneinander abweichen!
Zum Beispiel kann ein Sachverhalt auf die Mitglieder einer bestimmten Gruppe **besonders oft, durchschnittlich oft, vergleichsweise selten** oder **gar nicht** zutreffen.

Deine Aussagen über Tabellen und Diagramme kannst du beispielsweise so formulieren:

- *Es gibt mehr/weniger/genauso viele … als/wie …*
- *Es kommt öfter/genauso oft/seltener vor, dass …*
- *Je …, umso häufiger/seltener …*

Tabellen

In einer Tabelle sind die Informationen in Spalten und Zeilen angeordnet. Meist finden sich in der äußeren Spalte links und in der obersten Zeile Erläuterungen zu dem **Zahlenmaterial**, das in den übrigen Spalten und Zeilen abgebildet ist. In nichtlinearen Texten, also auch in Tabellen, werden die Daten **nur abgebildet**, aber nicht interpretiert. Es werden also **keine Gründe** dafür genannt, warum einige Zahlen höher ausfallen als andere.

Übung 6 Sieh dir die Tabelle genau an und löse anschließend die Aufgaben.

Generationenbarometer 2009

	Unterschiedliche Kindheitserfahrungen			
	16- bis 29-Jährige %	30- bis 44-Jährige %	45- bis 59-Jährige %	60-Jährige und Ältere %
Ich hatte eine glückliche Kindheit.	67	64	55	49
Ich habe von meinen Eltern viel Aufmerksamkeit bekommen.	61	56	39	34
Meine Eltern waren immer sehr liebevoll zu mir.	60	48	37	35
Meine Eltern haben respektiert, dass ich meine eigenen Bereiche hatte.	64	51	35	25
Meine Eltern haben mir viel geboten.	53	37	26	18
Meine Eltern haben meine Interessen stark gefördert.	51	36	25	20
Ich wurde als Kind von meinen Eltern oft gelobt.	49	41	24	19
Ich durfte schon als Kind vieles selbst entscheiden.	43	28	26	15

Basis: Bundesrepublik Deutschland, Bevölkerung ab 16 Jahre
Quelle: Allensbacher Archiv, IfD-Umfrage 5256, Februar/März 2009
http://www.ifd-allensbach.de/pdf/akt_gen_baro_2009.pdf

Aufgaben

1. Welche Auskünfte erhält man in der Tabelle? Beantworte die folgenden Fragen.
   a) Welcher Fragestellung wurde nachgegangen?
   (Wie die Kindheit der Befragten war) Verbindung zwischen Eltern und Kindern verschiedener
   b) In welchen Einheiten sind die Zahlen angegeben?
   in Prozent.
   c) Woher stammen die Zahlen?
   Sie stammen aus einer Umfrage.
   d) Wer wurde befragt? Nenne den Personenkreis.
   Es wurde die Bevölkerung von Deutschland ab einem Alter von 16 Jahren befragt.
   e) Wann wurden die Daten erhoben?
   Im Februar und März 2009.
   f) Wer hat die Daten veröffentlicht?
   Das Institut für Demoskopie Allensbach hat die Daten veröffentlicht.

2. Welche Aussagen lassen sich aus den Daten ableiten und welche nicht? Kreuze entsprechend an.

Aussagen	trifft zu	trifft nicht zu
a) Je jünger die Befragten sind, umso positiver blicken sie auf ihre Kindheit zurück.	☒	☐
b) Die heutigen Eltern interessieren sich mehr für ihre Kinder als die Eltern früher.	☐	☒
c) Die heutigen Jugendlichen zeigen gegenüber ihren Eltern mehr Dankbarkeit als die Erwachsenen.	☐	☒
d) Früher bekamen Kinder weniger Aufmerksamkeit von ihren Eltern als heute.	☒	☐

3. Welche Aussage lässt sich **nicht** aus der Tabelle ableiten? Kreuze sie an.
   - ☒ Die heutigen Jugendlichen und jungen Erwachsenen sind materiell verwöhnt.
   - ☐ Fast jeder zweite Erwachsene ab 60 Jahren sieht seine Kindheit im Rückblick als glücklich an.
   - ☐ Mehr als zwei Drittel der heutigen Jugendlichen und jungen Erwachsenen empfinden ihre Kindheit als glücklich.
   - ☐ Früher wurden die Kinder von ihren Eltern seltener gelobt als die Kinder heute.

4. Ordne die folgenden Aussagen den Altersgruppen der Befragten zu. Trage den passenden Buchstaben in die linke Spalte ein.

Hinweis: Eine Aussage ist falsch. Entwerte sie mit /.

A. 16- bis 29-Jährige
B. 30- bis 44-Jährige
C. 45- bis 59-Jährige
D. 60-Jährige und Ältere

Buchstabe	Aussage
D	Jeder Fünfte gab an, die Eltern hätten seine Interessen stark gefördert.
/	Jeder Zehnte erinnerte sich daran, dass er als Kind vieles selbst entscheiden durfte.
A	Fast zwei Drittel gaben an, ihre Eltern hätten respektiert, dass sie ihre eigenen Bereiche gehabt hätten.
C	Gut jeder Vierte sagte, seine Eltern hätten ihm viel geboten.
B	Knapp die Hälfte der Befragten hat seine Eltern immer als sehr liebevoll empfunden.

Diagramme

In einem Diagramm werden die Daten in Form einer **Grafik** dargestellt. Eine grafische Darstellung bietet sich immer dann an, wenn die Anzahl der Daten überschaubar, also nicht zu umfangreich ist. So kann man die wichtigsten Informationen auf einen Blick erfassen.

Am häufigsten kommen diese Diagramme vor:

- **Balkendiagramm:** Hier sind die Daten in Form von waagerechten Balken dargestellt. Je länger ein Balken ist, umso größer ist die Zahl. Wenn die in einem Balkendiagramm abgebildeten Zahlen in Prozent angegeben sind, müssen sie zusammengerechnet nicht unbedingt 100 Prozent ergeben. Die Gesamtzahl aller Daten kann die 100-Prozent-Marke z. B. dann überschreiten, wenn bei einer Umfrage Mehrfachnennungen möglich waren.
- **Säulendiagramm:** Diese Diagramme sind ähnlich wie Balkendiagramme. Der einzige Unterschied besteht darin, dass die Säulen vertikal ausgerichtet sind, also von unten nach oben.
- **Kreisdiagramm:** Ein Kreisdiagramm sieht aus wie eine Torte, die in unterschiedlich große Tortenstücke unterteilt ist. Darum nennt man es manchmal auch „Tortendiagramm“. Die einzelnen Abschnitte eines Kreisdiagramms sind immer in Prozent angegeben; zusammengerechnet ergeben die Prozentzahlen aller „Tortenstücke“ immer 100 Prozent.
- **Kurvendiagramm:** Die Daten werden mithilfe einer Linie abgebildet, die steigt und/oder fällt. Je größer die Zahl, umso höher verläuft die Linie. Kurvendiagramme zeigen häufig eine Entwicklung an, die über einen längeren Zeitraum zu beobachten war.

Sieh dir die Diagramme genau an und bearbeite dann die Aufgaben (S. 31).

Übung 7

a) Balkendiagramm

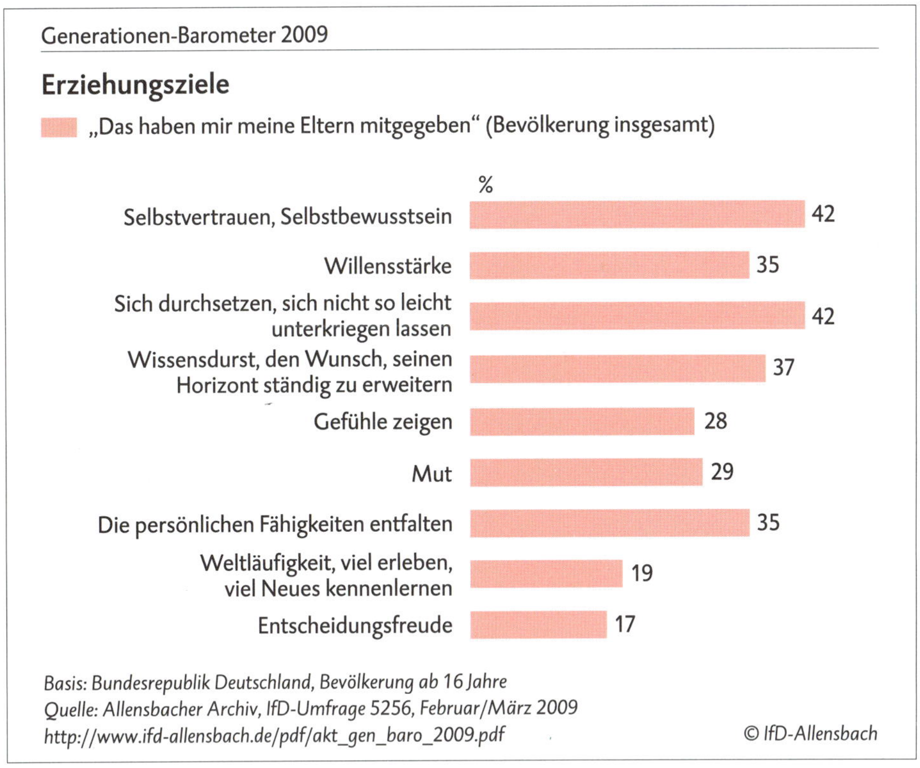

b) Säulendiagramm

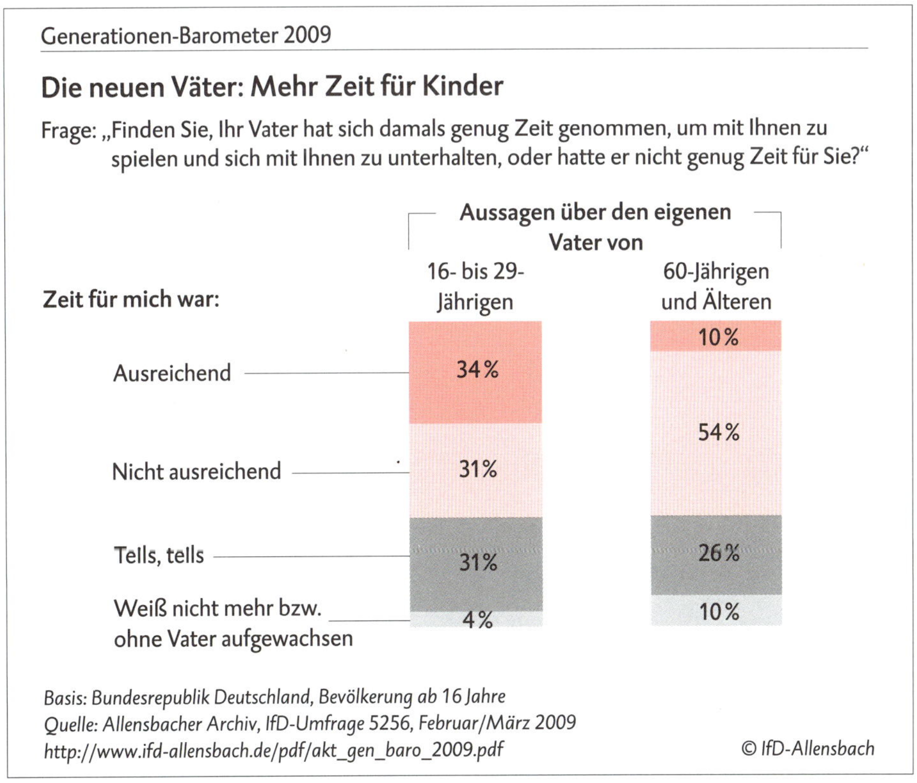

c) Kreisdiagramm

Generationen-Barometer 2009

Wandel der Eltern-Kind-Beziehung

Frage: „Wie stark unterscheidet sich Ihr Verhältnis zu Ihren Kindern davon, wie es früher zwischen Ihnen und Ihren Eltern war?"

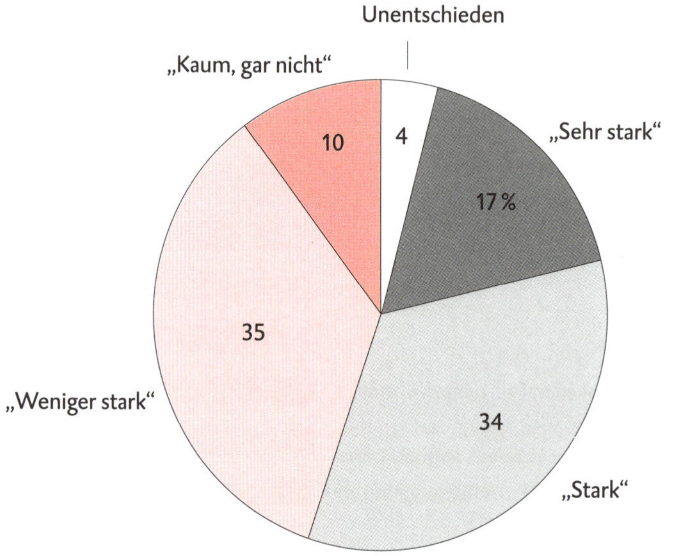

Basis: Bundesrepublik Deutschland, Eltern. Quelle: Allensbacher Archiv, IfD-Umfrage 5256, Februar/März 2009 http://www.ifd-allensbach.de/pdf/akt_gen_baro_2009.pdf © IfD-Allensbach

d) Kurvendiagramm

Generationen-Barometer 2009

Kommunikation statt körperlicher Gewalt

Erfahrene Reaktion der Eltern

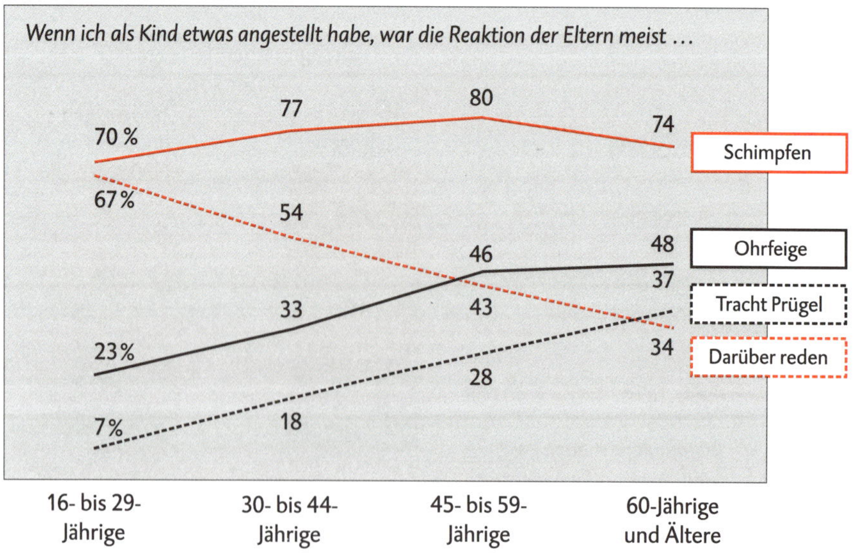

Basis: Bundesrepublik Deutschland, Bevölkerung ab 16 Jahre. Quelle: Allensbacher Archiv, IfD-Umfrage 5256, Februar/März 2009, http://www.ifd-allensbach.de/pdf/akt_gen_baro_2009.pdf © IfD-Allensbach

Aufgaben

1. Was haben Eltern ihren Kindern nach Auskunft der Befragten mitgegeben? Lege für die Aussagen der Befragten eine Rangfolge fest. Nummeriere sie.

Angaben	Selbstvertrauen	Willensstärke	Wissensdurst	Gefühle zeigen	Mut	Weltläufigkeit	Entscheidungsfreude
Nummer	1	3	2	5	4	6	7

✓

2. Fasse die Ergebnisse des Säulendiagramms mit einem Satz zusammen.

Die Väter der 16–29-Jährigen Befragten haben mehr mit ihnen unternommen, als die der 60-Jährigen und Älteren.

3. Wie beurteilen heutige Eltern die Beziehung zu ihren Kindern? Kreuze die Aussage an, die sich dem Kreisdiagramm **nicht** entnehmen lässt.

- [x] Die Mehrheit der Eltern meint, ihr Verhältnis zu den eigenen Kindern sei besser als das Verhältnis, das sie selbst als Kind zu ihren Eltern hatten. ✓
- [ ] Zehn Prozent der Eltern glauben, ihre Beziehung zu den eigenen Kindern unterscheide sich kaum oder gar nicht von der Beziehung, die sie als Kind zu ihren Eltern gehabt haben.
- [ ] Nur eine Minderheit der heutigen Eltern glaubt, dass sich nach dem Generationenwechsel nichts an der Eltern-Kind-Beziehung geändert hat.
- [ ] Die meisten Befragten konnten sicher sagen, ob ihr Verhältnis zu ihren Kindern anders ist als das Verhältnis, das sie selbst als Kind zu ihren Eltern hatten.

4. Wie erinnerten sich die Befragten an Konfliktsituationen im Elternhaus? Kreuze an, welche Aussagen sich aus dem Kurvendiagramm ableiten lassen und welche nicht.

Aussagen	trifft zu	trifft nicht zu
Je älter die Befragten waren, umso öfter gaben sie an, von ihren Eltern in der Kindheit geprügelt worden zu sein.	[x]	[ ] ✓
Heutzutage kommt es zwischen Eltern und Kindern seltener zu Konflikten als früher.	[ ]	[x] ✓
Wenn es zwischen Eltern und Kindern Probleme gibt, werden heute öfter Ohrfeigen gegeben.	[ ]	[x] ✓
In Konfliktfällen schimpfen die heutigen Eltern fast genauso oft wie die Eltern früher.	[x]	[ ] ✓

5. Erkläre, was mit dem Titel „Generationenbarometer“ gemeint ist.

Das Generationsbarometer zeigt anhand der gestellten Fragen, wie sich das Verhältnis zwischen Eltern und Kind, im Laufe der Zeit verändert hat.

4 Literarische Texte verstehen

Man unterscheidet drei Arten von literarischen Texten: **Prosatexte**, **Gedichte** und **Dramen**. (In der zentralen Prüfung spielen Dramen in der Regel keine Rolle.) Anders als Sachtexte beziehen sich literarische Texte nicht auf Tatsachen, sondern sie sind **fiktional**, also (vom Autor) erfunden. Du kannst zwar trotzdem davon ausgehen, dass der Verfasser sich beim Schreiben auch an der Wirklichkeit orientiert hat, aber seine Darstellung ist niemals wie ein Foto; sie ist eher wie eine Art Gemälde. Stets hat der Autor seine Inhalte auf eine besondere Weise gestaltet. Literarische Texte sind nämlich **Kunstwerke**.
Eine Besonderheit, die literarische Texte auszeichnet, sind die „versteckten Botschaften". Vieles steht „zwischen den Zeilen", sodass der Leser immer wieder auf **Lücken** stößt, die er **mithilfe seiner eigenen Gedanken schließen** muss. Erst wenn ihm das gelungen ist, hat er den Text verstanden.

Beispiel

Wenn es im Text heißt: „Susi hat mit Karim Schluss gemacht", dann bedeutet das zugleich: „Die beiden waren vorher ein Paar."

Tipp

Überlege bei literarischen Texten immer, ob sich hinter einer Formulierung noch eine **Zusatzbotschaft** verbirgt! Wenn es im Text heißt: *sonst immer*, bedeutet das zugleich: *diesmal nicht*. Wenn es heißt: *Es hat aufgehört zu regnen*, drückt das aus, dass es vorher geregnet haben muss.

Übung 8

Aufgaben

1. Suche im folgenden Text nach versteckten Zusatzbotschaften: Unterstreiche die Textstellen. Notiere rechts daneben, welche Zusatzbotschaft sich dahinter verbirgt.
2. Beantworte anschließend die Frage zum Text.

Johann Peter Hebel: Die Ohrfeige

Ein Büblein klagte seiner Mutter: „Der Vater hat mir eine Ohrfeige gegeben." Der Vater aber kam dazu und sagte: „Lügst du wieder? Willst du noch eine?"

Quelle: Johann Peter Hebel: Die Ohrfeige. In: Ders.: Die Kalendergeschichten. Deutscher Taschenbuch Verlag: München 2001, S. 676

Zusatzbotschaften:

(kleiner) Junge
Vater war wo anders
noch eine Ohrfeige

Wer lügt? Stichworte genügen.

Der Vater

4.1 Prosatexte untersuchen

Prosatexte sind Texte, in denen **eine Geschichte erzählt** wird. Diese Geschichten können kurz oder lang sein. In der Regel sind Prosatexte im Präteritum verfasst. Der Leser soll sich nämlich vorstellen, es handle sich um eine Geschichte, die einmal passiert ist. Nur wenige Prosatexte stehen im Präsens. Das ist dann eine Besonderheit, die man beachten sollte.
In der Regel geht es in Prosatexten um Erlebnisse einer **Hauptfigur** (Fachbegriff: **Protagonist**). Der Begriff „Figur" drückt aus, dass es sich um eine ausgedachte Person handelt. Manchmal gibt es auch zwei Figuren, die gleichermaßen wichtig sind. Oft kommt es zu einem **Konflikt** zwischen dem Protagonisten und anderen Figuren. Die Handlung kann gut oder schlecht ausgehen. Es ist auch möglich, dass das Ende offen bleibt.

Tipp

Versuche nach dem Lesen eines Prosatextes als Erstes, diese fünf **W-Fragen** zu beantworten: *Wer? Was? Wann? Wo? Welche Folgen?* Auf diese Weise hast du die zugrunde liegende Situation und die Handlung im Wesentlichen erfasst.
Danach stellst du dir die **Wie-Frage**: *Wie ist es dazu gekommen?* Mit der Wie-Frage kannst du wichtige Einzelheiten erfassen und Erklärungen (z. B. Handlungsmotive) verstehen.

Übung 9

Lies den Text „Anekdote" von Heinrich von Kleist und bearbeite dann die Aufgaben.

Heinrich von Kleist: Anekdote

Zwei berühmte englische Boxer, der eine aus Portsmouth gebürtig, der andere aus Plymouth, die seit vielen Jahren von einander gehört hatten, ohne sich zu sehen, beschlossen, da sie in London zusammentrafen, zur Entscheidung der Frage, wem von ihnen der Siegerruhm gebühre, einen öffentlichen Wettkampf zu halten. Demnach stellten sich beide, im Angesicht des Volks, mit geballten Fäusten, im Garten einer Kneipe, gegeneinander; und als der Plymouther den Portsmouther, in wenig Augenblicken, dergestalt auf die Brust traf, dass er Blut spie, rief dieser, indem er sich den Mund abwischte: brav! – Als aber bald darauf, da sie sich wieder gestellt hatten, der Portsmouther den Plymouther, mit der Faust der geballten Rechten, dergestalt auf den Leib traf, dass dieser, indem er die Augen verkehrte, umfiel, rief der letztere: das ist auch nicht übel –! Worauf das Volk, das im Kreise herumstand, laut aufjauchzte, und, während der Plymouther, der an den Gedärmen verletzt worden war, tot weggetragen ward, dem Portsmouther den Siegsruhm zuerkannte. – Der Portsmouther soll aber auch tags darauf am Blutsturz gestorben sein.

Quelle: Heinrich von Kleist: Anekdote. In: Ders.: Sämtliche Werke. R. Löwith GmbH, Wiesbaden o. J., S. 941 f.

Aufgaben

1. Beantworte die folgenden W-Fragen in Stichworten.

   Wer? zwei Englische Boxer

   Wo? im Garten einer Kneipe

   Was? ein Kampf

   Wann? bei ihrem ersten Treffen

   Welche Folgen? der eine stirbt noch im Garten, der andere einige Tage später.

2. Beantworte nun ausführlich die Wie-Frage: *Wie ist es dazu gekommen?*

   Hinweis: Du musst keinen zusammenhängenden Text schreiben. Es genügt, wenn du die einzelnen Handlungsschritte nacheinander aufzählst. Schreibe aber vollständige Sätze.

   Die beiden Boxer hatten schon lange voneinander gehört, aber nie gegeneinander gekämpft. Also treffen sie sich in London in einem Garten. Sie wollen kämpfen & 1. schlägt 2 gegen die Brust. 2 schlägt 1 in den Bauch. 1 stirbt, 2 wird bejubelt. 2 stirbt am nächsten Tag auch.

Textsorte: Anekdote

Versteckte Botschaft: Gewalt ist keine Lösung

Besonderheit der Sprache: lange Sätze

Arten von Prosatexten unterscheiden

Es gibt verschiedene Arten von Prosatexten. Sie unterscheiden sich nicht nur bezüglich ihres Umfangs, sondern auch bezüglich ihres Aufbaus und der Darstellung.

Die am häufigsten vorkommenden Prosatexte sind:

Merkmale der verschiedenen Prosatexte

Erzählungen

„Erzählung" ist die allgemeine Bezeichnung für Prosatexte von mittlerer Länge.

Anekdoten

Anekdoten sind kleine Prosatexte, die von einer ungewöhnlichen Begebenheit aus dem Leben einer Person erzählen und mit einer Pointe enden. Bei der Person kann es sich um einen Menschen handeln, der tatsächlich lebt oder gelebt hat. Die Darstellung erweckt den Eindruck, als würde der Erzähler seine Geschichte in einer geselligen Runde zum Besten geben.

Fabeln

Fabeln sind kurze Geschichten, in denen – direkt oder indirekt – eine Lehre erteilt wird. Meist sind die Hauptfiguren Tiere. Sie stehen jedoch für Menschen; das zeigt sich schon daran, dass sie sprechen können. Meist geht es um einen Konflikt zwischen einem Stärkeren und einem Schwächeren.

Kalendergeschichten

Kalendergeschichten sind kurze Prosatexte, die ursprünglich (im 17. und 18. Jahrhundert) auf Kalenderblättern abgedruckt waren und sich an die ungebildeten Schichten richteten. Sie handeln von merkwürdigen oder lustigen Ereignissen aus dem Alltagsleben der einfachen Leute. Oft vermitteln sie auch eine Lehre. Im 20. Jahrhundert wurde die Kalendergeschichte in moderner Form wiederbelebt.

Kurzgeschichten

Kurzgeschichten sind Erzählungen von geringem Umfang. Auffällig ist vor allem ihr Aufbau. Typisch sind die fehlende Einleitung und das offene Ende: Der Erzähler springt ins Geschehen hinein, und er verschweigt den Ausgang der Handlung. Die Hauptfiguren sind normale Menschen wie du und ich. Erzählt wird ein Ausschnitt aus ihrem Alltag. Auch die Sprache wirkt alltäglich; manchmal verwendet der Erzähler sogar Umgangssprache. Die Handlung strebt auf einen Höhepunkt zu, in der Regel auf einen Moment, in dem eine Person plötzlich eine neue Einsicht gewinnt.

Parabeln

Parabeln sind gleichnishafte Erzählungen. Die Handlung ist stark vereinfacht. Mit einer Parabel ist mehr gemeint, als es auf den ersten Blick den Anschein hat: Der Leser muss die Geschichte auf das Leben in der normalen Gesellschaft übertragen, um ihren Sinn zu verstehen.

Novellen

Novellen sind Erzählungen von mittlerer Länge, in deren Zentrum ein besonderes Ereignis steht oder – wie Goethe einmal gesagt hat – eine „unerhörte Begebenheit". Die Handlung wird meist chronologisch erzählt, also entsprechend ihrem Ablauf. Es gibt eine hinführende Einleitung, einen Höhepunkt und einen Schluss. Der Leser erfährt meist, wie das Geschehen ausgeht.

Schwänke

Schwänke handeln, ähnlich wie Kalendergeschichten, von Zusammentreffen einfacher Leute, die belustigend verlaufen. In der Regel gibt es eine Hauptfigur (z. B. Till Eulenspiegel), die auf witzige Art andere hereinlegt. Der Person, die das Nachsehen hat, wird damit eine Lehre erteilt.

Romane

Romane sind längere Erzählungen, die in der Regel in Buchform veröffentlicht werden. Die Handlung zieht sich meist über einen längeren Zeitraum hin. Deshalb kann der Leser verfolgen, welche Entwicklung die Hauptfigur durchmacht.

Hinweis: In der zentralen **Prüfung** wird dir meist eine **Kurzgeschichte** vorgelegt – oder ein Auszug aus einem **Roman**.

Tipp

Wenn du die entscheidenden Merkmale der verschiedenen Textsorten kennst, kannst du von Anfang an gezielt auf sie achten. Das erleichtert dir das Verständnis. Du solltest aber wissen, dass **nicht** jeder Text **immer alle Merkmale** der entsprechenden Textsorte aufweist. Es kann auch ein Merkmal fehlen.

Übung 10

Ordne die genannten Merkmale den jeweiligen Textsorten zu. Trage die entsprechenden Buchstaben ein.

Hinweis: Einige Merkmale lassen sich mehr als einer Textsorte zuordnen.

A. Anekdote
B. Fabel
C. Kalendergeschichte
D. Kurzgeschichte
E. Novelle
F. Parabel
G. Roman
H. Schwank

Merkmal	Textsorte
Der Protagonist macht eine Entwicklung durch.	G
Die Handlung strebt auf einen Höhepunkt (auch: Wendepunkt) zu.	E D A H
Diese Geschichten handeln oft davon, dass eine Person hereingelegt wird.	H
Die Hauptfiguren sind ganz normale Alltagsmenschen.	C D D
Die erzählte Handlung erstreckt sich über einen längeren Zeitraum.	G
Im Zentrum steht oft eine ungewöhnliche Begebenheit aus dem Leben einer Person.	A E
Die Geschichte ist stark vereinfacht.	F A B C D
Es handelt sich um einen Prosatext von geringem Umfang.	F C B A D
Die Hauptfiguren sind oft Tiere, die sprechen können.	B
Im Mittelpunkt steht ein ganz besonderes Ereignis.	E
Es gibt keine Einleitung, und das Ende ist offen.	D
Es gibt eine Einleitung und ein richtiges Ende; die Handlungsschritte werden chronologisch dargestellt.	E
Man muss Parallelen zwischen der im Text dargestellten Handlung und der normalen Gesellschaft herstellen.	F B

Die Erzählperspektive bestimmen

Eine Handlung lässt sich aus unterschiedlichen Perspektiven erzählen. Grundsätzlich unterscheidet man zwei Erzählperspektiven: den **Ich-Erzähler** und den **Er-Erzähler**. Die Perspektive des Er-Erzählers lässt sich noch genauer bestimmen: entweder als **auktorialer** oder als **personaler Erzähler**. Die Erzählperspektive ist für das Verständnis eines Textes wichtig, weil sie anzeigt, welche Haltung der Erzähler zu der Handlung einnimmt, die er erzählt. Mit seiner Darstellung verrät er, ob er eher sachlich und nüchtern („cool") oder mitfühlend ist.

Die verschiedenen **Erzählperspektiven** haben folgende Merkmale:

- Ein **Ich-Erzähler** erzählt die Handlung aus der **Sicht des Protagonisten**. Das bedeutet: Protagonist und Erzähler sind identisch.

  Bisher glaubte ich, Mörder müsse man an ihren Händen erkennen, Massenmörder an ihren Augen.

  Quelle: Max von der Grün: Kinder sind immer Erben. In: Ders.: Etwas außerhalb der Legalität und andere Erzählungen. Darmstadt: Luchterhand 1980

- Ein **Er-Erzähler** erzählt die Handlung aus der **Sicht eines Beobachters**, der am Geschehen nicht beteiligt ist. Dieser kann dem Protagonisten sehr **nah** sein – er kann aber auch **distanziert** wirken, wie ein neutraler Berichterstatter.
  - Hat man den Eindruck, dass der Erzähler die Welt **mit den Augen des Protagonisten** sieht (oder mit denen einer anderen Figur aus dem Text), handelt es sich um einen **personalen Erzähler**.

    Er verdrückt sich in die Schulhofecke neben den Toiletten. Dort finden sie ihn nicht mit ihren blöden Fragen. Hast du den Science-Fiction-Film im Fernsehen gesehn? Warst du die Woche im Kino?

    Quelle: Fritz Deppert: Vielleicht auch ein Wunder. In: J. Pestum (Hrsg.): Ich singe gegen die Angst. Würzburg: Arena 1980
  - Erweckt die Darstellung den Eindruck, dass der Erzähler ein **unbeteiligter Beobachter** ist, so handelt es sich um einen **auktorialen Erzähler**.

    Das erste Trockendock in Toulon, das gegen Ende des 18. Jahrhunderts von einem Ingenieur namens Grognard erbaut wurde, verdankt seinen Ursprung einer merkwürdigen Begebenheit.

    Quelle: Stefan Andres: Die Verteidigung der Xantippe. Zwölf Geschichten. München: Piper 1960

Tipp

Du erkennst den auktorialen Erzähler nicht unbedingt daran, dass er allwissend ist und die Gedanken des Protagonisten kennt. Vergiss nicht: Auch der personale Erzähler kennt die Gedanken der Hauptfigur!
Entscheidend ist, dass der auktoriale Erzähler die Handlung völlig **gelassen** und **neutral** darstellt, als würde ihn das Geschehen überhaupt nicht berühren.
Der personale Erzähler dagegen fühlt sich **betroffen**: Er erweckt mit seiner Darstellung den Eindruck, dass er auf alles eine **persönliche Sicht** hat.

Übung 11

Lies die drei Textauszüge und bestimme die Erzählperspektive.
Kreuze jeweils passend an.

Text A

Die Frau lehnte am Fenster und sah hinüber. Der Wind trieb in leichten Stößen vom Fluss herauf und brachte nichts Neues. Die Frau hatte den starren Blick neugieriger Leute, die unersättlich sind. Es hatte ihr noch niemand den Gefallen getan, vor ihrem Haus niedergefahren zu werden. Außerdem wohnte sie im vorletzten Stock, die Straße lag zu tief unten. Der Lärm rauschte nur mehr leicht herauf. Alles lag zu tief unten. […]

Quelle: Ilse Aichinger: Das Fenster-Theater. In: Dies.: Der Gefesselte. Erzählungen. Frankfurt am Main: Fischer Verlag 1955

Text B

[…] Jenös Leute standen dicht zusammengedrängt auf einem Lastwagen. Es war nicht herauszubekommen, was man ihnen erzählt hatte, denn sie lachten und schwatzten, und als Jenö mich sah, steckte er zwei Finger in den Mund und pfiff und winkte rüber zu mir. Nur seine Großmutter und die übrigen Alten schwiegen; sie hatten die Lippen zusammengepresst und sahen starr vor sich hin. Die anderen wussten es nicht. Ich habe es damals auch nicht gewusst; ich war nur traurig, dass Jenö jetzt weg war. Denn Jenö war mein Freund.

Quelle: Wolfdietrich Schnurre: Jenö war mein Freund. In: Ders.: Als Vaters Bart noch rot war. Ein Roman in Geschichten. Frankfurt/Main, Berlin, Wien: Ullstein Verlag 1985, S. 152

Text C

Leute starrten nach oben. Sie warteten. Ihre Gesichter waren feindlich. Trotzdem fühlte er sich ihnen verpflichtet. Er musste springen, damit sie ihre Sensation bekamen. Er fühlte, dass er es nicht schaffen würde. Er war noch nicht so weit. Aber er musste beweisen, dass er ein Mann war. Lieber tot sein, als sich vor diesen Gesichtern blamieren. Nur noch ein paar Sekunden atmen, dachte er, mehr verlange ich gar nicht.

Quelle: Annette Rauert: Der Schritt zurück. In: Dies.: Geschichten zum Nachdenken. Chr. Kaiser Verlag 1977

Text A
- ☐ Ich-Erzähler
- ☒ Er-Erzähler
  - ☐ personaler Erzähler
  - ☒ auktorialer Erzähler

Text B
- ☒ Ich-Erzähler
- ☐ Er-Erzähler
  - ☐ personaler Erzähler
  - ☐ auktorialer Erzähler

Text C
- ☐ Ich-Erzähler
- ☒ Er-Erzähler
  - ☒ personaler Erzähler
  - ☐ auktorialer Erzähler

Lies den Prosatext „Marathon“ und bearbeite dann die Aufgaben.

Übung 12

Reinhold Ziegler: Marathon

Ob ich meinen Vater schon hasste, als ich auf die Welt kam, bezweifle ich. Ich vermute, ich fing damit erst an, als ich laufen lernen musste.

Ein Sohn, der nur krabbeln konnte, der sich später mühsam von einem Bein aufs andere fallend, durch die Welt hangelte, der schließlich gehen konnte, aber noch nicht lief, noch nicht federnd aus den Fußgelenken, noch nicht abrollend mit der ganzen Sohle, noch nicht locker aus den Hüften heraus, noch nicht exakt im Knie geführt, der eben ging, wie ein Kind geht – all das muss ihn ungeduldig geschmerzt haben in seinem großen Sportlerherz. Und diese Ungeduld ließ er mich damals schon spüren.

Mit fünf hatte er mich schließlich so weit. Ob wir morgens Brötchen holten, ob er mich zum Einkaufen in die Stadt mitnahm oder ob wir unseren abendlichen „Spaziergang“ mit unserem Hund Nurmi machten, immer liefen wir, joggten wir, würde man heute sagen, obwohl unser verbissenes Laufen bei weitem nicht die Leichtigkeit und den Spaß des heutigen Joggens hatte.

[...] Wenn ich an meine Kindheit denke, sehe ich nur ein Bild vor mir: Es ist mein Vater, laufend, schräg rechts vor mir. Er blickt über seine linke Schulter zurück und ruft: „Auf, auf!“ Und wenn ich länger hineinhöre in dieses Bild, dann höre ich sein gleichmäßiges Atmen, höre seinen Rhythmus: Schritt, Schritt, ein – Schritt, Schritt, aus. Und ich höre mein eigenes Keuchen, spüre mein Herz stechen und spüre den Hass, der mich zurückhalten will und der mich doch immer hinter ihm hertreibt.

Und dann mein Vater, wie er zu anderen redete: „Der Junge hat Talent“, höre ich. „Aus dem wird mal was“, höre ich. „Das ist mein kleiner Sieger“, höre ich. Wenn er zu mir redete, hörte ich nur: „Auf, auf!“

An meinem dreizehnten Geburtstag lief ich zum ersten Mal die fünftausend Meter. Es war ein Sportfest, und ich musste mit den Achtzehnjährigen starten, weil in meiner Altersklasse und den zweien darüber niemand sonst auf diese Distanz antrat. Meine Vereinskameraden standen am Rand der Bahn und feuerten mich an. Fast zehn Runden hielt ich mit den Großen mit, dann fiel ich ab. Vater wartete an Start und Ziel, bei jeder Runde schrie er mir sein „Auf, auf!“ ins linke Ohr, die letzte Runde lief er auf dem Rasen neben mir her. „Auf, auf, auf!“, schrie er, aber ich hörte nichts mehr, lief wie bewusstlos, Schritt, Schritt, ein – Schritt, Schritt, aus – bis mir irgendwer eine Decke überwarf und ich verstand, dass es vorbei war. Ich ließ mich auf die weiche, kühle Kunststoffbahn fallen, er hielt mich fest, zog mir die Haut neben der Nase hoch, damit ich besser Luft bekam.

„Gut gemacht, mein Läuferlein“, flüsterte er in mein Keuchen.

Und ich nahm diese Worte und schloss sie ein wie einen Edelstein, den man immer mal wieder ganz alleine hervorholt, um ihn zu betrachten.

„Gut gemacht, gut gemacht.“

Später standen wir beieinander, alle die, denen Laufen Spaß machen musste.

„Viel hat da nicht gefehlt“, hörte ich meinen Vater. „Nächstes Jahr packen wir den ganzen Tross.“

Ich ging weg, nahm mein „Gut gemacht“ heraus und sah es von allen Seiten an. Es hatte viele Facetten, das wusste ich nun. Ich wollte nicht an das nächste Jahr denken, aber natürlich tat ich es.

Und natürlich hatte Vater Recht. Es war dasselbe Sportfest, ein Jahr später, als ich tatsächlich zum ersten Mal die fünftausend Meter gewann.

Von nun an war ich, wie die Zeitungen schrieben, abonniert auf Sieg, das große deutsche Talent, unsere Olympiahoffnung und vieles andere mehr, was mich vergessen ließ, wie sehr ich meinen Vater hasste, vielleicht auch, dass ich ihn überhaupt hasste.

Ich studierte in einer anderen Stadt. Sport natürlich, was sonst. Ich trainierte täglich zweimal, professionell, wie man mir sagte, obwohl es auch nicht viel mehr war als das „Auf, auf!“ meines Vaters, nur besser organisiert, wissenschaftlicher verpackt und anonymer. [...] Dann verpasste ich die Qualifikation, wurde nicht zur deutschen olympischen Hoffnung. Knapp zwar nur, aber der Flieger ging ohne mich den fünf Ringen entgegen. [...]

Ich fing an, auf Marathon zu trainieren. Irgendjemand hatte meinen Laufstil analysiert und mir von der Bahn, von fünftausend und zehntausend weg hin zu Marathon geraten.

[...] Ich war gut im Marathon, aber meine Zeiten zeigten mir, für die Welt, die ganz große Welt, war ich auch hier nicht gut genug.

In dieser Zeit – es war kurz nachdem ich auch diese Qualifikation verpasst hatte – fuhr ich einmal nach Hause. Wie fremd saß ich dort an dem vertrauten Esstisch, trank Kaffee mit meinen Eltern wie früher und fand doch keine Worte, um das Versagen auszulöschen oder an die kleinen Siege meiner Vergangenheit anzuknüpfen.

Komm, lass uns laufen, sagte mein Vater, noch immer, ohne zu begreifen, wie sehr ich auch diesen Satz hasste.

Als wir die Schuhe aussuchten, fragte er: „Wie weit?“

„Marathon“, sagte ich, ohne ihn anzusehen. Er war noch nie Marathon gelaufen, das wusste ich, und er war älter geworden.

Ich ließ ihn voranlaufen und merkte nach den ersten paar hundert Metern, dass er es zu schnell anging. Ich ließ mich zurückfallen, aber immer wieder kam sein Kopf über die linke Schulter zu mir: „Auf, auf!“

Nach nicht mal einem Viertel der Strecke begannen ihn die Kräfte zu verlassen. Wieder drehte er sich um: „Auf, sei nicht so faul!“, rief er. „Führ du mal!“

Ich zog an ihm vorbei, hörte sein Atmen, viel zu hastig, viel zu ausgepumpt, viel zu verkrampft. [...]

Ich wollte ihn umbringen, wollte ihn winseln hören, wollte seine Ausflüchte hören, sein „Ich habe es doch nur gut gemeint“. [...]

Ich zog noch ein bisschen an und er ging das Tempo mit. Sein Kopf wurde allmählich rot und fing an zu pendeln, seine Füße rollten jetzt nicht mehr, sondern platschten auf den Boden wie bei einem Kind, das froh ist, überhaupt von der Stelle zu kommen. Ab und zu drehte ich mich um: „Auf, auf!“, rief ich ihm über die Schulter zu.

[...] Keuchend und nach Luft ringend, lief er hinter mir her. Wir waren jetzt viel zu schnell, selbst ich würde dieses Tempo nicht bis zum Ende halten können, aber es würde ohnehin keinen Einlauf durchs große Marathontor geben, nicht heute und nie mehr. Dies war das letzte Rennen meines Lebens, und nichts und niemand konnte mich daran hindern, es für immer zu gewinnen.

Plötzlich taumelte er, wie zwei Kreisel liefen seine Arme neben ihm her. Ich blieb stehen, um ihn aufzufangen, aber er stolperte an mir vorbei, ließ sich ein paar Meter weiter in die Wiese fallen und übergab sich. Ich drehte ihn um, stützte ihm die Stirn, verschaffte ihm mehr Luft. Sag es, dachte ich. Sag dieses verdammte: „Ich wollte doch nur dein Bestes!“

Aber er konnte nicht mehr sprechen, würgte alles heraus, was in ihm war, schnappte nach Luft wie ein Kind im Heulkrampf.

Allmählich kam er zur Ruhe, sah mich an, sah mir von unten her lange in die Augen. „Hasst du mich so sehr?“, fragte er.

Da war etwas wie erstauntes Entsetzen in seinen Augen. Aber ich schwieg, sah ihn nur an in all seiner Hilflosigkeit.

„Nein, nicht mehr“, antwortete ich schließlich. „Nicht mehr, es ist vorbei, es ist gut.“

Wir blieben lange sitzen, wortlos, aber zum ersten Mal in unserem Leben einig.

Dann trabten wir zurück. Ganz ruhig, fast gelassen.

Nebeneinander.

Quelle: Reinhold Ziegler: Marathon. In: Ders.: Der Straßengeher. Weinheim/Basel: Beltz & Gelberg 2001. S. 82–87

Aufgaben

1. Welches Problem hat der Ich-Erzähler gehabt?
   Kreuze die passende Aussage an.
   - [ ] Sein Vater hat ihn schon als Kind zum Laufen gezwungen.
   - [ ] Er hat trotz seines harten Trainings als Sportler versagt.
   - [x] Er hat geglaubt die Erwartungen seines Vaters erfüllen zu müssen.
   - [ ] Das Laufen ist für ihn immer nur eine Qual gewesen.

2. Welche Eigenschaften schreibt der Ich-Erzähler seinem Vater zu – und welche nicht? Kreuze entsprechend an.

Eigenschaften	trifft zu	trifft nicht zu
a) Ungeduld	☒	☐
b) Egoismus	☒	☐
c) Gleichgültigkeit	☐	☒
d) Ehrgeiz	☒	☐
e) Einfühlsamkeit	☐	☒

3. Was hat dem Ich-Erzähler in seiner Kindheit am meisten gefehlt?
   Kreuze die passende Aussage an.
   Am meisten gefehlt hat ihm …
   - [ ] Anerkennung.
   - [x] Spaß.
   - [ ] Zuversicht.
   - [ ] Ehrgeiz.

4. Bringe die einzelnen Handlungsschritte in die richtige Reihenfolge. Nummeriere sie entsprechend.

Nummer	Handlung
5	Der Ich-Erzähler wird als Olympia-Hoffnung gefeiert.
8	Der Ich-Erzähler steigt auf Marathon um.
10	Der Ich-Erzähler will mit dem Laufen aufhören.
2	Der Ich-Erzähler nimmt zum ersten Mal an einem Fünftausendmeterlauf teil.
7	Der Ich-Erzähler verpasst die Qualifikation für Olympia.
9	Der Ich-Erzähler läuft mit seinem Vater Marathon.
1	Der Vater nutzt jede Gelegenheit, um mit seinem Sohn zu laufen.
6	Der Ich-Erzähler fängt an, Sport zu studieren.
3	Bei einem Fünftausendmeterlauf kann sich der Ich-Erzähler nicht gegen seine Konkurrenten behaupten.
4	Der Ich-Erzähler gewinnt einen Fünftausendmeterlauf.

5. Nenne das Gefühl, das den Ich-Erzähler bei dem Gedanken an seinen Vater immer beherrscht hat.

Hass

6. „[…] ich nahm diese Worte und schloss sie ein wie einen Edelstein, den man immer mal wieder ganz alleine hervorholt, um ihn zu betrachten.“ (Z. 73–76).
Welche Aussage lässt sich aus diesem Satz **nicht** ableiten? Kreuze sie an.

- [ ] Die Worte haben ihm gut getan.
- [ ] Der Ich-Erzähler hat sich gern an diese Worte erinnert.
- [x] Er hat diese Worte schnell vergessen.
- [ ] Diese Worte waren ein Ansporn für ihn.

7. Wie sieht der Ich-Erzähler seine Konkurrenten in erster Linie?
Kreuze die passende Aussage an.

- [x] Er hat Mitleid mit ihnen.
- [ ] Er beneidet sie.
- [ ] Sie geben ihm den nötigen Rückhalt.
- [ ] Sie sind ihm gleichgültig.

8. Der Ich-Erzähler verwendet mehrmals Modalverben in seinem Text. Füge die passenden Modalverben in die Lücken ein. Verwende das Präteritum. Wähle aus diesen Modalverben aus: *sollen – wollen – können – müssen*

Hinweis: Erläuterungen zur Grammatik von Verben, z. B. zum Tempus, findest du im Kapitel „Sprachwissen und Sprachbewusstsein" ab S. 122.

✓ a) Ich konnte nur krabbeln.
b) Ich sollte laufen lernen.
c) Ein Gefühl des Hasses wollte mich zurückhalten.
✓ d) Als Dreizehnjähriger musste ich mit den Achtzehnjährigen am Fünftausendmeterlauf teilnehmen.
✓ e) Das Laufen sollte uns Spaß machen.
✓ f) Beim nächsten Fünftausendmeterlauf musste ich wieder teilnehmen.
✓ g) Ich konnte mich nicht für Olympia qualifizieren.
✓ h) Ich wollte meinen Vater fertigmachen.

9. Warum fühlt sich der Ich-Erzähler zu Hause „fremd" (Z. 123)? Kreuze die passende Aussage an.

- [ ] Seine Eltern haben sich verändert.
- [ ] Die Möbel sind umgestellt worden.
- [ ] Seine Eltern machen ihm Vorwürfe.
- [x] Er findet keine Worte zu seinem Misserfolg. ✓

10. „Er war noch nie Marathon gelaufen, das wusste ich, und er war älter geworden." (Z. 135–137)
Welche Vermutung verbirgt sich hinter diesen Gedanken?
Kreuze die passende Aussage an.

- [ ] „Diesmal wird er mich beim Laufen nicht dauernd anspornen."
- [ ] „Jetzt kann ich ihm endlich mal zeigen, wie gut ich bin."
- [ ] „Bestimmt wird Vater den Vorschlag zu einem Marathonlauf ablehnen."
- [x] „Vater wird den Marathonlauf bestimmt nicht schaffen." ✓

11. Welchen Fehler macht der Vater beim Marathonlauf? Beantworte diese Frage mit einem vollständigen Satz.

✓ Der Vater läuft am Anfang viel zu schnell und übernimmt sich, somit geht ihm schnell die Puste aus.

12. Welches Ziel verfolgt der Ich-Erzähler, als er seinem Vater den Marathonlauf vorschlägt?
Kreuze an, welche der folgenden Aussagen zutreffen und welche nicht.

Aussagen	trifft zu	trifft nicht zu
Er will seinen Vater demütigen.	X	
Sein Vater soll infolge der Anstrengung sterben.		X
Er will seinem Vater sein Können unter Beweis stellen.		X
Er will sich an seinem Vater rächen.	X	

13. „Ich wollte doch nur dein Bestes!“ (Z. 182 f.) Warum möchte der Ich-Erzähler diese Worte von seinem Vater hören? Kreuze die passende Aussage an.

Mit diesen Worten soll ihm sein Vater zeigen, dass er …

- [x] seine Fehler eingesehen hat.
- [ ] seine Erwartungen zurückschrauben wird.
- [ ] ihm seinen Misserfolg verzeiht.
- [ ] ihn immer sehr geliebt hat.

14. „Dies war das letzte Rennen meines Lebens, und nichts und niemand konnte mich daran hindern, es für immer zu gewinnen.“ (Z. 170–173)
Welche beiden Vorstellungen stecken in diesen Gedanken des Ich-Erzählers?

a) Er würde diesen Marathon gegen seinen Vater auf jeden Fall gewinnen

b) Er beschließt nach dem Marathon mit dem Laufen aufzuhören.

15. Erkläre den Sinn der Überschrift.

Von Anfang bis zum Ende des Textes war es ein langer Weg. Und ein Marathon ist ebenfalls lang. Somit ist der Weg ein Marathon und der Marathon am Ende entscheidet alles.

16. Erkläre, was der Ich-Erzähler mit dem letzten Wort („Nebeneinander“, Z. 202) zum Ausdruck bringt. Stelle einen Zusammenhang mit dem ganzen Text her.

Da der Vater sonst immer vor seinem Sohn gelaufen ist, um ihn anzuspornen und der Sohn am Ende den Vater überholt heißt es, dass sie nun auf gleicher Augenhöhe sind und keiner auf den anderen zurückblickt.

Charakterisiere den Vater des Ich-Erzählers und sein Verhältnis zu seinem Sohn.

4.2 Gedichte untersuchen

Gedichte sind besonders kunstvolle gestaltete Texte. Man erkennt sie gleich an ihrer **Form**: Die Zeilen sind verkürzt (**Verse**), und mehrere Verse sind jeweils zu Blöcken (**Strophen**) zusammengefasst. Gedichte sind oft nicht einfach zu verstehen. Darauf weist schon das Wort „Gedicht" hin: Es handelt sich um ein besonders engmaschiges („dichtes") Textgewebe. Der Dichter hat seine Aussagen so stark verdichtet, dass es einiger Mühe bedarf, den Sinn zu erfassen.

In der Prüfungssituation liegt der Vorteil eines Gedichts darin, dass es von der Länge her überschaubar ist. Wenn du die entscheidenden Merkmale kennst und den Text sorgfältig liest, kannst du davon ausgehen, dass du so leicht nichts Wichtiges übersiehst. Gerade beim Untersuchen von Gedichten kann man **planmäßig vorgehen**. Und wenn man die einzelnen Schritte kennt, kann man sich dem Verständnis des **tieferen Sinns** Stück für Stück nähern.

So gehst du am besten beim Lesen eines Gedichts vor:

Schritt für Schritt

Ein Gedicht untersuchen

Arbeitsschritt **1** Überfliege den Gedichttext einmal. **Bestimme** danach das **Thema** zunächst ganz allgemein (*Frühling? Leben in der Stadt? Liebe? Krieg?*).

Arbeitsschritt **2** Lies das Gedicht noch einmal genau und stelle dir folgende **Fragen zur Sprechsituation**: *Gibt es ein lyrisches Ich? Wird jemand direkt angesprochen (ein Du oder ein Ihr)? Welche Gedanken äußert der lyrische Sprecher?*

Arbeitsschritt **3** Überlege, was das lyrische Ich oder den lyrischen Sprecher veranlasst, sich diese Gedanken zu machen. Bestimme seine **Situation**.

Arbeitsschritt **4** Gehe **jede Strophe einzeln** durch. Lies jeden Satz für sich. Frage dich jeweils: *Welche Bedeutung hat diese Aussage in Bezug auf die Gedanken des lyrischen Sprechers?* Textstellen, die dir unklar sind, kennzeichnest du am Rand mit **?**.

Arbeitsschritt **5** Denke darüber nach, wie die einzelnen **Aussagen zusammenhängen**. Frage dich z. B.: *Ist die Aussage als Grund zu verstehen? Oder als Bedingung?*

Arbeitsschritt **6** Gelange zu einem **Ergebnis**. Präzisiere das Thema, das du anfangs nur allgemein bestimmt hast. Frage dich: *Was genau bringt der lyrische Sprecher zum Ausdruck: einen Wunsch? eine Klage? Kritik? einen Appell?*

Hinweis: Es geht hier zunächst um das Erfassen des **Sinns**. Hinweise zu **Form und Sprache** von Gedichten findest du auf den Seiten 48 bis 50.

Eine besondere Art von Gedicht ist die **Ballade**. Meist haben Gedichte einen lyrischen Sprecher, der seine Gedanken und Gefühle äußert. In Balladen dagegen wird eine **Geschichte** erzählt. Fast alle Balladen zeichnen sich außerdem dadurch aus, dass sie **wörtliche Rede** enthalten. So wirkt die Darstellung nicht nur anschaulich, sondern geradezu dramatisch.

Übung 13

Lies das Gedicht „Septemberliches Lied vom Storch" von Günter Eich und bearbeite dann die Aufgaben.

Günter Eich: Septemberliches Lied vom Storch

Die Sonne brennt noch überm Luch[1],
vom Grummet[2] weht der Grasgeruch,
die Beere kocht im Brombeerschlag[3],
und lang noch steht die Sonn' im Tag.

Er aber glaubt nicht mehr ans Jahr,
der auf dem First zu Hause war.
Nach Süden schwang sein Flügelschlag
und lang noch steht die Sonn' im Tag.

Die Frösche quarren[4] doppelt hell,
die Maus zeigt unbesorgt ihr Fell.
Der ihnen auf der Lauer lag,
er schwang sich fort vor Tau und Tag.

Obgleich noch wie im Sommerwind
die Spinne ihre Fäden spinnt,
die Mücke tanzt im Weidenhag[5],
und lang noch steht die Sonn' im Tag.

Quelle: Günter Eich: Septemberliches Lied vom Storch.
In: W. Höllerer: Ausgewählte Gedichte. Suhrkamp Verlag: Frankfurt am Main 1960

Anmerkungen
1 *Luch:* Wiesenfläche im Moor
2 *Grummet:* Heu
3 *Brombeerschlag:* eine Ecke im Garten, wo nur Brombeerbüsche wachsen
4 *quarren:* quaken
5 *Weidenhag:* Weidengebüsch

Aufgaben

1. Bestimme das Thema des Gedichts zunächst ganz allgemein. Stichworte genügen.
   Tiere, Herbst, Morgen - Mittag
   ___

2. Wessen Sicht vermittelt der lyrische Sprecher? Kreuze die passende Aussage an.
   Er vermittelt die Sicht …
   ☐ des Storchs. ☒ eines nachdenklichen Beobachters.
   ☐ anderer Tiere. ☐ eines gleichgültigen Beobachters.

3. Was für eine Situation beschreibt der lyrische Sprecher? Formuliere zwei Aussagen, um die Besonderheiten der Situation zu benennen.
   Tiere
   ___
   Sonne
   ___

4. Fasse die Beobachtungen des lyrischen Sprechers knapp zusammen. Gehe auf jede Strophe einzeln ein.

Strophe 1: Es ist Mittags und sehr heiß; Abends ist es noch lange hell

Strophe 2: Am Mittag macht sich der Storch auf den Weg in den Süden.

Strophe 3: Der (größte) Feind der Frösche und Mäuse ist fort und sie sind furchtlos / fühlen sich sicher

Strophe 4: Die Insekten gehen weiterhin ihren Aufgaben nach.

5. Worauf bezieht sich das Personalpronomen „er" in Vers 5? Stichworte genügen.

Storch

6. Die letzte Strophe beginnt mit der Konjunktion „obgleich" (V. 13). Worin besteht der Einwand, der damit zum Ausdruck kommt? Formuliere zwei Sätze, um diese Frage zu beantworten. Verwende die gegebenen Satzanfänge.

Zwar spinnt die Spinne immer noch ihre Fäden

Aber die Mücke verhält sich so, als drohe ihr keine Gefahr

7. Der Titel des Gedichtes lautet: „Septemberliches Lied vom Storch"

a) Was ist mit dem Lied „**vom Storch**" gemeint? Kreuze an. Begründe deine Einschätzung anschließend.

- [x] Es ist ein Lied über den Storch.
- [ ] Es ist ein Lied des Storchs.

Begründung:
z. S.: „Er aber glaubt nicht mehr ans Jahr"
Es wird "er" gesagt, was sich auf den Storch bezieht.

b) Erkläre, weshalb in der Überschrift von einem „Lied“ die Rede ist.

Es ist gleichmäßig, taktisch, rhythmisch, regelmäßig.

8. Formuliere ein Ergebnis. Schreibe auf, was die Beschreibung des lyrischen Sprechers zeigt.

Der lyrische Sprecher erzählt wie sich die Tiere gegen Ende des Sommers verhalten.

Formmerkmale von Gedichten untersuchen

Jedes Gedicht besteht aus einer Gruppe von **Versen**, die zu **Strophen** zusammengefasst sind. Das ist das erste Formmerkmal, das dem Leser auffällt.

Reime erkennen

Beim Blick auf die Versenden stellt man oftmals fest, dass sich zwei (oder mehr) Verse **reimen**. Ein Reim entsteht durch den Gleichklang zweier Versenden. Es gibt auch sogenannte „unreine Reime“; bei ihnen klingen die Versenden nur ungefähr gleich.

Beispiel

Wilhelm Busch: Der Esel

Es stand vor eines Hauses **Tor**
Ein Esel mit gespitztem **Ohr**, } reiner Reim
Der käute sich sein Bündel **Heu**
Gedankenvoll und still ent**zwei**. } unreiner Reim

Tipp

Am besten bestimmst du das **Reimschema**, indem du jeden Reim mit einem Buchstaben kennzeichnest. Bei der Strophe aus Wilhelm Buschs Gedicht „Der Esel“ sieht das so aus: *aabb*.

Am häufigsten kommen diese Reimschemas vor:

- **Paarreim:** Es reimen sich zwei aufeinander folgende Verse; sie bilden durch den Reim ein „Paar“: aabb
  Sonne, Wonne, Mut, Glut
- **Kreuzreim:** Die Verse in einem Gedicht reimen sich über Kreuz: abab
  Reise, fragen, weise, sagen

- **umfassender/umarmender Reim:** Zwei sich reimende Verse werden eingerahmt („umarmt“) von zwei Versen, die sich ebenfalls reimen: abba
  Boot, schwimmen, stimmen, rot

Übung 14

Bestimme das Reimschema des Gedichts „Septemberliches Lied vom Storch“ von Günter Eich (S. 46). Stichworte genügen.

reiner Reim, Paarreim

Das Versmaß bestimmen

Den meisten Gedichten liegt ein bestimmter Takt, das **Metrum**, zugrunde. Das Metrum ergibt sich durch eine regelmäßige Abfolge von betonten und unbetonten Silben. Betonte Silben nennt man auch **Hebungen**. Nicht immer zieht sich das zugrundeliegende Metrum durchgängig durch das ganze Gedicht. In einem solchen Fall musst du herausfinden, welches Versmaß – trotz einiger Abweichungen – die Grundlage bildet.

Tipp

Um das Metrum eines Gedichts zu bestimmen, solltest du den Text **laut lesen**. Achte beim Lesen darauf, welche Silben du betonst. Anschließend kennzeichnest du in jedem Vers die betonten und unbetonten Silben mit unterschiedlichen Zeichen, z. B. mit ´ für betont und mit ˘ für unbetont. So bekommst du einen guten Überblick über deren Reihenfolge.

Man unterscheidet bei den Metren **Zweier- und Dreiertakte**:

- **Jambus:** ein Zweiertakt, bei dem die erste Silbe unbetont ist und die zweite Silbe betont.
  Fĭgúr, Păpíer, Vĕrstéck
- **Trochäus:** ein Zweiertakt, bei dem die erste Silbe betont ist und die zweite Silbe unbetont.
  Sónnĕ, Blúmĕ, lésĕn
- **Daktylus:** ein Dreiertakt, der mit einer betonten Silbe beginnt und mit zwei unbetonten Silben aufhört.
  Kṓnĭgĭn, Héilĭgĕr, Eítĕlkeĭt
- **Anapäst:** ein Dreiertakt, der mit zwei unbetonten Silben beginnt und mit einer betonten Silbe aufhört. Der Anapäst taucht sehr selten auf!
  Zaŭbĕreí, Părădíes, Dĭămánt

Tipp

Am häufigsten kommt der **Jambus** vor. Es empfiehlt sich also, bei einem Gedicht als Erstes zu prüfen, ob das zugrunde liegende Metrum (wie meistens) ein Jambus ist.

Übung 15

Bestimme das Versmaß, das dem Gedicht „Septemberliches Lied vom Storch“ (S. 46) zugrundeliegt. Stichworte genügen.

vierhebiger Jambus

Form und Inhalt zusammenführen

Auch bei einem Gedicht kommt es vor allem auf den **Sinn** an. Du solltest also nicht den Fehler machen, als Erstes das Reimschema und das Metrum zu bestimmen. Es genügt auch nicht, die Formmerkmale eines Gedichtes nur zu benennen. Du musst außerdem sagen, welche **Wirkung** davon ausgeht. Dabei geht es vor allem darum, ob die Form zum Inhalt passt oder nicht. Es gibt verschiedene Möglichkeiten:

Harmonie + Harmonie: Der Inhalt ist harmonisch, und die Form ist regelmäßig gestaltet.

Disharmonie + Disharmonie: Der Inhalt klingt verstörend und wirkt nicht harmonisch, und die Form weist keine oder nur wenige Regelmäßigkeiten auf.

} Inhalt und Form passen zusammen.

Disharmonie + Harmonie: Der Inhalt klingt verstörend und wirkt nicht harmonisch. Trotzdem ist die Form ganz regelmäßig gestaltet.

Harmonie + Disharmonie: Der Inhalt klingt harmonisch, die Form ist aber unregelmäßig gestaltet.

} Inhalt und Form passen nicht zusammen.

Tipp

Wenn Form und Sprache die Stimmung unterstreichen, die in einem Gedicht zum Ausdruck kommt, dann **passen** formale Darstellung und Inhalt **zusammen**. Das Gedicht strahlt dann einen **Gleichklang** aus: Entweder wirkt beides positiv (ruhig, fröhlich, feierlich …) – oder beides wirkt negativ (kühl, dunkel, trostlos, hart …).

Wenn Inhalt und Form **nicht zusammenpassen**, hat das einen **Grund**! Der Leser soll darauf aufmerksam werden und darüber nachdenken, warum es diese **Unstimmigkeiten** gibt. Frage dich in diesem Fall: *Warum passen Inhalt und Form nicht zusammen? Was besagt diese „Störung"?*

Übung 16

Bestimme den Zusammenhang zwischen Inhalt und Form des Gedichts „Septemberliches Lied vom Storch" (S. 46). Formuliere je einen Satz zum Inhalt und einen zur Form. Orientiere dich an der Übersicht oben.

Inhalt: Der Inhalt ist harmonisch.

Form: Die Form ist harmonisch

Moderne Gedichte verstehen

Moderne Gedichte haben oft kein Metrum. Stattdessen sind sie in **freien Rhythmen** verfasst. In der Regel gibt es auch kein Reimschema, man nennt sie dann **reimlos**. Trotzdem handelt es sich um Gedichte! Man kann nämlich sehen, dass sie aus Versen bestehen, weil die Zeilen verkürzt sind. Typisch für moderne Gedichte ist auch, dass sie oft besonders schwer zu entschlüsseln sind. Das liegt daran, dass die Verfasser häufig **mit der Sprache** und den verschiedenen Bedeutungen **spielen**. Deshalb ist es manchmal schwierig, das Thema zu bestimmen.

Tipp

Man findet am besten einen Zugang zu einem modernen Gedicht, wenn man nach „**Signalwörtern**" sucht. Du wirst im Text an einigen Stellen Wörter finden, die üblicherweise nur in einem ganz **bestimmten Zusammenhang** vorkommen. Sie verweisen auf das zentrale Thema.

Übung 17

Mathias Jeschke: Spiel zwischen Erde und Himmel

Im Augenwinkel der Sturz.
Schrill, scharf gellt der Pfiff.

Ich wende mich hin,
doch niemand gefoult am Boden.

Es war eine Schwalbe.
Ich stehe auf der Lichtung und öffne mich.

Die Vögel jubeln,
die Bäume schwenken ihr Fahnengrün.

Erneut ein schriller Pfiff.
Erwartung wächst.

Da trifft es mich:
Ich stehe am Punkt für den Freistoß.

Quelle: http://matthiaskehle.blogspot.com/search/label/Fu%C3%9Fball

Hinweis: Du findest Aufgaben zu Sprachbildern in diesem Gedicht auf S. 54.

Aufgaben

1. Das Gedicht „Spiel zwischen Erde und Himmel" greift auf den Bildbereich Fußball zu. Schreibe alle Wörter heraus, die darauf hindeuten.

Pfiff, gefoult, Freistoß

2. Bestimme die Rolle des lyrischen Sprechers im Bildbereich Fußball. Kreuze an.

   Der lyrische Sprecher ist …

   - ☐ ein Fernsehmoderator.
   - ☒ ein Fußballspieler.
   - ☐ ein Zuschauer.
   - ☐ der Torwart.

3. Nenne den zweiten thematischen Bereich, der im Gedicht angesprochen wird. Belege deine Antwort mit zwei Beispielen aus dem Text.

   Der zweite Themenbereich ist ________________________.

   Beispiele: ____

4. Das Wort „Schwalbe“ (V. 5) hat eine doppelte Bedeutung – entsprechend den zwei Themenbereichen aus dem Gedicht. Erkläre beide Bedeutungen.

   Erste Bedeutung: ____________________________________

   ____

   Zweite Bedeutung: ___________________________________

   ____

5. Weise nach, dass das Gedicht „Spiel zwischen Erde und Himmel“ in freien Rhythmen verfasst ist, indem du die Silben mit ´ (betont) oder ˘ (unbetont) kennzeichnest.

5 Die Darstellung beurteilen

Um einen Text gut zu verstehen, genügt es nicht, dass du nur auf die (oberflächlichen) Inhalte achtest; denn Inhalt und Darstellung (sprachliche Gestaltung) sind eng miteinander verwoben. Deshalb solltest du dir zu einem Text immer auch die Frage stellen: *Wie ist ein Sachverhalt oder ein Geschehen dargestellt?*
Schon die **Wortwahl** kann für den Sinn von Bedeutung sein und **neutrale**, **positive** oder **negative** Gefühle wecken (z. B. so: *Hund – vierbeiniger Freund – Köter*). Weitere wichtige Aspekte der Darstellung sind **Sprachbilder** und **Ironie**.

5.1 Sprachbilder erkennen

Häufig werden Wörter in einem Text anders verwendet als im normalen Sprachgebrauch. Das ist z. B. bei sprachlichen Bildern der Fall. Sprachliche Bilder kennst du aus dem Alltag, z. B. aus Redewendungen. Statt zu sagen „Du hast wohl schlechte Laune." könnte man sagen: „Dir ist wohl eine Laus über die Leber gelaufen."

Man unterscheidet verschiedene Arten von Sprachbildern:

- **Bildhafter Vergleich:** Eine Person oder eine Sache wird mit etwas verglichen, das aus einem ganz anderen Lebensbereich stammt. Bildhafte Vergleiche erkennst du daran, dass sie eine Art „Gelenkstelle" haben, z. B. „wie" oder „als ob".
  Sein Sohn war ihm wie aus dem Gesicht geschnitten.
  Es regnete so sehr, als ob der Weltuntergang bevorstünde.
- **Metapher:** Eine Metapher ist eine Art verkürzter Vergleich. Es gibt keine „Gelenkstelle", sondern der bildhafte Ausdruck wird direkt für eine Person oder für eine Sache verwendet.
  Das Leben ist eine Wüste.
  Der Dschungel der Großstadt erschreckte das Mädchen.
- **Personifikation:** Bei einer Personifikation wird von einer unbelebten Sache so gesprochen, als wäre sie lebendig.
  Der Orkan hat viel Spaß an seinem Tun.
- **Symbol:** Dieses Sprachbild bringt einen tieferen Sinn zum Ausdruck. Einige Symbole sind allgemein bekannt, z. B. das Herz als Symbol der Liebe. Es gibt auch Texte, die in ihrer Gesamtheit einen symbolischen Sinn haben.
  Bei Gedichten, in denen vom *Herbst* die Rede ist, steht die *Jahreszeit Herbst* oft symbolisch für eine *späte Lebensphase eines Menschen.*

Tipp

Entscheidend ist immer, wie ein sprachliches Bild auf den Leser wirkt: Ist es ein schönes Bild? Oder ist es eher düster? Es genügt nicht zu sagen, dass ein bestimmtes sprachliches Bild in einem Text vorkommt, du solltest auch immer sagen, welche **Wirkung** von diesem ausgeht.

Übung 18

Lies noch einmal das Gedicht „Spiel zwischen Erde und Himmel“ von Mathias Jeschke (S. 51) und bearbeite dann die Aufgaben.

Aufgaben

1. Welche sprachlichen Bilder werden in dem Gedicht verwendet? Kreuze die passende Aussage an.

   In dem Gedicht gibt es ...

   - [ ] bildhafte Vergleiche.
   - [x] Personifikationen.
   - [ ] Metaphern.
   - [ ] Symbole.

2. Schreibe zu deiner Antwort aus Aufgabe 1 ein passendes Beispiel aus dem Gedicht heraus.

   Die Bäume schwenken ihr Fahnengrün

3. Äußere dich zur Stimmung, die durch die Sprachbilder zum Ausdruck kommt: Ist die Stimmung eher gut oder eher schlecht? Begründe deine Meinung anschließend.

   Die Sprachbilder erzeugen eine eher ...

   - [x] gute Stimmung.
   - [ ] schlechte Stimmung.

   Begründung: Der Spieler wird angefeuert.

5.2 Ironie richtig deuten

Nicht immer meint ein Erzähler das, was er sagt. Manchmal ist eine Aussage auch ironisch zu verstehen. Ironie ist die „Kunst der Verstellung“. Sie dient dazu, **auf humorvolle Weise Kritik an etwas zu üben**. Der Erzähler stellt dann eine Handlung oder Verhaltensweise als positiv dar, die er in Wirklichkeit kritisieren will. Er drückt seine Kritik – zum Schein – als Lob oder Anerkennung aus. Bei einem schriftlichen Text ist es nicht leicht zu erkennen, ob eine Aussage ironisch gemeint ist. Man sieht den Erzähler ja nicht und hört ihn nicht sprechen. Wenn jemand dagegen mündlich eine ironische Aussage macht, merkst du das sofort: Seine Mimik und sein Tonfall passen dann nicht zu dem, was er sagt.

Du kennst ironische Aussagen auch aus dem Alltag. Wenn jemand zu einem Freund, der vollkommen übernächtigt aussieht, sagt: „Du siehst ja heute gut aus!“, dann meint er das ganz anders. In Wirklichkeit meint er nämlich: „Oje, was ist denn mit dir los? Hast du schlecht geschlafen?“

Tipp

In einem schriftlich vorliegenden Text erkennst du eine ironisch zu verstehende Aussage daran, dass sie „irgendwie nicht passt“. Sie passt entweder nicht zu anderen Textaussagen oder nicht zu deinen Erfahrungen. Du weißt in diesem Fall, dass viele Menschen deine Meinung, dass die Darstellung **unpassend oder widersprüchlich** wirkt, teilen würden.

Übung 19

Lies die Kurzgeschichte „Die Kampagne“ von Peter Maiwald und bearbeite anschließend die Aufgaben.

Peter Maiwald: Die Kampagne

Das ganze Unglück – die Verwirrtheit in den Köpfen! – erklärte unser Stadtschreiber, der es wissen mußte, kommt von den Worten. Ohne Worte kämen die Leute nicht auf dumme Gedanken, und die Irrtümer hätten keine Chance, sich auszudrücken. Die Geschwätzigkeit nähme ebenso ab wie die zahllosen Mißverständnisse, denen wir mit Worten ausgesetzt sind. Der Ärger mit den Schwerhörigen verringerte sich, und die Hörigkeit in der Liebe verlöre an Unglück. Auf Eide, Treueschwüre, Reden und Zeitungen könnte verzichtet werden, in einem Wort: Die Vorteile der Wortlosigkeit sind offensichtlich. So begann die Kampagne: Raus mit der Sprache!

Wir entfernten alle Schilder, Plakate und Inschriften aus unseren Städten und verbrannten alle Bibliotheken. Die Radios spielten wortlos Musik, und im Fernsehen regierte der Stummfilm. Wir waren sprachlos, aber unendlich erleichtert. Niemand konnte uns mehr etwas vormachen. Keiner konnte uns mehr belügen. Niemand konnte uns mehr überreden, und keiner konnte uns mehr etwas in den Mund legen. Allen Wortverdrehern und Redewendungen war endlich das Handwerk gelegt.

Nun, da wir uns nichts mehr zu sagen haben, leben wir friedlich und zufrieden. Wir nehmen alles so hin, wie es ist. In Zweifelsfällen werden wir handgreiflich. Die Liebenden berühren sich und kommen ohne die bekannten mißverständlichen drei Worte aus. Und vor allem: Seit wir sprachlos sind, kann uns nichts mehr erschrecken. Was sollte uns, die wir keine mehr haben, noch die Sprache verschlagen?

Quelle: Peter Maiwald: Die Kampagne. In: Ders.: Das Gutenbergsche Völkchen. Fischer Verlag: Frankfurt am Main 1990. S. 29 (Die Schreibweise entspricht den Regeln der alten Rechtschreibung.)

Aufgaben

1. Nenne drei Probleme, die laut Text durch die Verwendung von Sprache entstehen können. Stichworte genügen.

   ____

   ____

2. Suche nach zwei Textstellen, in denen etwas Negatives zum Schein als positiv dargestellt wird. Schreibe sie heraus.
   Erkläre dann, warum diese Aussagen nur ironisch gemeint sein können.

   Erste Textstelle: ______________________________

   ____

   Erklärung der Ironie: ______________________________

   ____

   ____

   ____

   ____

   Zweite Textstelle: ______________________________

   ____

   Erklärung der Ironie: ______________________________

   ____

   ____

   ____

   ____

Auf einen Blick

Wie du Besonderheiten der Darstellung erkennst
Frage dich, ob es im Text **Wörter** gibt, die bestimmte Vorstellungen wecken: positiv, sachlich-neutral oder eher negativ?
Halte Ausschau nach **sprachlichen Bildern**. Überlege, welche Wirkung von ihnen ausgeht: eher angenehm oder unangenehm?.
Überlege, ob alle Aussagen in sich **stimmig** sind oder ob es – oberflächlich gesehen – Unstimmigkeiten gibt, die auf **Ironie** hinweisen.
Achte auf den Fluss der Sprache. Wirken die **Sätze** vom Klang her ruhig und harmonisch oder unterkühlt oder gar verstörend?
Stelle einen **Zusammenhang** zwischen der Darstellung und dem Inhalt her: Passt die Sprache zum **Inhalt** oder wirkt sie eher unpassend?

Schreibkompetenz

Was muss man können? Was wird geprüft?

Beim Schreiben eines Textes musst du zeigen, dass du einen Sachverhalt **angemessen, klar** und **verständlich** ausdrücken kannst. Ein gelungener Text überzeugt sowohl **inhaltlich** als auch **sprachlich**. Das leuchtet unmittelbar ein: Wer nichts Vernünftiges zu sagen hat, der kann den Leser selbst dann nicht überzeugen, wenn er sich wunderbar ausdrückt. Und wer hervorragende Ideen hat, aber nicht in der Lage ist, seine Gedanken verständlich (und möglichst auch interessant) zum Ausdruck zu bringen, der wird beim Leser bestenfalls ein Stirnrunzeln hervorrufen.

In der Prüfung musst du zeigen, dass du Folgendes leisten kannst:

- Du hast etwas zu sagen, d. h., du verfügst über ausreichende **Kenntnisse** zu dem **Thema**, um das es geht.
- Du kannst die **wesentlichen Gedanken** zum Thema **auswählen**. (Nicht alles ist gleichermaßen bedeutsam!)
- Du kannst deine Gedanken in eine sinnvolle **Reihenfolge** bringen.
- Du kennst die Merkmale der jeweiligen **Textsorte** (z. B. einer Inhaltsangabe, eines Berichts, eines Tagebucheintrags, …) und berücksichtigst sie.
- Du kannst dich in den möglichen **Leser** hineinversetzen. Dein Text sollte nämlich den Wissensstand des Lesers berücksichtigen. (Was weiß er über das Thema? Was weiß er noch nicht?) Außerdem sollte er in einer Sprache verfasst sein, die zu ihm passt.
- Du kannst dich in den **Schreiber** hineinversetzen. Wenn du einen Text aus der Perspektive einer anderen Person in einer bestimmten Situation schreiben sollst, muss dein Text schließlich glaubwürdig wirken. Und glaubwürdig kann er nur dann sein, wenn die Darstellung sowohl inhaltlich als auch sprachlich zum Verfasser passt.
- Dass du dich darüber hinaus **korrekt ausdrückst**, (möglichst) alle Wörter richtig schreibst und deine Aussagen durch eine passende Zeichensetzung klar strukturierst, versteht sich von selbst.

Beispiel

Anfang eines Briefes an die Schulleiterin (hier ohne Briefkopf):

Falsch

Hallo Frau Müller,
wir Schüler finden es total bescheuert, dass Sie was gegen die Einrichtung einer Cafeteria haben. […]

- Anrede passt nicht zu einem Brief an die Schulleiterin
- Darstellung unhöflich, Umgangssprache in einem Brief an die Schulleiterin unpassend („total bescheuert“, „was“)

Richtig

Sehr geehrte Frau Müller,
die Schüler sind über Ihre ablehnende Haltung bezüglich der Cafeteria sehr enttäuscht. […]

- Anrede passt zu einem Brief an die Schulleiterin
- Darstellung höflich, Verwendung von Standardsprache (Schriftsprache)

Tipp

Orientiere dich beim Schreiben deines Textes an dieser Schemazeichnung:

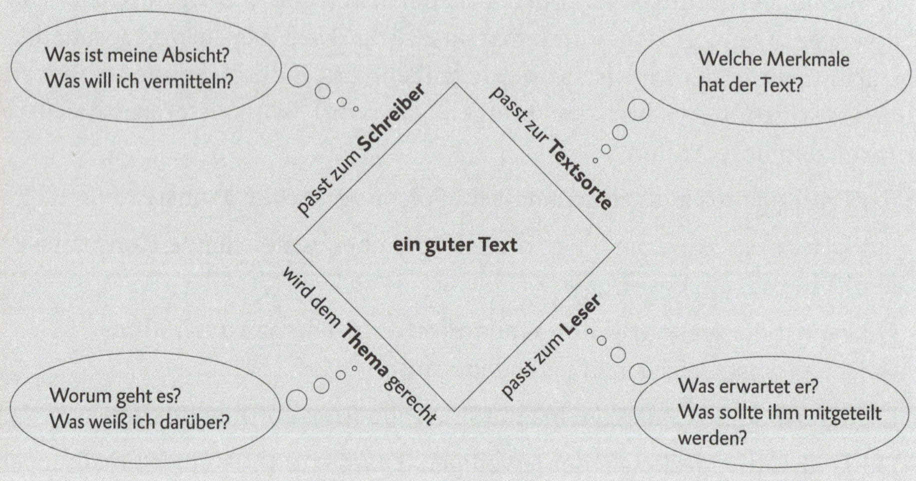

Übung 20

Du hast gehört, dass dein Freund seit gestern mit Grippe im Bett liegt. Du beschließt, ihm einen Brief oder eine E-Mail zu schreiben, um ihm zu zeigen, dass du an ihn denkst und ihm gute Besserung wünschst.
Schreibe den Anfang dieses Briefes (zwei bis drei Sätze).

Hinweis: Du kannst den Brief auch an eine Freundin richten. Wähle einen passenden Vornamen. Bedenke, dass die Darstellung (Anrede des Empfängers, Sprache des Briefes) sowohl zum Schreiber als auch zum Empfänger (sowie natürlich zum Thema und zur Textsorte) passen sollte.

Hallo/Hey Ronja,
wie geht es dir? Ich habe gestern von Lena erfahren, dass du mit Grippe im Bett liegst. Das ist wirklich mies. Ich hoffe, dass es dir bald besser geht, damit wir wieder was unternehmen können.

6 Den Schreibprozess steuern

Wenn du einen Text erstellst, solltest du vermeiden einfach drauflos zu schreiben! Vor dem Schreiben kommt das Planen: Durchdenke die Schreibaufgabe gründlich und bereite dich sorgfältig vor. Was du in die Vorbereitung investierst, sparst du anschließend beim Schreiben. Außerdem verhilft dir eine gute Planung dazu, deinen Text auch ansprechend zu gestalten. Du wirst dann nur selten etwas durchstreichen müssen, und auch Ergänzungen und Fußnoten erübrigen sich meist. Das macht einen guten Eindruck!

Vorbereiten

Erstelle als Erstes einen **Schreibplan**. Gehe dabei so vor:

Schritt für Schritt

Das Schreiben vorbereiten

Arbeitsschritt **1** Lies die Aufgabe genau durch und überlege, was von dir verlangt wird. Stelle dir folgende Fragen und **notiere** dazu **in Stichworten** die Antworten:

- Wie lautet das **Thema**?
- Welche **Art von Text** sollst du schreiben: einen persönlichen Brief, einen Tagebucheintrag, eine Stellungnahme, ...?
- Wer soll der **Schreiber** sein? Welches **Ziel** verfolgt er?
- Wer soll der **Leser** sein? Welche **Erwartungen** hat er an den Text?

Arbeitsschritt **2** **Sammle Ideen** zum Thema. Berücksichtige dabei auch deine Überlegungen zu Arbeitsschritt 1. Halte alles, was dir in den Sinn kommt, stichwortartig fest. Am besten notierst du es in Form einer Tabelle, eines Clusters oder einer Mindmap.

Arbeitsschritt **3** Ordne deine Ideen. Bringe sie in eine **sinnvolle Reihenfolge**. Du kannst deine Stichworte z. B. nummerieren. Das ist dein **Schreibplan**.

Arbeitsschritt **4** Überlege, wie dein Text **anfangen** soll. Versuche den Leser geschickt zum eigentlichen Thema hinzuführen. Halte deine Ideen wieder stichwortartig fest.

Arbeitsschritt **5** Überlege, wie dein Text **enden** soll. Du kannst nicht einfach nach dem letzten Stichpunkt aufhören. Frage dich, wie du deine Ausführungen überzeugend abrundest.

Übung 21

Du bist Schulsprecher einer Schule und möchtest erreichen, dass in eurer Schule eine Cafeteria eingerichtet wird; Schüler und Eltern sollen sie in eigener Regie betreiben. Von deinen Mitschülern bekommst du viel Zuspruch für deine Idee. In deiner Rolle als Schulsprecher wendest du dich nun an die Schulleiterin, um sie davon zu überzeugen, dass es richtig wäre, die Idee von der Cafeteria umzusetzen. In dem Gespräch, das du mit ihr führst, äußert sie aber große Bedenken gegen das Vorhaben, und am Ende lehnt sie deinen Vorschlag ab. Nach Rücksprache mit Mitschülern willst du noch einmal einen Versuch unternehmen, um sie doch noch von der Idee zu überzeugen.
Du schreibst ihr einen Brief, in dem du alle Argumente ausführst, die dafür sprechen, dass an eurer Schule eine Cafeteria eingerichtet wird. Zugleich greifst du einige Bedenken der Schulleiterin auf und versuchst, sie zu entkräften.

Aufgaben

Beantworte zu dieser Schreibaufgabe die folgenden Fragen.

a) Um welches Thema geht es?
Cafeteria in der Schule

b) Wer ist der Verfasser des Textes?
ich / Schulsprecher

c) Was will der Verfasser erreichen?
Schulleitung überzeugen

d) An wen richtet sich der Text?
Schulleitung

e) Was weißt du über den Empfänger?
Ist dagegen

Beispiel

Ein angefangener Schreibplan zu dieser Aufgabe könnte wie eines der drei folgenden Beispiele aussehen. Der Schreibplan wurde einmal als Tabelle, einmal als Cluster und einmal als Mindmap gestaltet.

Tabelle

Vorteile	Mögliche Einwände
• Bessere Konzentration der Schüler nach Frühstück	• Mensa vorhanden!
• Schüler lernen Verantwortung tragen	• Zeitproblem
• Geldeinnahme für die Schule	• Organisation schwierig
• …	• …

Cluster

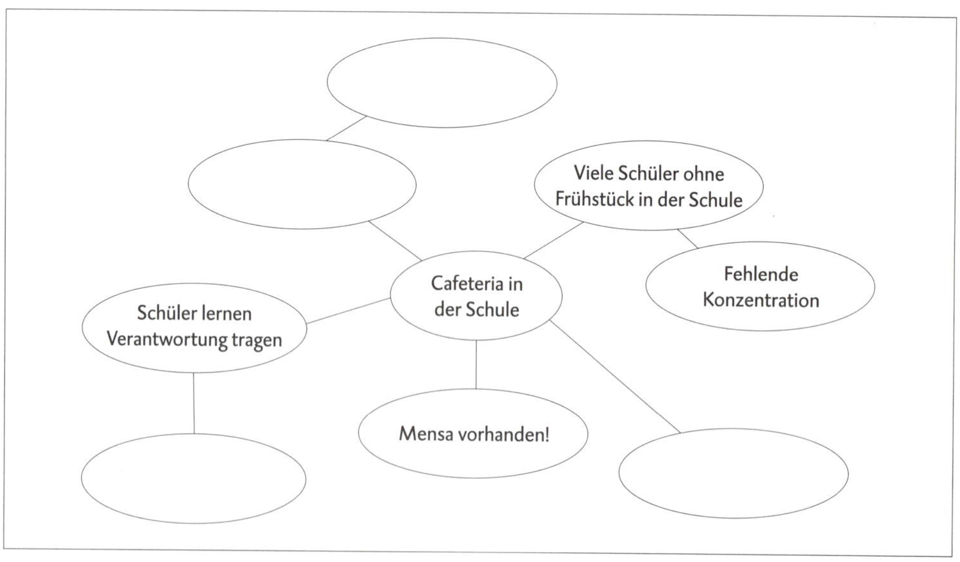

Mindmap

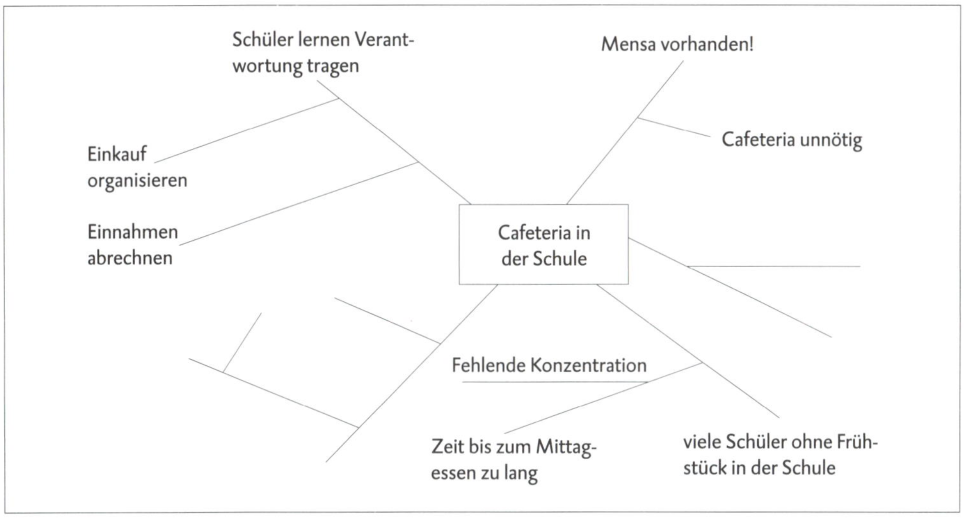

Tipp

Manchmal erhältst du zu einer Schreibaufgabe auch schon eine **Stichwortliste**. Aus dieser sollst du dann überzeugende Stichpunkte auswählen, die du anschließend in deinem Text verwendest, z. B. um sie zu tragfähigen Argumenten auszuformulieren.
Das heißt aber nicht, dass du dir nicht **selbst Gedanken zum Thema machen** solltest! Vergiss nicht: Je gründlicher du über das Thema nachgedacht hast, umso mehr kannst du dazu sagen. Ergänze eine vorgegebene Liste deshalb möglichst auch um eigene Ideen.

Übung 22

Erstelle zur Schreibaufgabe von S. 59 einen vollständigen Schreibplan (→ Heft).

Hinweis: Du kannst wählen, ob du deine Ideen in einer Tabelle, einem Cluster oder einer Mindmap notierst. Nutze eines der angefangenen Beispiele und vervollständige es.

Schreiben

Orientiere dich beim Schreiben deines Textes an dem Schreibplan, den du erstellt hast. Beginne mit der Einleitung, schreibe danach den Hauptteil und runde deinen Text durch einen geeigneten Schluss ab. Am besten verfährst du so:

Schritt für Schritt

Eine Schreibaufgabe bearbeiten

Arbeitsschritt **1** Am schwierigsten ist der Einstieg, also die **Einleitung**. Nimm deshalb ein Extrablatt und schreibe probeweise deine Einleitung auf. Eventuell brauchst du mehrere Entwürfe. Wenn du mit einem davon zufrieden bist, überträgst du ihn auf das Schreibpapier. Zwei bis drei Sätze genügen.

Arbeitsschritt **2** Beginne nun den **Hauptteil**. Nimm dir nach und nach alle notierten Stichworte vor und formuliere deine Gedanken sorgfältig aus. Gehe so vor:

- Lies jeden Satz, den du fertiggestellt hast, durch, bevor du den nächsten Satz beginnst. Das kostet nicht viel Zeit, hilft dir aber, ungeschickte Formulierungen sofort zu erkennen und zu korrigieren.
- Beginne jeweils einen neuen Absatz, wenn du dich dem nächsten Stichwort aus deinem Schreibplan zuwendest. Das ist leserfreundlich, und es zeigt auch, dass du als Verfasser ein klares Konzept für deinen Text hast.
- Zähle deine Gedanken nicht nur auf. Finde geschickte Überleitungen zwischen den einzelnen Sätzen und Absätzen. Verwende passende Konjunktionen (z. B. *wenn, aber*), Adverbien (z. B. *deshalb, trotzdem*) und Pronomen (z. B. *er, dieser*), um Verbindungen zwischen deinen Aussagen herzustellen (vgl. S. 132).

Arbeitsschritt **3** Nachdem du dein letztes Stichwort ausgeführt hast, schreibst du den **Schluss**. Es ist nicht leicht, ein überzeugendes Ende zu finden. Probiere wieder mehrere Entwürfe auf einem Extrablatt aus. Wenn du mit einem Entwurf für den Schluss zufrieden bist, überträgst du ihn unter deinen Text. Es genügen wieder zwei bis drei Sätze.

Beispiel

In dem folgenden Auszug aus einem Brief an die Schulleiterin sind die Sätze geschickt durch Konjunktionen oder Adverbien miteinander verbunden:

Immer mehr Schüler kommen ohne Frühstück zur Schule. Das führt dazu, dass sich viele von ihnen spätestens ab der dritten Stunde nicht mehr richtig auf den Unterricht konzentrieren können, weil ihnen der Magen knurrt.

Tipp

Um **Sätze geschickt** miteinander zu **verbinden**, kannst du auch komplette **adverbiale Bestimmungen** einfügen, z. B. so:

Immer mehr Schüler kommen ohne Frühstück zur Schule. Schon im Laufe der ersten Schulstunden haben deshalb viele von ihnen Konzentrationsprobleme …

Wenn du adverbiale Bestimmungen an den Satzanfang stellst, hat das zugleich den Vorteil, dass die Reihenfolge der Satzglieder nicht immer gleich ist. Durch diese Abwechslung im Satzbau wirkt dein Text nicht monoton.

Übung 23

Schreibe die Einleitung und den Schluss für den Brief an die Schulleiterin (vgl. Schreibaufgabe S. 59). Achte darauf, dass es Verbindungen zwischen den Sätzen gibt. Orientiere dich an den Eintragungen in deinem Schreibplan (Übung 22).

Einleitung

Schluss

Überarbeiten

Lies deinen Text noch einmal sorgfältig durch. Korrigiere dabei ungeschickte Formulierungen und Fehler. Gehe so vor:

Schritt für Schritt

Den ausformulierten Text überarbeiten

Arbeitsschritt **1** Versuche, deinen Text **innerlich laut zu lesen**; dann bemerkst du mögliche Schwachstellen am ehesten.

Arbeitsschritt **2** Suche nach Fehlern und ungeschickten Formulierungen. Achte vor allem auf dies:

- **Vermeide** unschöne **Wiederholungen**. Wenn z. B. in aufeinander folgenden Sätzen (oder im selben Satz) zweimal derselbe Ausdruck fällt, klingt das unbeholfen. Ersetze das wiederholte Wort besser durch ein Synonym oder Pronomen.
- Wenn du im Text **Pronomen** verwendet hast (z. B. Demonstrativpronomen wie *dieses* oder *das*), frage dich immer, ob dem Leser klar ist, **worauf sie sich beziehen**. Du selbst weißt natürlich, wofür diese „Platzhalter" stehen. Aber dem Leser ist vielleicht nicht klar, wer *er* oder was *das* sein soll.

Arbeitsschritt **3** **Korrigiere** die Fehler und Schwachstellen, die dir aufgefallen sind. Gehe so vor:

- Kleinere Korrekturen nimmst du direkt im Text vor: Streiche z. B. ein falsch geschriebenes Wort sauber durch (mit Lineal!) und füge die richtige Schreibweise darüber ein.
- Bei größeren Korrekturen streichst du die ganze Textstelle durch. Versieh sie mit einem Zeichen (z. B. mit * oder *a*) oder 1) und schreibe die korrigierte Version unter Wiederholung dieses Zeichens auf ein Korrekturblatt, das du deiner Arbeit beifügst.
- Solltest du einmal vergessen haben, einen neuen Absatz zu beginnen, kennzeichnest du die Stelle mit ┌. So wird klar, dass hier ein neuer Gedanke beginnt.

Beispiel

Wenn die Schüler selbst eine Cafeteria betreiben,
Verantwortung
lernen sie ~~Verandwortung~~ zu tragen.

Sie müssen ~~dann einkaufen und verkaufen.~~*)
*) sich dann um die Einkäufe kümmern und auch den Verkauf übernehmen.

Tipp

Achte darauf, dass deine **Korrekturen eindeutig** sind. Wenn du mehr als einmal eine größere Textstelle korrigieren musst, nimm jedes Mal ein anderes Zeichen (z. B. *, **, *** oder *a*), *b*), *c*) oder 1, 2, 3). Dem Leser muss klar sein, welche Korrektur für welche Textstelle gelten soll. Schreibe die Korrekturen auch nicht durcheinander auf dein Korrekturblatt, sondern richte dich von der Reihenfolge her nach ihrem Vorkommen im Text.

Übung 24

Der folgende Abschnitt stammt aus einem Schülertext. Es ist ein Ausschnitt aus einem Brief an die Schulleiterin. Überarbeite den Text. Verfahre so, wie es im Abschnitt „Überarbeiten“ empfohlen wird.

Hinweis: Es geht vor allem um das Herstellen sinnvoller Verknüpfungen zwischen den Sätzen.

[...] Wir haben zwar eine Mensa. Wir bekommen in der Mensa um 13 Uhr ein Mittagessen. Das ist aber für viele Schüler zu spät. Viele Schüler kommen ohne Frühstück zur Schule. Sie haben schon früh am Morgen Hunger. Sie möchten sich vorher etwas zu essen und zu trinken kaufen können. Sie können sich sonst im Unterricht nicht konzentrieren. Eine Cafeteria wäre wichtig für sie. [...]

Auf einen Blick

So organisierst du deinen Schreibprozess richtig	
Lies die Aufgabenstellung genau durch.	Überlege, um welches Thema und welche Textsorte es geht, wer der Schreiber ist und an wen der Text gerichtet sein soll. Bedenke auch, was die Grundlage für deinen Text sein soll: dein Erfahrungswissen oder ein anderer (vorgegebener) Text.
Sammle Ideen für deinen Text.	Berücksichtige dabei das, was du über das Thema weißt, das, was der Leser erfahren soll, sowie das, was du mitteilen willst, um dein Schreibziel zu erreichen.
Erstelle einen Schreibplan.	Trage deine Ideen, die du gesammelt hast, geordnet dort ein. Wähle dafür entweder eine tabellarische Übersicht oder ein Cluster oder eine Mindmap.
Schreibe deinen Text.	Orientiere dich an deinem Schreibplan. Wähle eine Sprache, die den Erwartungen des Lesers entspricht. Drücke dich aber auch so aus, dass die Darstellung zum Schreiber passt.
Überarbeite den Text.	Lies ihn noch einmal gründlich durch und korrigiere, wenn nötig, Fehler und Ausdrucksschwächen.

7 Schreibaufgaben lösen

Schreibaufgaben beziehen sich entweder auf einen **Text** oder auf dein **Erfahrungswissen**. Im Großen und Ganzen lassen sich zwei Arten von Aufgaben unterscheiden: Solche, in denen du dich **sachlich** zu einem Thema äußern sollst, und solche, in denen du **kreativ-produktiv** tätig werden sollst. Einige Textsorten lassen sich eindeutig zuordnen, andere gibt es bei beiden Aufgabenarten. Auch Mischformen sind möglich.

Schreibaufgaben auf der Grundlage von Erfahrungswissen

- **sachlich**
  - Argument
  - Stellungnahme
  - Erörterung
  - formaler Brief
  - Leserbrief
  - ...
- **kreativ-produktiv**
  - Stellungnahme
  - persönlicher Brief
  - Leserbrief
  - Tagebucheintrag
  - ...

Schreibaufgaben auf der Grundlage eines Textes

- **sachlich**
  - Antworten auf offene Fragen
  - Inhaltsangabe
  - Textanalyse
  - Charakteristik
  - ...
- **kreativ-produktiv**
  - Stellungnahme
  - formaler Brief
  - persönlicher Brief
  - Tagebucheintrag
  - ...

Tipp

Ob ein Text, den du schreiben sollst, sachlich oder produktiv-kreativ ist, hängt von der **Aufgabenstellung** ab. Oft wird eine Schreibaufgabe nämlich **in eine (fiktive) Situation eingebettet**. Dann ist dein Aufsatz produktiv-kreativ – auch wenn es sich um einen Sachtext (z. B. um eine Stellungnahme) handelt.

Beispiel

Lies noch mal die Schreibaufgabe von Seite 59.

Wenn die geschilderte **Situation wahr** ist, handelt es sich bei dem Brief, den du ausformulierst, um eine **sachliche Schreibaufgabe**, die du auf der Grundlage von **Erfahrungswissen** verfasst. Genau genommen ist es eine Stellungnahme, die du in Form eines formalen Briefes schreibst.
Wenn du aber aufgefordert wirst, dir diese **Situation** bloß **vorzustellen** und einen solchen Brief zu verfassen, schreibst du genau genommen einen **kreativen Aufsatz**, denn die Inhalte gibt es ja nur in deiner Vorstellung. Der Text, den du verfasst, ist aber **vom Stil her sachlich**, denn es geht ja um eine Stellungnahme, die du in Briefform schreibst. Dabei musst du sowohl die **Angaben aus der Aufgabenstellung** als auch dein **Erfahrungswissen** berücksichtigen, um überzeugend argumentieren zu können.

7.1 Offene Fragen zu einem Text beantworten

Eine offene Frage zu einem Text verlangt nach einer **ausführlichen Antwort**, ein einzelner Satz genügt nicht. Außerdem musst du dich in deiner Antwort **auf den Text beziehen**, um nachzuweisen, dass deine Aussage richtig ist. Manchmal wird das auch ausdrücklich gesagt: *Beziehe dich auf Textstellen.*
Genau genommen sollst du bei dieser Art von Aufgabe einen kompletten **zusammenhängenden Text** schreiben. Im Unterschied zu einer Inhaltsangabe (vgl. S. 72–76) oder einer Textanalyse (vgl. S. 77–85) bezieht sich eine solche Frage aber in der Regel nicht auf den ganzen Text, sondern nur auf **einen bestimmten Aspekt**, zu dem du dich äußern sollst.
Offene Fragen können auch **indirekt gestellt** sein, z. B. wenn du eine Aussage zu einem Text bekommst, zu der du Stellung beziehen sollst, oder wenn du eine Erklärung für das Verhalten einer Figur abgeben sollst.

Tipp

Typische Formulierungen für Aufgaben, bei denen es sich um indirekt gestellte offene Fragen handelt, sind: *Erläutere …, Erkläre …, Begründe …, Beurteile …, Nimm Stellung …*

Es können dir zwei Arten von offenen Fragen zu einem Text gestellt werden:

- **Inhaltsfragen:** Sie fragen gezielt nach bestimmten Textinhalten. Du erkennst sie daran, dass sie mit einem Fragepronomen beginnen (z. B.: *Wie …? Warum …?*).
- **Entscheidungsfragen:** Sie verlangen von dir eine Entscheidung: Zustimmung oder Ablehnung. Solche Fragen beginnen in der Regel nicht mit einem Fragepronomen. Klar ist, dass es nicht genügt, bloß mit „Ja" oder „Nein" zu antworten! Du musst deine Entscheidung auch begründen.

Beispiel

Mögliche offene Fragen zum Text „Anekdote" von Heinrich von Kleist (S. 33):

- *Warum kommt es zum Kampf zwischen den beiden Boxern?* (Inhaltsfrage)
- *Ist das Verhalten der Zuschauer, die bei dem Boxkampf anwesend sind, zu verurteilen? Begründe deine Meinung.* (Entscheidungsfrage)
- *„Die Boxer gehen beide sehr ehrenhaft miteinander um." Hältst du diese Einschätzung für richtig? Begründe deine Meinung.* (Entscheidungsfrage, die von dir verlangt, dass du zu einer Aussage zum Text Stellung beziehst.)
- *Erkläre, weshalb dem Boxer aus Portsmouth der Sieg zugesprochen wird. Beziehe dich auf den Text.* (Offene Frage, die indirekt ausgedrückt ist.)

Eine **Antwort** auf eine offene Frage **besteht aus drei Teilen**: dem eigentlichen Antwortsatz, einem Textbeleg und einer Erläuterung der Textstelle. Die Reihenfolge dieser drei Teile ist nicht festgelegt. Du kannst z. B. auch mit einem Zitat beginnen, dieses anschließend erläutern und dann erst die eigentliche Antwort geben. Dann ist die Antwort wie eine Schlussfolgerung, die du aus der Textstelle und deren Erläuterung ziehst.

Hinweis: Über den richtigen Umgang mit Textbelegen kannst du dich ausführlich auf S. 104 informieren.

Gehe beim Beantworten einer offenen Frage so vor:

Schritt für Schritt

Offene Fragen beantworten

Arbeitsschritt **1** Durchdenke die Frage. Überlege, worauf sie abzielt.

Arbeitsschritt **2** Suche im Text nach Stellen, aus denen sich die richtige Antwort ableiten lässt. Markiere sie und kommentiere sie am Rand.

Arbeitsschritt **3** Beantworte die Frage. Formuliere deine Antwort klar und prägnant.

Arbeitsschritt **4** Weise nach, dass deine Antwort stimmt. Beziehe dich auf Textstellen, die belegen, dass du die Frage richtig beantwortet hast.
Es gibt zwei Möglichkeiten, um eine Aussage anhand von Textstellen zu belegen:

- das **wörtliche Zitat:** Dabei greifst du eine Textstelle heraus, die du in deiner Antwort wortwörtlich wiedergibst. Das Zitat setzt du in Anführungszeichen.
- die **Paraphrase** (Umschreibung): Mit ihr beziehst du dich nur sinngemäß auf eine Textstelle: Du „übersetzt" sie in deine Sprache und verwendest eigene Worte.

Es kann auch vorkommen, dass eine Textstelle allein als Beleg für deine Antwort nicht reicht. Ziehe dann mehrere Textstellen als Beleg heran.

Arbeitsschritt **5** Stelle einen Zusammenhang zwischen der Textstelle und deiner Antwort her. Es genügt nicht, dass du nur auf eine Textstelle verweist. Du musst auch sagen, warum diese Textstelle geeignet ist, um deine Antwort zu belegen. Deshalb musst du die Textstelle, die du als Beleg ausgewählt hast, auch erläutern.

Arbeitsschritt **6** Lies deine ausführliche Antwort noch einmal genau durch. Korrigiere, wenn nötig, Fehler und Schwachstellen in den Formulierungen.

Tipp

Beantworte die Frage so, dass man die Antwort auch dann versteht, wenn man die Frage nicht vor sich liegen hat.
Vermeide Antworten, die mit den Konjunktionen *weil* oder *dass* beginnen; sie verführen dich dazu, unvollständige Sätze zu schreiben.

Beispiel

Frage	*Warum kommt es zum Kampf zwischen den beiden Boxern?* (Inhaltsfrage)
Antwort	Sie wollen herausfinden, wem die Ehre gebührt, der bessere Boxer zu sein.
Textbeleg (Zitate)	Zur „Entscheidung der Frage, wem von ihnen der Siegerruhm gebühre" (Z. 6–8), vereinbaren sie einen „öffentlichen Wettkampf" (Z. 8 f.).
Erläuterung der Textstelle	Bisher ist diese Frage noch nicht entschieden, weil die beiden einander noch nie begegnet sind. Sie kennen sich nur vom Hören-Sagen. Ihr Aufeinandertreffen in London gibt ihnen erstmals die Gelegenheit des gegenseitigen Kräftemessens. Da der Kampf, den sie vereinbaren, in aller Öffentlichkeit stattfinden soll, geht es ihnen aber nicht nur darum, herauszufinden, wer von beiden der bessere Boxer ist. Wichtig ist für sie auch der Ruhm, den sie dabei erzielen können.

Beispiel

Frage	*Ist das Verhalten der Zuschauer, die bei dem Boxkampf anwesend sind, zu verurteilen?* (Entscheidungsfrage)
Verweis auf Textstelle (Paraphrase)	Es heißt im Text, dass das Volk begeistert aufschreit (vgl. Z. 24), nachdem einer der Kämpfer zu Boden gegangen ist, und es dem anderen anschließend den Siegesruhm zuspricht (vgl. Z. 27 f.).
Erläuterung der Textstelle	Offenbar geht es den Zuschauern nur darum, einer Sensation beizuwohnen. Sie fragen sich gar nicht, wie gefährlich die Verletzungen sind, die die beiden Boxer in diesem Kampf erleiden. Es kümmert sie nicht einmal, dass der am Boden liegende Boxer kurz darauf tot weggetragen wird. Dagegen versäumen sie es nicht, dem anderen Boxer den Siegesruhm zuzuerkennen. Das ist ungeheuerlich und völlig verantwortungslos.
Schlussfolgerung = Antwort	Deshalb finde ich, dass das Verhalten der Zuschauer in der Tat zu verurteilen ist.

Hinweis: Normalerweise trägt man die einzelnen Schritte solcher ausführlicher Antworten nicht in eine Tabelle ein. Das geschieht in den Beispielen nur, damit du die Struktur klar erkennen kannst. Wenn du bei Übungsaufgaben deine Antworten vorübergehend auch in dieser Weise strukturierst, kannst du sicher sein, dass du keinen Schritt vergisst. Außerdem bekommst du nach und nach ein Gefühl dafür, wie eine zufriedenstellende Antwort aussieht. In der Prüfung schreibst du deine Lösung aber natürlich als zusammenhängenden Text!

Tipp

Eine **Warum**-Frage zielt häufig auf das **Handlungsmotiv** einer literarischen Figur. Das bedeutet: Es wird danach gefragt, was diese Figur dazu bewegt, ein **bestimmtes Verhalten** zu zeigen. Im Text steht aber in der Regel nur, was die Figur tut. (Dazu gehört auch das, was sie denkt oder sagt.) Um herauszufinden, was das Motiv ist, das sie zu diesem Verhalten bewegt, stellst du dir am besten drei Fragen.

Du kannst dich an dieser Schema-Zeichnung orientieren:

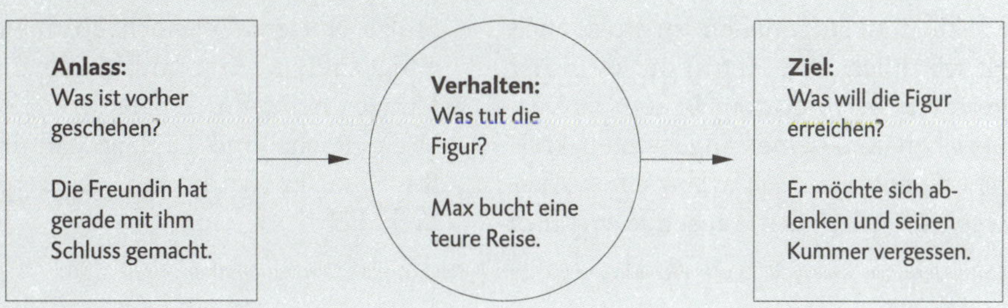

Übung 25

Lies den Textauszug aus „Der Verbrecher aus verlorener Ehre“ von Friedrich Schiller und bearbeite dann die Aufgaben dazu.

Friedrich Schiller: Der Verbrecher aus verlorener Ehre (Textauszug)

1 […] Christian Wolf war der Sohn eines Gastwirts […] und half seiner Mutter, denn der Vater war tot, bis in sein zwanzigstes Jahr die Wirtschaft besorgen. Die Wirtschaft war schlecht, und Wolf hatte müßige[1] Stunden. Schon von der Schule her war er für einen losen Buben bekannt. Erwachsene Mädchen führten Klagen über seine Frechheit, und die Jungen des Städtchens huldigten seinem erfinderischen Kopfe. Die Natur hatte seinen Körper verabsäumt[2]. Eine kleine unscheinbare Figur, krauses Haar von einer unangenehmen Schwärze, eine plattgedrückte Nase und eine geschwollene Oberlippe, welche noch überdies durch den Schlag eines Pferdes aus ihrer Richtung gewichen war, gab seinem Anblick eine Widrigkeit[3], welche alle Weiber von ihm zurückscheuchte und dem Witz seiner Kameraden eine reichliche Nahrung darbot.

Er wollte ertrotzen, was ihm verweigert war; weil er missfiel, setzte er sich vor zu gefallen. Er war sinnlich und beredete sich, dass er liebe. Das Mädchen, das er wählte, misshandelte ihn; er hatte Ursache, zu fürchten, dass seine Nebenbuhler glücklicher wären; doch das Mädchen war arm. Ein Herz, das seinen Beteurungen verschlossen blieb, öffnete sich vielleicht seinen Geschenken, aber ihn selbst drückte Mangel, und der eitle Versuch, seine Außenseite geltend zu machen, verschlang noch das Wenige, was er durch eine schlechte Wirtschaft erwarb. Zu bequem und zu unwissend, einem zerrütteten Hauswesen durch Spekulation aufzuhelfen, zu stolz, auch zu weichlich, den Herrn, der er bisher gewesen war, mit dem Bauern zu vertauschen und seiner angebeteten Freiheit zu entsagen, sah er nur einen Ausweg vor sich – den Tausende vor ihm und nach ihm mit besserem Glücke ergriffen haben – den Ausweg, *honett*[4] *zu stehlen*. Seine Vaterstadt grenzte an eine landesherrliche Waldung, er wurde Wilddieb, und der Ertrag seines Raubes wanderte treulich in die Hände seiner Geliebten.

Unter den Liebhabern Hannchens war Robert, ein Jägerpursche des Försters. Frühzeitig merkte dieser den Vorteil, den die Freigebigkeit seines Nebenbuhlers über ihn gewonnen hatte, und mit Scheelsucht[5] forschte er nach den Quellen dieser Veränderung. Er zeigte sich fleißiger in der „Sonne“ – dies war das Schild zu dem Wirtshaus –, sein laurendes Auge, von Eifersucht und Neide geschärft, entdeckte ihm bald, woher dieses Geld floss. Nicht lange vorher war ein strenges Edikt gegen die Wildschützen erneuert worden, welches den Übertreter zum Zuchthaus verdammte. Robert war unermüdet, die geheimen Gänge seines Feindes zu beschleichen; endlich gelang es ihm auch, den Unbesonnenen über der Tat zu ergreifen. Wolf wurde eingezogen, und nur mit Aufopferung seines ganzen kleinen Vermögens brachte er es mühsam dahin, die zuerkannte Strafe durch eine Geldbuße abzuwenden.

Robert triumphierte. Sein Nebenbuhler war aus dem Felde geschlagen und Hannchens Gunst für den Bettler verloren. Wolf kannte seinen Feind, und dieser Feind war der glückliche Besitzer seiner Johanne. Drückendes Gefühl des Mangels gesellte sich zu beleidigtem Stolze, Not und Eifersucht stürmen vereinigt auf seine Empfindlichkeit ein, der Hunger treibt ihn hinaus in die weite Welt, Rache und Leidenschaft halten ihn fest. Er wird zum zweiten Mal Wilddieb; […]

Quelle: Friedrich Schiller: Sämtliche Werke in vier Bänden. 4. Band. Weltbild-Verlag, Augsburg 1998. S. 50 f.

Anmerkungen
1 *müßig:* ohne Beschäftigung
2 *verabsäumt:* etwas nicht richtig gemacht
3 *Widrigkeit:* gemeint: Hässlichkeit
4 *honett:* eigentlich „ehrenwert“; hier in der Bedeutung von „allgemein üblich und anerkannt“
5 *Scheelsucht:* Neid

Aufgaben

1. Vervollständige die Schema-Zeichnung: Trage Anlass und Ziel in die leeren Felder ein.

2. Warum sieht Christian nur „den Ausweg, *honett zu stehlen*“ (Z. 46 f.)? Beantworte diese Frage ausführlich.

Antwort:

Textbeleg:

Erläuterung:

7.2 Den Inhalt eines Textes zusammenfassen

Mit einer **Inhaltsangabe** informierst du den Leser knapp und sachlich über den Inhalt eines Textes. Sie besteht wie die meisten Texte aus drei Teilen: einer **Einleitung**, einem **Hauptteil** und einem **Schluss**.

Schritt für Schritt

Eine Inhaltsangabe schreiben

Arbeitsschritt 1 Lies den Text genau durch. **Markiere** und kommentiere **Textstellen**, die du für so wichtig hältst, dass du sie in deiner Inhaltsangabe erwähnen willst.

Arbeitsschritt 2 Erstelle einen **Schreibplan**: Notiere die Informationen, die in die einzelnen Abschnitte der Inhaltsangabe gehören, auf einem Extrablatt.

Arbeitsschritt 3 Informiere in der **Einleitung** über die **Textsorte**, den **Titel** des Textes, den **Verfasser** und das **Thema**.
Bei einem Prosatext ist das Thema die erzählte Handlung (*Was passiert?*, aber: keine Einzelheiten!) bzw. das, was die vordergründige Handlung zeigen oder aussagen soll (z. B. *ein Konflikt zwischen zwei Freunden*). Ein bis zwei Sätze genügen.

Arbeitsschritt 4 Gehe im **Hauptteil** auf **Einzelheiten** des Themas ein:

- Bei einem **Sachtext** fragst du dich: *Welche Informationen vermittelt der Verfasser zu dem Thema?* Wähle die wichtigsten aus und zeige auf, welche **Zusammenhänge** es zwischen ihnen gibt.
- Bei einem **Prosatext** rekonstruierst du den Ablauf des Geschehens, indem du die entscheidenden **Handlungsschritte** nennst und sie ebenfalls in einen Zusammenhang bringst. Du fragst dich also: *Wie kommt es dazu?*

Arbeitsschritt 5 Am **Schluss** rundest du deine Inhaltsangabe ab, indem du ein **Ergebnis** formulierst. Bei einem Sachtext kannst du noch einmal auf das Anliegen des Verfassers zu sprechen kommen oder dich auf die wesentliche Textinformation beziehen, die für den Leser neu ist. Bei einem Prosatext kannst du abschließend sagen, wie die Handlung ausgeht. Auch für den Schluss genügen zwei bis drei Sätze.

Beispiel

Eine Inhaltsangabe zu Heinrich von Kleists „Anekdote“ (S. 33) kann so aussehen:

Einleitung Informationen über Textsorte, Titel, Verfasser und Thema	Die „Anekdote“ von Heinrich von Kleist handelt von zwei berühmten englischen Boxern, die im Kampf gegeneinander antreten, um herauszufinden, wer von ihnen der bessere Boxer ist, was für beide letztlich tödlich endet.
Hauptteil Rekonstruktion des Ablaufs: die einzelnen Schritte der Handlung	Die beiden sind einander zuvor nie begegnet, weil sie an unterschiedlichen Orten wohnen. Als sie erstmals in London zusammentreffen, nutzen sie die Gelegenheit, um in der Öffentlichkeit einen Zweikampf auszutragen. Vor den Augen der begeisterten Zuschauer verpassen sie einander so starke Schläge, dass es sie beide das Leben kostet. Trotzdem geht einer von ihnen als Sieger aus dem Kampf hervor, weil er nicht – wie der andere – tödlich getroffen zu Boden gegangen ist, sondern „nur“ einen Blutsturz erlitten hat und erst einen Tag später stirbt.
Schluss Ergebnis/Ausgang des Geschehens	Die beiden Boxer haben zwar ihr Ziel erreicht: Einer von ihnen hat den anderen k. o. geschlagen, und ihm ist die Ehre des besseren Boxers zuerkannt worden. Mit ihrem Tod haben sie aber für ihre Ruhmsucht einen hohen Preis bezahlt – und das Volk hat ihnen dabei noch zugejubelt.

Tipp

Bereite das Verfassen einer Inhaltsangabe vor, indem du dich an den **W-Fragen** orientierst:

- In der Einleitung beantwortest du diese W-Fragen: *Wer? Wo? Wann? Was?*
- Im Hauptteil beantwortest du die *Wie-* und die *Warum*-Frage.
- Und zum Schluss gibst du Auskunft über die Frage: *Welche Folgen …?*

Übung 26

Lies noch einmal die Kurzgeschichte „Marathon" (S. 39 f.) und schreibe eine Inhaltsangabe dazu (→ Heft). Als Vorbereitung trägst du stichwortartig die entscheidenden Informationen in den folgenden Schreibplan ein.

Schreibplan

Einleitung Textsorte, Titel, Verfasser, Thema	______ ______ ______
Hauptteil Die einzelnen Handlungsschritte	1. ______ 2. ______ 3. ______ ______ ______ ______ ______ ______ ______ ______ ______ ______
Schluss Ergebnis/Ausgang des Geschehens	______ ______

Auf einen Blick

So gestaltest du deine Inhaltsangabe richtig

- Drücke dich **sachlich** aus. Verwende keine Umgangssprache.
- Schreibe im **Präsens**. Bei Vorzeitigkeit verwendest du das **Perfekt**.
- Benutze **eigene Worte**. „Klebe" nicht an den Formulierungen im Text. Solltest du doch einmal ein Wort aus dem Text verwenden, markierst du es durch Anführungszeichen als Zitat.
- Achte darauf, dass du die einzelnen Gedanken oder Handlungsschritte nicht einfach nur aufzählst. Zeige **Zusammenhänge** auf, indem du geeignete Konjunktionen oder Adverbien einfügst.
- Verzichte auf direkte Rede. Wenn du Äußerungen oder Gedanken einer Person wiedergibst, überträgst du sie in die **indirekte Rede**. Dabei verwendest du den Konjunktiv I (vgl. S. 126 f.).
- Untergliedere den Text in **Absätze**. Grenze immer Einleitung und Schluss vom Hauptteil ab.

Besonderheiten bei Inhaltsangaben zu Sachtexten

Wenn du den **Inhalt eines Sachtextes** zusammenfassen sollst, geht es nicht darum, den Ablauf einer Handlung zu rekonstruieren. Denn ein Sachtext erzählt keine Geschichte, sondern befasst sich mit einem Thema.

Gehe hier so vor:

Schritt für Schritt

Den Inhalt eines Sachtexts zusammenfassen

Arbeitsschritt **1** In der **Einleitung** benennst du das **Thema** des Textes. Weise dabei schon auf den **Schwerpunkt** hin, den der Verfasser gesetzt hat. Wie üblich informierst du auch über die **Textsorte** (z. B. Bericht, Reportage etc.), den **Titel** des Textes und den **Verfasser**, evtl. auch über das **Erscheinungsdatum** und die **Quelle**, aus der der Text stammt (z. B. den Namen der Zeitung, in der er erschienen ist).

Arbeitsschritt **2** Im **Hauptteil** stellst du im Einzelnen dar, welche Informationen der Verfasser über das Thema vermittelt. Achte wieder darauf, dass du **Zusammenhänge** herstellst: Handelt es sich bei einer Information um eine allgemeine Aussage, um ein Beispiel, eine Begründung, eine Bedingung, eine Folge …? Bringe diese Zusammenhänge durch geeignete Konjunktionen oder Adverbien zum Ausdruck.

Arbeitsschritt **3** Am **Schluss** rundest du deine Inhaltsangabe ab. Äußere dich z. B. dazu, welche Textinformation für den Leser neu oder besonders interessant ist.

Tipp

In der Einleitung deiner Inhaltsangabe kannst du natürlich nur **Informationen** wiedergeben, die dir **tatsächlich bekannt sind**. Wenn du z. B. nicht weißt, wer einen Text geschrieben hat und wo er erschienen ist, belässt du es bei der Nennung des Titels. Und falls die Textsorte nicht eindeutig zu bestimmen ist, sprichst du einfach allgemein von dem „Text".

Beispiel

So könnte der Anfang einer Inhaltsangabe zu einem Sachtext aussehen:

Der Text „Bloß keine Panik!", erschienen im Magazin Geo im Oktober 2009, befasst sich mit dem Verhalten von Menschen, die in eine Katastrophensituation geraten. Dabei wird vor allem der Frage nachgegangen, ob Menschen verschiedener Kulturen in solchen Krisensituationen unterschiedlich reagieren.
Der Verfasser bezieht sich auf eine Studie, an der 20 Wissenschaftler aus acht europäischen Staaten beteiligt gewesen sind. Die Ergebnisse dieser Studie hätten gezeigt, dass Menschen während einer Katastrophe keineswegs panisch reagieren. Auch gebe es keine kulturell bedingten Verhaltensunterschiede. […]

Tipp

Bedenke, dass es **Worte eines Verfassers** sind, die du mit einer Inhaltsangabe zu einem Sachtext zusammenfassend wiedergibst. Es sind keine Tatsachen!
Deshalb musst du bei der Wiedergabe **indirekte Rede** verwenden (vgl. S. 126 f.). Falls du das vermeiden willst, kannst du zu einem **Trick** greifen. Schreibe den Anfang deines Hauptteils einfach so:
[…] Der Verfasser bezieht sich auf eine Studie, an der 20 Wissenschaftler aus acht europäischen Staaten beteiligt gewesen sind. Dies sind die wichtigsten Ergebnisse der Studie: …
Nun kannst du die einzelnen Ergebnisse im Indikativ wiedergeben. Denn du hast vorab angekündigt, dass du nun Resultate einer Studie nennst – und keine Tatsachen.

Übung 27

Verfasse eine Inhaltsangabe zum Text „Bloß keine Panik!“ (→ Heft). Du kannst die Einleitung und den Anfang des Hauptteils aus dem Beispiel (S. 74) übernehmen.

Ein Amerikaner, ein Italiener und ein Deutscher warten auf die U-Bahn. Da bricht im Tunnel ein Feuer aus. Der Amerikaner rennt blindlings davon. Der Italiener greift zum Handy und ruft die Mamma an. Der Deutsche starrt in den Tunnel. Er ist sauer, weil die U-Bahn nicht kommt.

Was so oder ähnlich als Witz erzählt werden könnte, enthält die Kernidee eines internationalen Forschungsprojekts: Wie reagieren Menschen aus verschiedenen Kulturen in Katastrophensituationen? 20 Wissenschaftler aus acht europäischen Ländern befragen dazu Personen, die in jüngster Zeit unterschiedlichste Krisen erlebt haben.

Spektakuläre Ereignisse wie die Attentate von London und Madrid oder der New Yorker Terroranschlag vom 11. September 2001 werden dabei ebenso untersucht wie Erdbeben in der Türkei und Italien.

Besonderes Augenmerk richten die Forscher allerdings auf „normale“ Krisen wie Feuerkatastrophen. Weil solche Unglücke überall ähnlich ablaufen, ist es möglich, das Verhalten der Betroffenen in solchen Situationen zu vergleichen und dadurch Länderbesonderheiten zu erkennen.

Erste Ergebnisse deuten an, dass die Vermutung, „Menschen würden in Krisen häufig panisch reagieren, auf unsere bisherigen Analysen nicht zutrifft“, sagt die Projektleiterin Silke Schmidt von der Universität Greifswald. „Sogar Personen, die sich als ängstlich einschätzen und sich im Alltag selbst vor Handy-Strahlung fürchten, handelten zum Beispiel bei Terrorakten vollkommen ruhig und rational.“

Ebenso habe es sich als ein Vorurteil entpuppt, dass vor allem Südeuropäer Krisen eher plan- und kopflos angingen. Allerdings mit Ausnahmen: „Erste Forschungsergebnisse legen nahe, dass die Menschen in der Türkei unmittelbarere, stärkere Reaktionen zeigen und beispielsweise bei Bränden eher einen unbedachten Sprung vom Balkon wagen als Menschen in anderen Ländern in gleicher Lage.“

Überall finde man auch altruistisches[1] Verhalten – keineswegs ist sich also in der Not jeder selbst der Nächste. Wichtiger, als Vorurteile zu entkräften, sind den Forschern allerdings praktische Anwendungen ihrer Studie: So könnten die Ergebnisse dazu dienen, Fluchtzeichen in Gebäuden wirksamer zu gestalten.

Außerdem soll ein interkulturelles Kompetenztraining entwickelt werden für Feuerwehrleute, Suchdienste und medizinische Nothelfer – die immer häufiger grenzüberschreitend Hilfe leisten.

Quelle: Magazin Geo, Heft 10, 2009

Anmerkung
1 *altruistisch:* selbstlos

Besonderheiten bei Inhaltsangaben zu Gedichten

In einem Gedicht stellt ein lyrischer Sprecher kunstvoll verdichtet seine Gedanken und Gefühle dar. Er erzählt weder eine Geschichte (Ausnahme: Ballade, vgl. S. 45) noch stellt er einen Sachverhalt zusammenhängend dar. Deshalb erscheint es auf den ersten Blick ziemlich schwierig, den Inhalt eines Gedichts zusammenzufassen. Aber das täuscht! Bei genauer Betrachtung ist es sogar ganz einfach, eine Inhaltsangabe zu einem Gedicht zu schreiben.

Gehe dabei so vor:

Schritt für Schritt

Den Inhalt eines Gedichts zusammenfassen

Arbeitsschritt 1 In der **Einleitung** nennst du wieder die **Textsorte** (in diesem Fall: Gedicht), den **Titel** und den **Verfasser**. Danach sagst du, worüber sich der lyrische Sprecher **Gedanken** macht. Du solltest dich auch schon zur Anzahl der **Strophen** äußern.

Arbeitsschritt 2 Im **Hauptteil** wendest du dich Details zu.
Wenn das Gedicht aus mehreren Strophen besteht, kannst du dir **jede Strophe einzeln** vornehmen: Gehe jeweils kurz auf die Gedanken ein, die der lyrische Sprecher dort zum Ausdruck bringt. So rekonstruierst du seinen Gedankengang.

Arbeitsschritt 3 Zum **Schluss** kannst du äußern, wie das Gedicht auf den Leser wirkt. Beispielsweise sagst du, welche **Stimmung** in dem Gedicht zum Ausdruck kommt.

Beispiel

Eine Inhaltsangabe zu dem Gedicht „Septemberliches Lied vom Storch" (S. 46) könnte so anfangen:

In dem Gedicht „Septemberliches Lied vom Storch" von Günter Eich beschreibt der lyrische Sprecher eine Situation in der Natur, die sich am Anfang des Herbstes zeigt: Zwar scheint die Sonne fast noch so hell und warm wie im Sommer, aber der Storch hat bereits gespürt, dass die kalte Jahreszeit naht, und den Flug nach Süden angetreten. Seine Abwesenheit führt dazu, dass die anderen Tiere die letzten Sonnenstrahlen noch einmal richtig genießen können, weil sie nicht mehr der Gefahr ausgesetzt sind, die ihnen vom Storch droht …

Tipp

Bei mehrstrophigen Gedichten solltest du darauf achten, dass deine Aussagen zu den einzelnen Strophen nicht alle gleich anfangen: *In der ersten Strophe …, in der zweiten Strophe …* usw. Bringe Abwechslung in deine Formulierungen, z. B. so: *In der ersten Strophe äußert der lyrische Sprecher seine Gedanken zu … Anschließend wendet er sich … zu …*

Übung 28

Schreibe eine Inhaltsangabe zu dem Gedicht „Septemberliches Lied vom Storch" (S. 46) (→ Heft).
Du kannst den Anfang aus dem Beispiel verwenden.

7.3 Einen Text analysieren

Wenn du aufgefordert wirst, einen Text zu **analysieren**, genügt es nicht, seinen Inhalt zusammenzufassen. Man analysiert etwas, indem man es in seine Bestandteile **zerlegt** und daraus neue **Erkenntnisse gewinnt**.
Einen Text kann man in Bezug auf die **Inhalte** und in Bezug auf die **sprachliche Darstellung** analysieren. Wenn man den „Bauplan" eines Textes durchschaut, gewinnt man tiefere Einsichten in dessen Sinn.
Mit einer Textanalyse stellst du zum einen unter Beweis, dass du den Text genau verstanden hast, zum anderen zeigst du, dass du dein Textverständnis auch in einem zusammenhängenden Text zum Ausdruck bringen kannst.

In einer Textanalyse beantwortest du nacheinander ausführlich diese **drei Fragen**:

- **Was steht im Text?** Mit einer (kurzen) Inhaltsangabe führst du zur eigentlichen Textanalyse hin.
- **Wie ist das, was im Text steht, zu verstehen?** Du beziehst dich gezielt auf einzelne Textstellen, die für das Textverständnis von Bedeutung sind. Deute sie und stelle Zusammenhänge zwischen ihnen her.
- **Wie ist das, was im Text steht, dargestellt?** Nun untersuchst du den Aufbau und die sprachliche Gestaltung des Textes. Belasse es aber nicht dabei, einzelne Gestaltungsmerkmale zu nennen; mache immer auch deutlich, welche Wirkung von ihnen ausgeht.

Vorbereiten

Eine gute Textanalyse kannst du nur schreiben, wenn du den Text genau verstanden hast. Lies daher absolut gründlich. Danach erstellst du deinen **Schreibplan**.

Schritt für Schritt

Eine Textanalyse vorbereiten

Arbeitsschritt **1** Lies den Text genau. Markiere dabei wichtige oder auffällige Textstellen und kommentiere sie am Rand.

Arbeitsschritt **2** Auf Grundlage deiner Randkommentare formulierst du **deutende Aussagen** zum Text. Notiere diese auf einem Extrablatt.
(Manchmal kannst du auch einige der Randkommentare als Gruppe zusammenfassen und nur eine deutende Aussage dazu formulieren.)

Arbeitsschritt **3** Lege nun die **Reihenfolge** fest. Nummeriere die deutenden Aussagen auf dem Extrablatt. Beginne mit derjenigen, die eher offensichtlich ist. An den Schluss setzt du die anspruchsvollste Aussage, die einiges Nachdenken erfordert hat. Überlege auch, zwischen welchen Aussagen sich am besten **Überleitungen** herstellen lassen, und bestimme die Abfolge dementsprechend.

Arbeitsschritt **4** Erstelle den ersten Teil deines **Schreibplans**.
Notiere stichwortartig die Informationen, die in die **Inhaltsangabe** gehören. Sie bildet die Einleitung und den Anfang des Hauptteils und führt zur eigentlichen Textanalyse hin.
(In die Einleitung gehören die Angaben zu Textsorte, Titel und Autor sowie die Antworten auf die ersten W-Fragen: *Wer? Wann? Wo? Was?* Der erste Absatz des Hauptteils umfasst die Informationen über den Handlungsverlauf: *Wie? Warum?*)

Danach folgen die **deutenden Aussagen**, deren Reihenfolge du bei Arbeitsschritt 3 festgelegt hast. Sie gehören in den zweiten Teil des Hauptteils.

Arbeitsschritt **5** Denke über den Sinn der **Überschrift** nach und stelle einen Zusammenhang zum Text her. Füge deine Überlegungen stichwortartig nach den deutenden Aussagen hinzu.

Arbeitsschritt **6** Lies den Text noch einmal und markiere **sprachliche Auffälligkeiten**. (Verwende am besten eine andere Farbe als bei deinen Markierungen zum Inhalt.) Wähle von diesen Besonderheiten der Darstellung zwei bis drei aus. Beschränke dich auf die wesentlichen: Auf jedes Gestaltungsmittel kannst du nicht eingehen.

Arbeitsschritt **7** **Vervollständige** deinen **Schreibplan**. Notiere die sprachlichen Besonderheiten aus Arbeitsschritt 6. Sie bilden den dritten Teil des Hauptteils.

Arbeitsschritt **8** Überlege, wie du deine Textanalyse am **Schluss** gut abrunden kannst.
Verbinde z. B. den Textinhalt mit deinem Wissen oder deinen Erfahrungen.
Oder äußere dich dazu, wie dir der Text gefällt. (Vergiss aber nicht, deine Meinung auch zu begründen.)
Notiere die Ideen für den Schluss stichwortartig in deinem Schreibplan.

Beispiel

So können deine Notizen für erste deutende Aussagen (Arbeitsschritt 2) zur Kurzgeschichte „Schlitten fahren" von Helga M. Novak aussehen.

Helga M. Novak: Schlitten fahren

Das Eigenheim steht in einem Garten. Der Garten ist groß. Durch den Garten fließt ein Bach. Im Garten stehen zwei Kinder. Das eine der Kinder kann noch nicht sprechen. Das andere Kind ist größer. Sie sitzen auf einem Schlitten. Das kleinere Kind weint. Das größere sagt, gib den Schlitten her. Das kleinere weint. Es schreit.

Aus dem Haus tritt ein Mann. Er sagt, wer brüllt, kommt rein. Er geht in das Haus zurück. Die Tür fällt hinter ihm zu.

Das kleinere Kind schreit.

Der Mann erscheint wieder in der Haustür. Er sagt, komm rein. Na wird's bald. Du kommst rein. Wer brüllt, kommt rein.

Komm rein.

Der Mann geht hinein. Die Tür klappt.

Das kleinere Kind hält die Schnur des Schlittens fest. Es schluchzt.

Der Mann öffnet die Haustür. Er sagt, du darfst Schlitten fahren, aber nicht brüllen. Wer brüllt, kommt rein. Ja. Ja. Jaaa. Schluss jetzt.

Das größere Kind sagt, Andreas will immer allein fahren.

Der Mann sagt, wer brüllt, kommt rein. Ob er nun Andreas heißt oder sonstwie.

Er macht die Tür zu.

Das größere Kind nimmt dem kleineren den Schlitten weg. Das kleinere Kind schluchzt, quietscht, jault, quengelt.

gute Wohnsituation, wohlhabend?
gefährlich!
nicht mal zwei Jahre alt!
nur ein Schlitten
Kinder streiten um den Schlitten

Mann – der Vater: fragt nicht nach Gründen, macht seine Drohung nicht wahr

Der Mann tritt aus dem Haus. Das größere Kind gibt dem kleineren den Schlitten zurück. Das kleinere Kind setzt sich auf den Schlitten. Es rodelt.
Der Mann sieht in den Himmel. Der Himmel ist blau. Die Sonne ist groß und rot. Es ist kalt.
Der Mann pfeift laut. Er geht wieder ins Haus zurück. Er macht die Tür hinter sich zu.
Das größere Kind ruft, Vati, Vati, Vati, Andreas gibt den Schlitten nicht mehr her.
Die Haustür geht auf. Der Mann steckt den Kopf heraus. Er sagt, wer brüllt, kommt rein. Die Tür geht zu.
Das größere Kind ruft, Vati, Vativativati, Vaaatiii, jetzt ist Andreas in den Bach gefallen.
Die Haustür öffnet sich einen Spalt breit. Eine Männerstimme ruft, wie oft soll ich das noch sagen, wer brüllt, kommt rein.

Quelle: Helga M. Novak: Schlitten fahren. In: Dies.: Aufenthalt in einem irren Haus. Gesammelte Prosa. Schöffling & Co. Verlagsbuchhandlung GmbH. Frankfurt a.M. 1995, S. 82 f.

Lies den Text „Schlitten fahren" von Helga M. Novak (S. 78 f.) noch einmal genau und bearbeite dann die Aufgaben.

Übung 29

Aufgaben

a) Bereite das Formulieren von deutenden Aussagen zu der Kurzgeschichte „Schlitten fahren" vor. Markiere dazu weitere Textstellen und ergänze jeweils passende Kommentare. Trage diese in die rechte Spalte neben dem Text ein.

Tipp

Um **deutende Aussagen** zu einem Text zu formulieren, solltest du dir möglichst oft die **Warum**-Frage stellen. Wenn es in der Kurzgeschichte „Schlitten fahren" z. B. heißt, dass der Vater vor die Tür tritt und seine Kinder ermahnt, ruhig zu sein, dann solltest du dich fragen: *Warum tut er das?*
Antworten auf solche Warum-Fragen helfen dir, die **Handlungsmotive** einer Figur zu verstehen (vgl. S. 69). Merke: Man tut und sagt nichts ohne Grund! Diese Gründe sollst du herausfinden.

b) Untersuche den Text „Schlitten fahren" in Bezug auf Besonderheiten der Darstellung (z. B. die Wortwahl oder den Satzbau).
Markiere sie mit einer anderen Farbe und kommentiere sie wieder am Rand.

Tipp

Achte bei der Suche nach Besonderheiten der **Darstellung** (Arbeitsschritt 6) besonders auf …

- den **Aufbau**, d. h. die mögliche Untergliederung des Textes in Sinnabschnitte,
- die **Wortwahl**, insbesondere auf die verwendeten Nomen, Adjektive und Verben,
- den **Satzbau**, z. B. auf die Verteilung von Satzgefügen oder Satzreihen (vgl. S. 130),
- besondere **Stilmittel**, z. B. Sprachbilder oder auffällige Wiederholungen,
- die **Haltung des Erzählers**: Zeigt er Anteilnahme oder verhält er sich eher wie ein kühler Beobachter?

c) Vervollständige diesen bereits begonnenen Schreibplan zur Analyse der Kurzgeschichte „Schlitten fahren“.
Benutze dazu deine Erkenntnisse aus den Aufgaben a) und b).

Einleitung Basisinformationen, erster Teil der Inhaltsangabe	Kurzgeschichte „Schlitten fahren“ von Helga M. Novak Wann: an einem schönen Wintertag Wo: im eigenen Garten Wer: zwei kleine Kinder Was: Unfall eines der Kinder beim Schlittenfahren im Garten
Hauptteil, Teil 1 zweiter Teil der Inhaltsangabe, Ablauf der Handlung	• Kinder streiten sich um Schlitten • Vater fühlt sich wiederholt durch den Lärm belästigt • tritt mehrmals vors Haus, ermahnt die Kinder zur Ruhe, spricht Drohungen aus („Wer brüllt, kommt rein.“, z. B. Z. 20) • geht zurück ins Haus → macht Drohungen nicht wahr • Streit zwischen Kindern hält an • kleineres Kind fällt mit dem Schlitten in den Bach • Vater bemerkt die Gefahr nicht • fühlt sich weiter belästigt; bleibt im Haus
Hauptteil, Teil 2 Deutende Aussagen zum Text; Bezugnahme auf die Überschrift	• Spielsituation gefährlich für Kinder (Bach fließt durch den Garten) • eines der Kinder noch sehr klein (kann noch nicht sprechen) __________ __________ __________ __________ __________ __________ __________
Hauptteil, Teil 3 Besonderheiten der Darstellung	• Wortwahl: einfach, fast naiv („Haus“, „Schlitten“, „Garten“) • „Eigenheim“ passt nicht zur sonstigen Wortwahl __________ __________ __________ __________
Schluss	__________ __________ __________

Schreiben

Auf der Grundlage deines Schreibplans beginnst du nun mit dem Schreiben. Gehe so vor:

Schritt für Schritt

Eine Textanalyse verfassen

Arbeitsschritt **1** Schreibe die **Inhaltsangabe**. Sie bildet die Einleitung und den ersten Teil des Hauptteils (vgl. S. 77, Arbeitsschritt 4).

Arbeitsschritt **2** Führe deine **deutenden Aussagen** aus. Orientiere dich an deinem Schreibplan. Aussagen, die zusammengehören, notierst du im selben Absatz.
Belege alle deutenden Aussagen anhand von Textstellen.
(Verfahre wie bei den ausführlichen Antworten auf offene Fragen, vgl. S. 67–69.)

Arbeitsschritt **3** Formuliere ein **Zwischenergebnis**. Überlege, was die einzelnen Textaussagen, auf die du im zweiten Teil des Hauptteils eingegangen bist, zeigen.
Es bietet sich an, an dieser Stelle Bezug auf die **Überschrift** zu nehmen.

Arbeitsschritt **4** Gehe auf die **Darstellung** ein. Nenne die sprachlichen Besonderheiten, die du als wesentlich ausgewählt hast, und äußere dich zur ihrer **Wirkung**.
Überlege, ob die sprachliche Gestaltung die im Text zum Ausdruck kommende Stimmung eher unterstreicht oder nicht.

Arbeitsschritt **5** Formuliere dein **Ergebnis**. Du kannst an dieser Stelle das Verhalten der einzelnen Figuren bewerten. Du kannst auch sagen, wie dir der Text gefällt.
Begründe deine abschließende Meinung.

Beispiel

Die ersten beiden deutenden Aussagen aus dem Schreibplan (S. 80) zur Kurzgeschichte „Schlitten fahren" könntest du so ausführen und anhand des Textes belegen:

Die Situation in dem Garten ist gefährlich für die Kinder, denn sie sind noch klein. Das jüngere von den beiden dürfte noch nicht einmal zwei Jahre alt sein, denn es heißt, dass es noch nicht sprechen kann (vgl. Z. 3 f.). Eigentlich müsste jemand die beiden Jungen bei ihrem Spiel mit dem Schlitten beaufsichtigen. Immerhin fließt ein Bach durch den Garten (vgl. Z. 2). Da könnte es leicht passieren, dass sie beim Rodeln ins Wasser fallen. Trotzdem sind sie ganz allein draußen.

Tipp

Achte darauf, deine Aussagen durch **Überleitungen** zu verbinden. Zähle sie nicht nur auf!
Verwende **Konjunktionen** und **Adverbien**, um Zusammenhänge deutlich zu machen.
Sage nicht nur, was im Text steht, sondern erkläre auch, was das zeigt. Das ist jeweils der Sinn!

Übung 30

Analysiere die Kurzgeschichte „Schlitten fahren" von Helga M. Novak (→ Heft).

Auf einen Blick

Worauf du beim Verfassen einer Textanalyse achten solltest

- Die **Vorbereitung** ist das Wichtigste: Du musst den Text zuerst wirklich **gründlich lesen** und untersuchen, sonst weißt du gar nicht, was du in deiner Textanalyse schreiben sollst.
- Gib nicht einfach das wieder, was im Text steht, sondern **deute es** (bei literarischen Texten) oder stelle die entscheidenden **Zusammenhänge** her (bei Sachtexten).
- Halte dich nicht sklavisch an die Reihenfolge, die der Text vorgibt. Es kann sein, dass einige Sinnzusammenhänge erst hergestellt werden können, wenn du dich auf **mehrere Textstellen** beziehst, und die können über den ganzen Text **verstreut** sein.
- Fasse **Inhalte**, die zusammengehören, **als Gruppe** zusammen, um dazu deutende Aussagen zu formulieren.
- **Belege deine Aussagen** zum Text. Reine Verweise auf Textstellen reichen nicht aus. Erläutere stets deren Sinn, um den Zusammenhang mit deinen Aussagen zum Text zu verdeutlichen.
- Zeige bei Formmerkmalen und sprachlichen Mitteln immer ihre **Wirkung** für den Textsinn auf.
- Vergiss nicht, die **Überschrift** zu berücksichtigen.
  Bei Sachtexten ist es zwar möglich, dass sie nur dazu dient, die Aufmerksamkeit des Lesers zu wecken; bei literarischen Texten trägt sie aber immer zum Sinn des Textes bei.

Besonderheiten bei der Analyse von Sachtexten

Bei der Analyse eines Sachtextes geht es weniger darum, deutende Aussagen zum Text zu machen. Denn in der Regel formuliert der Verfasser seine Sätze so, dass sie nicht erst interpretiert werden müssen. Wichtig ist hier vor allem der **Aufbau des Textes:** Du solltest aufzeigen, wie der Verfasser seine **Aussagen strukturiert** hat. Achte z. B. auf die Verteilung von allgemeinen Aussagen und Beispielen und zeige, welche Zusammenhänge im Text dargestellt sind.

Bedenke im Einzelnen Folgendes:

- In der Regel stellt ein Sachtext keine Handlung, sondern einen bestimmten **Sachverhalt** dar. Bestimme deshalb zunächst das **Thema**.
- Frage dich, welche **Absicht der Verfasser** verfolgt (vgl. S. 18): Will er ganz sachlich über ein Thema informieren? Oder will er den Leser beeinflussen?
- Überlege, was für einen **Leser** der Verfasser im Sinn hat: einen Fachmann oder einen interessierten Laien?
- Berücksichtige, **woher** der Verfasser seine **Kenntnisse** zu dem Thema hat. Äußert er sich aufgrund eigenen Wissens oder eigener Beobachtungen oder hat er seine Informationen aus zweiter Hand, z. B. aus einem anderen Text?
- Unterscheide zwischen **allgemeinen Aussagen**, **Erläuterungen** und **Beispielen** (vgl. S. 3). Die allgemeinen Aussagen sind am wichtigsten. Erläuterungen dienen der Präzisierung von allgemeinen Aussagen, und Beispiele tragen zur Veranschaulichung bei.
- Auch für die Analyse von Sachtexten gilt: Gehe am Ende des Hauptteils auf die **sprachliche Darstellung** ein (vgl. S. 79). Mit der Sprache verrät der Verfasser, wie seine Darstellung zu verstehen ist: ernsthaft, sachlich – oder belustigend? Anerkennend – oder kritisch? Manchmal bringt er seine Meinung nur indirekt zum Ausdruck, z. B. indem er bestimmte Wörter verwendet.

Beispiel

Textauszug aus „Bloß keine Panik!“ (S. 75)

allgemeine Aussage Beispiel Erläuterung (hier: Begründung)	Besonderes Augenmerk richten die Forscher [...] auf „normale“ Krisen wie Feuerkatastrophen. Weil solche Unglücke überall ähnlich ablaufen, ist es möglich, das Verhalten der Betroffenen in solchen Situationen zu vergleichen und dadurch Länderbesonderheiten zu erkennen.

Tipp

Die **Grundlage für deine Textanalyse** schaffst du, wenn es dir gelingt, die **allgemeinen Aussagen** aus einem Sachtext herauszufiltern. Du kannst diese leicht erkennen: Sie beziehen sich entweder auf Sachverhalte, die grundsätzlich gelten, oder sie treffen auf viele Menschen (oder viele Dinge) zu. Einzelfälle stellen in der Regel Beispiele dar.
Hast du die allgemeinen Aussagen identifiziert, musst du nur noch die **Zusammenhänge herstellen**. Besonders wichtig ist es, zu unterscheiden: *Was ist ein Grund? Was ist eine Folge?*

Übung 31

Analysiere den Text „Bloß keine Panik!“ von S. 75 (→ Heft).

Hinweis: Du kannst als Einstieg die Inhaltsangabe verwenden, die du bei Übung 27 (vgl. Seite 75) erstellt hast.

Besonderheiten bei der Analyse von Gedichten

Grundsätzlich gehst du bei der Analyse eines Gedichts so vor wie bei der Analyse eines Prosatextes. Beachte aber diese **Besonderheiten** der Gedichtanalyse:

- Erkunde zunächst die **Situation** und die **Haltung des lyrischen Sprechers**. Sie trägt entscheidend zum Sinn des Textes bei. Stelle dir diese Fragen:
  - Gibt er sich als lyrisches Ich zu erkennen oder bleibt er eher im Hintergrund?
  - Zu wem spricht er: zu sich selbst? zu einem (einzelnen) Gegenüber? zu den Lesern?
  - Welche Situation beschreibt er?
- Äußere dich zu den **Gedanken und Gefühlen**, die der lyrische Sprecher zum Ausdruck bringt. Versuche, Zusammenhänge zwischen der dargestellten Situation und seinen Gedanken und Gefühlen herzustellen.
- Berücksichtige die entscheidenden **Formmerkmale**. Dabei geht es vor allem um die Frage, wie regelmäßig das Gedicht gestaltet ist. Gibt es durchgängig ein bestimmtes Reimschema? Ist ein eindeutiges Metrum zu erkennen? Regelmäßigkeiten in der Form deuten auf Harmonie hin, Unregelmäßigkeiten wirken eher beunruhigend oder verstörend (vgl. S. 50).
- Auch der **Klang der Sprache** spielt eine Rolle: Stimmlose Konsonanten (z. B. t, k oder p) und helle Vokale (e und i) klingen in der Regel eher kühl und hart, stimmhafte Konsonanten (z. B. m, n oder w) und dunkle Vokale (a, o und u) eher harmonisch und warm.
- Dass du gerade bei einem Gedicht auch auf **Sprachbilder** achten solltest, versteht sich von selbst. Überlege, wie sie wirken: harmonisch oder irritierend, fröhlich oder traurig?

Wie bei der Analyse eines Prosatextes musst du dich in jedem Fall fragen, **wie die Darstellung wirkt**: Unterstreicht sie die Stimmung, die das Gedicht ausstrahlt, oder widerspricht sie ihr eher? Passt die Form zum Inhalt des Gedichts oder nicht?

Hinweis: Detaillierte Erläuterungen zu den Merkmalen und der Form von Gedichten findest du ab Seite 48 in diesem Buch.

Tipp

Auch **Songtexte** gehören übrigens zu den Gedichttexten, denn auch sie sind in Strophen und Versen verfasst. Verfahre bei der Untersuchung eines Liedtextes deshalb genauso, wie du bei der Analyse eines Gedichtes vorgehen würdest.

Beispiel

Bei dem Gedicht „Septemberliches Lied vom Storch" (S. 46) gibt es im Großen und Ganzen einen Gleichklang zwischen dem Inhalt einerseits und Form und Sprache andererseits. Die Stimmung, die das Gedicht ausstrahlt, ist ruhig und harmonisch: Derjenige, der früher für Gefahr gesorgt hat – der Storch – ist verschwunden. So haben die anderen Tiere ihre Ruhe und können unbesorgt die Sonne genießen. Diese Harmonie spiegelt sich erkennbar in der Form wider: Es gibt ein regelmäßiges Reimschema (Paarreim), und es liegt auch ein regelmäßiges Versmaß vor (vierhebiger Jambus). Auch die Sprache wirkt harmonisch: Der Dichter reiht seine Aussagen ganz ruhig aneinander. Es gibt nur eine kleine „Störung", und zwar in der letzten Strophe: Sie beginnt mit der Konjunktion „obgleich", womit angezeigt wird, dass es in der Harmonie eine Einschränkung gibt. Diese betrifft die Mücke: Sie „tanzt im Weidehag" (V. 15). Das deutet darauf hin, dass sie unbeschwert und fröhlich ist. Allerdings heißt es im Vers vorher, dass die Spinne immer noch „ihre Fäden spinnt" (V. 14), und das ist für die Mücke gefährlich. Die Ruhe ist also doch etwas trügerisch, auch wenn das Gedicht insgesamt Harmonie ausstrahlt.

Analysiere den Songtext „Das zweite Gesicht" von Peter Fox (→ Heft).

Übung 32

Peter Fox: Das zweite Gesicht (2008)

Die Stimme bebt und der Blick ist Eis
Gleich geht jemand hier zu weit
Die Zunge ist geladen und bereit
Die Wörter von der Leine zu lassen, sich Feinde zu machen

Die Pfeilspitzen voller Gift
Der Feind wackelt, wenn du triffst
Du triumphierst, wenn er kippt
Doch morgen um diese Zeit tut es dir leid

Hahnenkampf um einen Haufen Mist
Jemanden opfern für einen lauen Witz
Eine Spinne tot – duschen, wenn du in der Wanne sitzt
Einem Dummen zeigen, dass du schlauer bist

Denn es steckt mit dir unter einer Haut
Und du weißt, es will raus ans Licht
Die Käfigtür geht langsam auf und da zeigt es sich:
Das zweite Gesicht

Ein Biest lebt in deinem Haus
Du schließt es ein, es bricht aus
Das gleiche Spiel jeden Tag
Vom Laufstall bis ins Grab

Ein Biest lebt in deinem Haus
Du schließt es ein, es bricht aus
Es kommt durch jede Tür
Es wohnt bei dir und bei mir

Du willst nach vorn, die anderen wollen zurück
Du hast Visionen, doch sie kommen nicht mit
Jemand steht zwischen dir und deinem Glück
Und es macht dich rasend, du kannst es nicht ertragen

Du guckst dir zu und du hörst dich reden
Du bist grad sensationell daneben
Versuchst vom Gas zu gehen, dein Fuß ist grad gelähmt
Du siehst die Wand und fährst dagegen

Du spielst falsch, um nicht zu verlieren
Dann feiern, als wär nix passiert
Dein Gewissen ist betrunken
Die Frau deines Freundes kommt mit zu dir

Es steckt mit dir unter einer Haut
Und du weißt, es will raus ans Licht
Die Käfigtür geht langsam auf und da zeigt es sich:
Das zweite Gesicht

[Wiederholung des Refrains: Strophe 5 und 6]

Ein Biest lebt in deinem Haus
Du schließt es ein, es bricht aus

7.4 Eine literarische Figur charakterisieren

Hin und wieder bekommst du den Auftrag, die Persönlichkeit einer literarischen Figur zu beschreiben. Dann musst du **aus den Verhaltensweisen**, die sie zeigt, ihre **Charaktereigenschaften ableiten**. Bei literarischen Texten ist es selten der Fall, dass der Erzähler direkt sagt, welche Eigenschaften eine Figur auszeichnen. Ob jemand stolz, neidisch, eifersüchtig, habgierig oder hilfsbereit ist, kann man in der Regel nur anhand seiner Verhaltensweisen erkennen.
Wenn man die Persönlichkeit einer literarischen Figur analysieren soll, schreibt man eine **Charakteristik**. Eine Charakteristik baust du so auf:

Schritt für Schritt

Eine Figurencharakterisierung schreiben

Arbeitsschritt **1** In der **Einleitung stellst du die Figur**, um die es geht **vor**. Nenne ihren Namen, ihr Geschlecht, ihr Alter, ihren Familienstand, ihren Beruf, ihre Wohnverhältnisse u. Ä., soweit der Text diese Informationen gibt. Auch das Aussehen gehört dazu.

Arbeitsschritt **2** Im **Hauptteil** beschreibst du ihren **Charakter**. Formuliere Aussagen zu ihren Charaktereigenschaften und stelle dar, woran du sie erkennst. Belege deine Aussagen anhand von Textstellen, aus denen sich diese Eigenschaften ablesen lassen. Beachte dabei die Hinweise zum richtigen Umgang mit Textbelegen (S. 104).

Arbeitsschritt **3** Am **Schluss** rundest du deine Charakteristik ab, z. B., indem du die Figur **bewertest**. Wenn deine Bewertung negativ ausfallen sollte, kannst du auch versuchen, eine Erklärung dafür zu finden: Befindet sich die Figur in einer misslichen Situation? Wird sie von anderen unterdrückt oder ausgenutzt?

Beispiel

Ein Auszug aus einer Charakteristik des Vaters aus der Kurzgeschichte „Schlitten fahren" von Helga M. Novak (S. 78 f.) könnte so lauten:

Aussage zu einer Charaktereigenschaft Textbelege Erläuterung/ Schlussfolgerung	Der Vater handelt gegenüber seinen Kindern verantwortungslos. Er lässt sie allein im Garten Schlitten fahren, und das, obwohl sie noch sehr klein sind (vgl. Z. 3 f.). Hinzu kommt, dass es dort nicht ungefährlich für sie ist, denn es fließt ein Bach durch den Garten (vgl. Z. 2). Es kann also leicht passieren, dass eines der Kinder beim Schlittenfahren ins eiskalte Wasser fällt.

Tipp

Um aus den Verhaltensweisen einer Figur die entsprechenden Charaktereigenschaften abzuleiten, musst du dein **Erfahrungswissen** zu Rate ziehen. Frage dich jeweils:
Wann verhält man sich so? Was sagt das normalerweise über einen Menschen aus?
Danach orientierst du dich wieder am Text. Überlege, ob dein Erfahrungswissen zum Text passt. Gegebenenfalls musst du **mehrere Textstellen** berücksichtigen, um das Verhalten einer Figur eindeutig beurteilen zu können.

Übung 33

Schreibe auf Grundlage des Textauszugs eine Charakteristik über die Figur Christian Wolf aus der Erzählung „Der Verbrecher aus verlorener Ehre" von Friedrich Schiller (S. 70) (→ Heft).

Was du beim Schreiben einer Charakteristik beachten solltest

- Im Prinzip gehst du genauso vor wie bei einer Textanalyse: Du formulierst **Aussagen zum Text** (hier: zu einer Figur aus dem Text) und **belegst diese** jeweils anhand von Textstellen. Eine Analyse der Darstellung (sprachliche Gestaltung) entfällt allerdings.
- Zur Vorbereitung musst du den gegebenen Text genau lesen. **Markiere** dabei alle **Textstellen**, die etwas über den Charakter einer Figur verraten.
- Formuliere **Aussagen zu den Charaktereigenschaften** dieser Figur. Wie bei allen Aussagen zu einem Text verwendest du das Tempus **Präsens**.
- Stelle jede Charaktereigenschaft in einem eigenen **Absatz** dar.
- Beziehe dich auf Textstellen, um die Richtigkeit deiner Aussagen nachzuweisen.
- Berücksichtige auch die **Handlungsmotive** der Figur (vgl. S. 69). Diese sind wichtig für eine abschließende Bewertung.

Auf einen Blick

7.5 Einen argumentativen Text schreiben: Erörterung und Stellungnahme

Ziel eines argumentativen Texts ist es, den Leser von der Richtigkeit der eigenen Meinung zu einem Thema zu überzeugen. Man möchte erreichen, dass er sich dieser Meinung anschließt. Oft möchte man ihn auch zu einer Handlung bewegen. Um dieses Ziel zu erreichen, muss man **überzeugende Argumente** anführen. Es gibt Pro- und Kontra-Argumente: Mit einem Pro-Argument äußert man seine Zustimmung, ein Kontra-Argument drückt Ablehnung aus.
Einige Schreibaufgaben verlangen von dir, dass du dich auf **dein Erfahrungswissen** beziehst, um einen argumentativen Text zu verfassen. Es gibt aber auch Schreibaufgaben auf der **Grundlage eines Textes**. Dann musst du die Textinformationen berücksichtigen, um eine Argumentation zu entwickeln.

Die Struktur von Argumenten kennen

Ein überzeugendes Argument besteht aus zwei Teilen: einer **These** (Behauptung) und einer ausführlichen **Begründung**. Oft bietet es sich an, die Begründung durch ein passendes **Beispiel** anzureichern. So wirkt die Darstellung anschaulicher und auch lebendiger und interessanter.
Die Reihenfolge der einzelnen Bestandteile eines Arguments ist nicht festgelegt. Man kann mit einer These beginnen und die Begründung (evtl. mit Beispiel) folgen lassen. Es ist auch möglich, als Erstes ein Beispiel anzuführen, das man anschließend erläutert *(Was zeigt dieses Beispiel?)*. Danach folgt eine Schlussfolgerung; das ist in diesem Fall die These.
Besonders „rund" wirkt ein Argument, wenn es am Anfang und am Ende von einer These „eingerahmt" wird. Die These, mit der man das Argument beschließt, klingt dann wie eine Bekräftigung der Anfangsthese. Man muss nur aufpassen, dass man die These am Anfang des Arguments anders ausdrückt als am Schluss. (Wenn dir das nicht gelingt, solltest du lieber auf die Bekräftigungs-These verzichten.)

Beispiel

Ist es richtig, wenn Schüler am Nachmittag einen Nebenjob annehmen?
Zu dieser Frage könnte ein **Pro-Argument** so aussehen:

These	<u>Es ist eine gute Idee, wenn Schüler nachmittags einen Nebenjob annehmen.</u>
Begründung Veranschaulichung durch **Beispiele** Weitere Erläuterungen zur Begründung	Denn so verdienen sie eigenes Geld, und wenn sie sich davon hin und wieder etwas Neues kaufen, z. B. ein Kleidungsstück oder eine CD, dann können sie sich nicht nur über ihre Einkäufe freuen, sondern sie können sich auch voller Stolz sagen: „Das habe ich mir erarbeitet!“ Jugendliche, die kein eigenes Geld verdienen, kennen dieses Gefühl nicht.
Schlussfolgerung (= Bekräftigung der These)	<u>Deshalb kann man es jedem Jugendlichen nur empfehlen, nachmittags einen Job anzunehmen.</u>

Tipp

Wenn dir kein **passendes Beispiel** einfällt, um die Begründung in einem Argument zu veranschaulichen, kannst du dir notfalls auch eines **ausdenken**. Vielleicht gehst du einfach von dir selbst aus, z. B.: *Ich würde mir gern durch einen Nebenjob ein wenig Geld verdienen. Das würde ich sparen, um mir davon später meinen Führerschein zu finanzieren.* Falls dir auch das nicht gelingt, musst du versuchen, deine Begründung auch ohne Beispiel möglichst ausführlich zu gestalten.

Übung 34

Formuliere zu der Frage, ob es richtig ist, wenn Schüler am Nachmittag einen Nebenjob annehmen, ein **Kontra-Argument.** Achte darauf, dass dein Argument vollständig ist. Benenne die einzelnen Bestandteile wie in dem Beispiel oben: Trage die Bezeichnungen an den passenden Stellen in die linke Spalte ein.

Bestandteile	**Kontra-Argument**

Arten von argumentativen Texten unterscheiden

Es gibt zwei Arten von argumentativen Texten: die **Stellungnahme** und die **Erörterung**. Sie unterscheiden sich wie folgt:

Unterschiede von Stellungnahme und Erörterung

- Mit einer **Stellungnahme** äußerst du ausführlich und begründet deine Meinung zu einem Thema. Du beziehst dabei von vornherein eine bestimmte Position und gibst diese gleich zu Anfang bekannt. Anschließend führst du zwei bis drei Argumente aus, um deine Position zu begründen. Am Schluss formulierst du ein Ergebnis, in dem du deine Meinung noch einmal bekräftigst.
- Bei der **Erörterung** unterscheidet man zwei Arten: die **kontroverse** (zweigliedrige) und die **eingliedrige** Erörterung.
  - Bei einer **kontroversen Erörterung** wägst du Für und Wider ab und gelangst erst am Schluss zu deiner Meinung. Im Hauptteil trägst du sowohl **Pro-** als auch **Kontra-Argumente** zum Thema vor. Eine solche Erörterung ist zweigliedrig, der Hauptteil besteht aus **zwei Teilen**: einem Pro- und einem Kontra-Teil. Ordne deine Argument-Gruppen immer so an, dass du nach dem Hauptteil nahtlos zum von dir angestrebten Ergebnis überleiten kannst: Wenn du die Pro-Meinung vertrittst, beginnst du mit den Kontra-Argumenten; bist du für die Kontra-Seite, beginnst du mit Pro-Argumenten.
  - Bei einer **eingliedrigen Erörterung** musst du eine Fragestellung durchdenken, die **nicht kontrovers** angelegt ist. Beispielsweise sollst du für ein bestimmtes Problem eine **Erklärung** suchen. Du nennst dann mehrere Erklärungsansätze und gelangst so schließlich zu einem Ergebnis. Die einzelnen Erklärungsansätze sind wie Argumente, denn auch sie bestehen jeweils aus einer These und einer zugehörigen Begründung.

Tipp

Im **Aufbau** unterscheiden sich die beiden **Erörterungsarten** nur in Bezug auf den Hauptteil; ansonsten sind sie ähnlich strukturiert:
In der **Einleitung** führt man den Leser jeweils zur Fragestellung hin: Entweder nennt man ein passendes Beispiel oder man erklärt, weshalb man sich mit dem Thema befassen will.
Im **Hauptteil** trägt man die Argumente oder Erklärungsansätze vor.
Und am **Schluss** gelangt man zu einem Ergebnis.

Beispiel

So könnten Aufgaben zur Stellungnahme und Erörterung lauten.

- **Stellungnahme:** *Einige Politiker fordern, dass Eltern von Schülern, die regelmäßig die Schule schwänzen, das Kindergeld entzogen wird. Nimm begründet Stellung zu dieser Forderung.*
- **Zweigliedrige, kontroverse Erörterung:** *Erörtere die folgende Fragestellung: Sollte Eltern, deren Kinder regelmäßig die Schule schwänzen, das Kindergeld entzogen werden?*
- **Eingliedrige Erörterung:** *Es gibt immer wieder Schüler, die anfangen, regelmäßig die Schule zu schwänzen. Wie ist das zu erklären? Erörtere diese Frage.*

Tipp

Auch bei einer Stellungnahme ist es geschickt, wenn du neben deinen eigenen Argumenten ein bis zwei **Argumente der Gegenseite** anführst. Damit signalisierst du dem Leser, dass du gründlich über das Thema nachgedacht hast, und du wirkst **überzeugender**, als wenn du nur deine eigene Position vertrittst.
Allerdings solltest du bei einem Argument der Gegenseite schnell deutlich machen, dass du es schwach findest. Lege das Argument so an, dass der Leser geradezu auf das erlösende „Aber" wartet, z. B. so: *Zwar ist es richtig, dass … Aber man darf nicht vergessen, dass …*

Übung 35

Verfasse eine Stellungnahme zur ersten Aufgabe aus den Beispielen auf S. 89 (→ Heft). Verfahre so:

- Entscheide dich für die Position, die du einnehmen willst: Sollte Eltern, deren Kinder regelmäßig die Schule schwänzen, das Kindergeld entzogen werden – ja oder nein?
- Wähle aus der Ideen-Liste unten drei Stichpunkte aus, die du zu vollständigen Argumenten ausformulieren willst. Lege deren Reihenfolge fest, indem du sie entsprechend nummerierst.
- Schreibe nun den Einleitungssatz, in dem du deine Position schon klar zum Ausdruck bringst.
- Entkräfte danach ein mögliches Argument der Gegenseite.
- Führe anschließend deine drei Argumente aus.
- Formuliere zum Schluss ein Ergebnis, in dem du deine anfangs geäußerte Position nochmals bekräftigst.

Ideen-Liste

1. Eltern evtl. machtlos, Bestrafung der Falschen
2. Entzug von sozialen Leistungen als Druckmittel möglicherweise effektiv
3. wichtiger: Gründe für das Schulschwänzen herauszufinden
4. besserer Kontakt zwischen Schule und Elternhaus nötig
5. Schule attraktiver machen durch Verbesserung des Unterrichts
6. Erziehung der Eltern zur Erfüllung ihrer Fürsorgepflicht
7. Rechtliche Durchsetzbarkeit fraglich
8. Unterstützung wichtiger als Strafe
9. Maßnahmen des Staats gegenüber Schülern nicht zulässig, Verantwortung liegt bei den Eltern
10. Sparen von Ausgaben eigentliches Ziel?

Was du beim Schreiben eines argumentativen Texts beachten solltest	
Nicht zu viele Argumente anführen	Auf die Anzahl der Argumente kommt es nicht an. Vier überzeugende Argumente sind besser als sechs schwache! (Wenn allerdings die Zahl der Argumente vorgegeben ist, solltest du sie alle möglichst gleichermaßen überzeugend gestalten.)
Nach ansteigender Wichtigkeit argumentieren	Ordne deine Argumente nach dem Prinzip ansteigender Wichtigkeit an: Beginne mit einem Argument, dem du eher wenig Gewicht beimisst. Erläutere dann zunehmend bedeutsame Aspekte. Am Schluss führst du das überzeugendste Argument aus. (Bei den Argumenten der Gegenseite verfährst du umgekehrt: Beginne mit einem einleuchtenden Argument und füge dann noch eines oder zwei weniger wichtige hinzu.)
Abwechslungsreich gestalten	Gestalte deine Argumente möglichst abwechslungsreich. Ordne These, Begründung und Beispiel nicht immer in der gleichen Reihenfolge an. Das wirkt monoton.
Verknüpfungen herstellen	Zähle deine Argumente nicht nur auf, sondern stelle Überleitungen zwischen ihnen her. Eigentlich gibt es nur zwei Möglichkeiten: • Zwei aufeinanderfolgende Argumente passen zusammen, z. B. weil beide Pro-Argumente sind. Dann wählst du eine Überleitung, die eine Reihung zum Ausdruck bringt, z. B.: *Hinzu kommt, dass … Außerdem sollte man berücksichtigen, dass …* • Zwei aufeinanderfolgende Argumente passen nicht zusammen, z. B. weil das erste ein Pro-Argument und das zweite ein Kontra-Argument ist. Dann wählst du eine Überleitung, die einen Gegensatz ausdrückt, z. B.: *Aber … Andererseits … Allerdings …*
Durch Absätze strukturieren	Stelle jedes Argument in einem eigenen Absatz dar. Beginne also mit jedem neuen Argument einen neuen Absatz.
Widersprüche vermeiden	Verstricke dich nicht in Widersprüche. Das kann leicht passieren, wenn du außer deinen eigenen Argumenten auch Argumente der Gegenseite ausformulierst. Gegnerische Argumente solltest du spätestens dann entkräftet haben, wenn du mit deinen eigenen Argumenten anfängst.

7.6 Einen informierenden Text verfassen

Mit einem informierenden Text **vermittelt** der Verfasser dem Leser **Kenntnisse** zu einem bestimmten Thema. Wenn du also einen informierenden Text schreiben willst, solltest du dir zunächst genügend **Wissen über das Thema** aneignen. Für deinen Text musst du dann die entscheidenden **Informationen** sinnvoll **auswählen**, sie geschickt **anordnen** und verständlich **darstellen**.
Als Grundlage für einen solchen informierenden Text dienen stets **mehrere verschiedene Materialien**. Indem man unterschiedliche Informationsquellen berücksichtigt, gewährleistet man eine gewisse Objektivität und erhält überdies einen umfassenden Einblick in ein Thema.

Folgendes solltest du beim Verfassen eines informierenden Textes beachten:

- Du schreibst **sachlich** und **neutral** – wie bei einem Bericht. Persönliche Wertungen und Kommentare äußerst du nicht. (Ausnahme: Im Schluss deines Textes kannst du kurz auf deine eigene Meinung zum Thema eingehen.)
- Die Darstellung erfolgt im **Präsens**, denn du informierst über Sachverhalte, die grundsätzlich gelten.
- Achte darauf, **eigene Worte** zu verwenden. Umgangssprachliche Ausdrücke solltest du aber vermeiden. Schreibe möglichst immer in der **Standardsprache**.
- Für den **Aufbau** des **Hauptteils** gilt: vom Allgemeinen zum Besonderen. Beantworte also nacheinander diese Fragen: a) Was lässt sich **grundlegend** über das Thema sagen? (*Was ist …? Wo gibt es …? Wie häufig …?*) b) Welche **Besonderheiten** sind zu erkennen? c) Welche **Probleme** gibt es damit?

Schritt für Schritt

Arbeitsschritt 1 **Informationen einholen:** Beschaffe dir Informationen zum Thema. Suche im Internet oder in Bibliotheken nach geeigneten Materialien. (Dieser Arbeitsschritt entfällt, wenn dein/e Lehrer/in dir Materialien vorlegt.)

Arbeitsschritt 2 **Materialien prüfen:** Nummeriere all die Materialien, die du für gut befindest und die du für deinen Text heranziehen willst. So kannst du deine ausgewählten Informationen später problemlos den jeweiligen Materialien zuordnen.

Arbeitsschritt 3 **Materialien auswerten:** Lies die Materialien gründlich und suche dabei nach wesentlichen Auskünften über das Thema. Markiere die entsprechenden Textstellen oder schreibe sie heraus.
Informationen, die inhaltlich zusammengehören, kennzeichnest du mit gleichen Buchstaben oder Zeichen. Finde Zwischenüberschriften für diese „Informations-Gruppen“, z. B.: *Problem, Häufigkeit* etc. (Siehe dazu auch den Tipp auf Seite 94.)

Arbeitsschritt 4 **Die Reihenfolge bestimmen:** Lege für deine „Informations-Gruppen“ samt Zwischenüberschriften (aus Schritt 3) eine sinnvolle Reihenfolge fest: Nummeriere sie.

Arbeitsschritt 5 **Den Schreibplan erstellen:** Trage die Zwischenüberschriften und die zugehörigen Informationen in Stichworten in deinen Schreibplan ein. Sie gehören in den Hauptteil. Notiere jeweils auch die Quelle der Informationen. Ergänze dann im Schreibplan stichwortartig deine Ideen für die Einleitung und den Schluss.

Arbeitsschritt 6 **Die Einleitung schreiben:** Entwirf deine Einleitung auf einem Extrablatt. Wecke das Interesse des Lesers, z. B., indem du ein anschauliches Beispiel schilderst und von da aus zum Thema hinführst. (Du kannst auch einige allgemeine Aussagen zum Thema äußern.) Wenn dir dein Entwurf gefällt, schreibst du ihn ins Reine.

Arbeitsschritt **8** **Den Hauptteil schreiben:** Nimm dir nacheinander die einzelnen „Informations-Gruppen“ vor, die du in deinem Schreibplan notiert hast, und formuliere sie aus. Zähle die Informationen aber nicht bloß auf, sondern stelle Zusammenhänge her, z. B. mithilfe von Konjunktionen und Adverbien.

Arbeitsschritt **8** **Den Schluss schreiben:** Schreibe wieder deinen Entwurf auf ein Extrablatt. Formuliere ein Fazit, indem du weiterführende Gedanken zum Thema äußerst. Du kannst z. B. sagen, welche Meinung du zu dem Thema hast. Oder du forderst den Leser auf, die eigenen Verhaltensweisen und Einstellungen zu überdenken. Wichtig: Vermeide die Wiederholung von Aussagen, die du bereits im Hauptteil gemacht hast! Übertrage am Ende den fertigen Entwurf in deine Reinschrift.

Beispiel

Ein Schreibplan zum Thema „Kinderarbeit“ könnte so beginnen:

Zwischen-überschriften	Einzelinformationen	Quellen
Einleitung Hinführung zum Thema	Kinderarbeit heute, z. B. Schuhputzer in Indien	C, D
Hauptteil (1) Definition von Kinderarbeit	• Arbeit von Kindern unter 15 Jahren • regelmäßiges Arbeiten für Geld • …	A
Hauptteil (2) Verbreitung und Häufigkeit von Kinderarbeit	• überwiegend in Entwicklungsländern, vor allem Lateinamerika, Südostasien, Afrika • auch in anderen Regionen (USA, Australien, Europa) • 215,3 Millionen Kinderarbeiter weltweit • …	C
Hauptteil (3) Ursachen von Kinderarbeit	· mangelhafte Sozialsysteme · fehlende Schulausbildung · Armut · Ausbeutung · Schulden	E
Hauptteil (4) Folgen von Kinderarbeit	· die Kinder zerstören ihre Gesundheit · keine Schulbildung · manchmal gefährlich	B B, D C
Hauptteil (5) Mögliches Vorgehen gegen Kinderarbeit	· nur noch Transfair-Sachen kaufen · nur Sachen aus Ländern, wo es keine Kinderarbeit gibt, kaufen.	F
Schluss Appell an die Eltern	· Darauf achten was sie kaufen, um Kinderarbeit nicht zu unterstützen.	

Tipp

Geeignete **Zwischenüberschriften** findest du, indem du dir bestimmte Fragen stellst. Zum Thema „Kinderarbeit“ könnten es z. B. diese Fragen sein:

- **Was** ist Kinderarbeit? (→ Definition/Erläuterung)
- **Wo** gab oder gibt es Kinderarbeit? (→ Regionen, in denen es Kinderarbeit gab oder gibt)
- **In welchem Ausmaß** gibt es Kinderarbeit? (→ Häufigkeit von Kinderarbeit)
- **Warum** gibt es Kinderarbeit? (→ Ursachen von Kinderarbeit)
- **Wie** wirkt sich Kinderarbeit aus? (→ Folgen von Kinderarbeit)
- **Was** kann man **gegen** Kinderarbeit tun? (→ Lösungsmöglichkeiten)

Übung 36

Schreibe einen informierenden Text zum Thema „Kinderarbeit“.
Stelle dir Folgendes vor:

Ihr habt im Gesellschaftskundeunterricht das Thema Kinderarbeit behandelt. Deshalb seid ihr gut darüber informiert und wollt nun zumindest einen kleinen Beitrag dazu leisten, dass Kinderarbeit eingedämmt wird. Gemeinsam mit eurem Lehrer plant ihr eine Informationsveranstaltung für die Eltern eures Jahrgangs, um sie anhand von Beispielen über Kinderarbeit in verschiedenen Ländern zu informieren. Am Ende hältst du ein Referat, in dem du zusammenfassend informierst über ...

- die Definition von Kinderarbeit,
- die Verbreitung und Häufigkeit von Kinderarbeit,
- die Ursachen von Kinderarbeit,
- die Folgen von Kinderarbeit,
- mögliche Maßnahmen gegen Kinderarbeit.

Zum Schluss der Veranstaltung erhalten die Eltern eine Broschüre, in der sie alle eure Vorträge noch einmal nachlesen können.

Schreibe den Text für dein Referat. (→ Heft)

Gehe so vor:

- Lies die **Materialien A–F** zum Thema „Kinderarbeit“ (S. 95–97). Markiere beim Lesen gleich alle Aussagen, die dir wesentlich erscheinen, und notiere kommentierende Stichworte am Rand.
- Bereite das Schreiben deines Textes vor, indem du einen **Schreibplan** anlegst und ihn ausfüllst: Trage zu den einzelnen Unterpunkten stichwortartig Notizen ein. In der Spalte **Quellen** notierst du jeweils die Materialien, denen du deine Informationen entnimmst.
  (Das angefangene Beispiel auf Seite 93 kannst du natürlich nutzen.)
- In der **Einleitung** führst du zum Problem hin. Informiere in Kürze allgemein über Kinderarbeit heute.
- Im **Hauptteil** vermittelst du die wesentlichen Informationen über Kinderarbeit.
- Am **Schluss** appellierst du an die Eltern, künftig möglichst keine Produkte mehr zu kaufen, bei deren Herstellung Kinderarbeiter beteiligt waren.

A. Kinderarbeit heute

Man spricht von Kinderarbeit, wenn Kinder regelmäßig zum Zweck des Gelderwerbs arbeiten gehen. Als Kinder gelten in diesem Zusammenhang Personen, die jünger als 15 Jahre sind. Diese Altersgrenze hat die ILO[1] so festgelegt.

Ein Kind, das seiner Mutter gelegentlich im Haushalt hilft, verrichtet demnach keine Kinderarbeit, denn es erledigt nur hin und wieder einige Arbeiten. Diese übernimmt es auch nicht, um Geld zu verdienen. Weder bekommt es für seine Dienste einen Stundenlohn, noch stellt es Dinge her, die anschließend auf dem Weltmarkt mit Gewinnabsicht verkauft werden.

Es sind also drei Kriterien, die erfüllt sein müssen, damit man von Kinderarbeit sprechen kann: das Alter der Kinder (unter 15), die Regelmäßigkeit des Arbeitens und der Zweck der Arbeit (das Geldverdienen).[2]

1 *ILO:* Internationale Arbeitsorganisation, eine Unterorganisation der Vereinten Nationen
2 Jugendlichen ab 13 Jahren ist aber erlaubt, durch leichte Tätigkeiten, z. B. Babysitten, ihr Taschengeld aufzubessern.

B. Kinderarbeit weltweit

[...] Millionen Mädchen und Jungen müssen Tag für Tag unter gefährlichen und ausbeuterischen Bedingungen schuften. Sie ruinieren ihre Gesundheit und können nicht zur Schule gehen. Einige dieser Kinderarbeiter stellen Waren her, die in die ganze Welt exportiert werden: T-Shirts, Kaffee, Kakao, Tee, Orangensaft, Natursteine, Kosmetik und glitzernde Strass-Steine. Mittlerweile gibt es eine Vielzahl von Initiativen, die sich gegen die Ausbeutung von Kindern engagieren: *terre des hommes*[1]-Projektpartner eröffnen Schulen, helfen Schuldknechten[2] in die Freiheit, leisten Rechtshilfe, werben für die Einschulung und stärken Kinderarbeiter in ihren Rechten.

Quelle: http://www.tdh.de/content/themen/schwerpunkte/kinderarbeit/ (aus didaktischen Gründen gekürzt)

1 *terre des hommes:* französisch für „Erde der Menschen"; eine Kinderschutzorganisation
2 *Schuldknecht:* Jemand, der wie ein Sklave arbeiten muss, um seine Schulden zu tilgen. Kinderarbeiter sind manchmal wie Schuldknechte, weil ihre Eltern bei jemandem Schulden haben (vgl. auch Text E).

C. Wo Kinder arbeiten müssen[1]

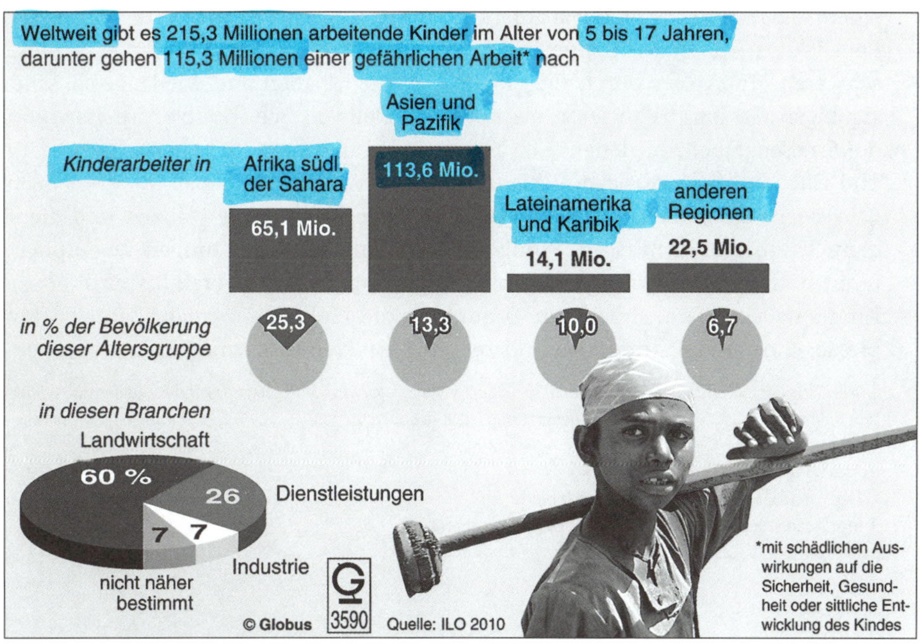

1 Neben der generellen Altersgrenze für Kinderarbeit von 15 Jahren (vgl. Text A) hat die ILO bestimmt, dass kein Kind unter 18 Jahren einer *gefährlichen* Arbeit nachgehen sollte. Deshalb berücksichtigt das Schaubild auch Jugendliche im Alter von 15 bis 17 Jahren.

D. Schuhe putzen für ein paar Rupies

Täglich machen Raj und Lal ihre Runde durch Karol Bagh, vorbei am Bazar, an den kleinen Läden, die bunte Stoffe, Lederwaren, Schuhe oder Heiligenstatuen feilbieten. In dem bunten Viertel mitten im Herzen von Delhi[1] haben sich zahlreiche billige Hotels angesiedelt. Rucksacktouristen aus dem Westen bevölkern die Straßen. Auf sie haben es Raj und Lal abgesehen. Die beiden Zwölfjährigen arbeiten als Schuhputzer. Für zehn Rupien, umgerechnet nicht einmal 20 Cent, putzen und polieren die beiden Jungen die Schuhe der Touristen. Sieben Tage die Woche, von morgens bis abends. Ihre Körper sind klein, die Haare verfilzt, die Hände verhornt und schmutzig. Raj und Lal sind zwei von schätzungsweise 13 Millionen Kinderarbeitern im Alter zwischen fünf und 14 Jahren in Indien. Die Zahl ist eine vorsichtige Schätzung der Regierung. Der indische Journalist und Buchautor M.V. Kamath vermutet, dass die Zahl deutlich höher liegt. „Es gibt mindestens 70 bis 80 Millionen Kinder in Indien, die nicht die Schule besuchen. Was machen diese Kinder? Man muss davon ausgehen, dass sie alle arbeiten." [...]

Raj und Lal gehen an diesem Tag jedenfalls nicht zur Schule. Sie arbeiten. Bei stickigen 43 Grad schleppen sie ihre schweren Holzkoffer durch die engen, staubigen Gassen, balancieren sie über die Straßengräben, in denen Abwasser und Küchenabfälle versickern. Mehrere Kilo wiegt das Arbeitsgerät. Verschiedene Schuhcremes, Bürsten, Schuheinlagen und auch Werkzeuge haben die Kinder dabei. „Mam, shoe clean? Mam, please, shoe clean?", rufen sie und zerren an einer Europäerin, die schwarze Halbschuhe trägt.

Eigentlich möchte die Holländerin die Dienste der Jungen nicht in Anspruch nehmen. [...] „Mam, 10 Rupies! Mam!", insistieren[2] die Kinder. Raj und Lal haben gelernt, energisch zu sein. Dann gucken sie die Frau mit großen, traurigen Augen an, greifen nach ihrer Hand. Die Touristin zieht ihre Hand erst erschrocken zurück, dann lässt sie es geschehen. [...] Die beiden kleinen Schuhputzer tun ihr leid. [...]

Raj und Lal haben sich über die Schuhe der Touristin hergemacht. Sie bürsten sie kräftig ab und reiben den Staub weg, dann schmieren sie erst schwarze, dann weiße Schuhcreme auf die Synthetik-Halbschuhe. [...] Es sieht aus, als seien die Kinder ganz eins mit ihrer Tätigkeit, die kleinen Körper wiegen sich vor und zurück im Rhythmus der Bürsten.

Von einem Ladenbesitzer erfährt die Touristin, dass Raj und Lal aus einem Dorf in Rajasthan stammen; in Delhi würden sie bei einem Onkel leben. Für ihn arbeiten sie. Einen Teil des Geldes, das sie verdienen, bekommen ihre Eltern. [...] Haben die Jungen denn jemals eine Schule besucht? Ja, nicken sie. Im Dorf gab es eine. Wie lange sie diese besucht haben und wie lange sie schon in Delhi als Schuhputzer arbeiten, können sie allerdings nicht genau sagen. [...]

Raj und Lal haben ihr Werk beendet. Die Halbschuhe glänzen und die Touristin gibt den Jungen 20 Rupien, das Doppelte des vereinbarten Preises. Für die Holländerin nichts, für die Jungen ein kleines Vermögen. [...]

Quelle: Tina Groll, ZEIT online vom 27. 4. 2010; http://www.zeit.de/wirtschaft/2010-04/indien-kinderarbeit?page=all (aus didaktischen Gründen stellenweise gekürzt und leicht geändert)

Anmerkungen:
1 *Delhi*: eine Großstadt im Nordosten Indiens
2 *insistieren*: mit Nachdruck auf etwas bestehen, beharren

E. Ursachen von Kinderarbeit

Die Ursachen von Kinderarbeit liegen im wirtschaftlichen Ungleichgewicht dieser Welt und in einem Teufelskreis von mangelhaften Sozialsystemen, fehlender Bildung, Armut und Ausbeutung. Laut Statistiken der Vereinten Nationen hatte 2004 in den Entwicklungsländern gut jeder Fünfte weniger als einen US-Dollar pro Tag zur Verfügung. Das reicht nicht, um eine Familie zu ernähren. Die Eltern können sich einen Schulbesuch der Kinder nicht leisten oder sehen zum Teil auch gar keine Notwendigkeit. In manchen Kulturen gilt es als selbstverständlich, dass Kinder als Zeichen ihrer Dankbarkeit mitarbeiten müssen, um die Familie zu ernähren. Diese Tradition kann allerdings von kleinen Jobs und etwas Mithilfe bis hin zu brutaler Ausbeutung reichen. Nicht selten bedeutet das: Die Kinder müssen Geld heimbringen, egal wie.

Oft geht es dabei um das blanke Überleben. Statt zu lernen und eine richtige Ausbildung zu bekommen, müssen viele Kinder von klein auf arbeiten. Oft geht es auch darum, die Schulden der Eltern abzuarbeiten. Besonders in Südasien gibt es die sogenannte Schuldknechtschaft. Arbeitgeber leihen ihren Angestellten zu Wucherzinsen Geld und lassen sie nicht mehr gehen, bevor alles zurückbezahlt ist. Wegen der Hungerlöhne hat kaum ein Arbeiter die Chance, das Geld mitsamt den Zinszahlungen aufzubringen. Die Schulden werden weitergegeben an die nächste Generation und alle Familienmitglieder, auch die Kinder, werden zu Sklaven des Unternehmers.

Viele der Kinderarbeiter gehören Minderheiten oder anderen unterdrückten gesellschaftlichen Gruppen an. Besonders Mädchen, die in vielen Kulturen weniger gelten als Jungen, sind gefährdet. Statt zur Schule zu gehen, müssen sie arbeiten oder sich gar prostituieren. Besonders in Afrika führen Bürgerkriege und die Verbreitung von Aids auch dazu, dass viele Kinder zu Waisen werden und sich dann alleine durchschlagen müssen.

Quelle: Romana Schuschitz, Eva Felber; http://kinderarbeit.wordpress.com/ursachen-von-kinderarbeit/

F. Was Verbraucher tun können

[...] Wichtig bei allen Anstrengungen gegen ausbeuterische Kinderarbeit ist, dass jedes einzelne Kind tatsächlich eine sinnvolle Alternative bekommt: In der Regel ist das der Besuch einer Schule oder eine Ausbildung. Allein mit Aufrufen zum Boykott von Firmen und Produkten ist es nicht getan. Beispiele aus der Vergangenheit haben gezeigt, dass solche Aufrufe nur zur Entlassung der Kinder führten, ohne ihnen aber eine alternative Überlebensperspektive anzubieten. [...]

Kaufen Sie, wo möglich, Produkte aus fairem Handel oder mit einem seriösen Sozialsiegel. Diese Kennzeichnungen sind eine Möglichkeit zu erkennen, unter welchen Bedingungen Produkte hergestellt wurden. Die Angabe des Herstellungslandes sagt wenig aus, denn dort kann es Betriebe ohne Kinderarbeiter geben und solche, die Kinder ausbeuten. Auch Markenartikel und teure Designerprodukte können unter Beteiligung von Kindern hergestellt sein. Der Endpreis einer Ware allein lässt in der Regel keine Rückschlüsse auf die Herstellungsbedingungen zu.

Sorgen Sie dafür, dass auch Großverbraucher zu gesiegelten Produkten greifen: In Kantinen kann TransFair-Kaffee ausgeschenkt werden, Gewerkschaften, Vereine oder Pfarrgemeinden können nur noch Blumen aus gesiegelter Produktion oder heimischen Betrieben verschenken. Sportvereine können Bälle aus fairem Handel anschaffen. [...]

Quelle: http://www.tdh.de/content/themen/schwerpunkte/kinderarbeit/was_verbraucher_tun_koennen.htm

7.7 Produktiv-kreative Texte schreiben

Aufgaben, die produktiv-kreativ angelegt sind, beziehen sich meist auf einen **literarischen Text**. Eine solche Schreibaufgabe verlangt von dir, dass du auf der Grundlage des Originaltextes einen neuen Text schreibst. Entweder sollst du

Arten von produktiven Schreibaufgaben

- den Text **umgestalten** (z. B. eine Kurzgeschichte in ein Gedicht oder einen Dialog umwandeln) oder
- eine **Fortsetzung** zu einem Text schreiben oder
- die **Perspektive einer der beteiligten Figuren** einnehmen und dich aus ihrer Sicht schriftlich äußern oder
- die **Perspektive eines unbeteiligten Beobachters** einnehmen und einer Figur aus dem Text schriftlich deine Meinung mitteilen, ihr einen Rat geben o. Ä.

Die **Informationen**, die du dem **Originaltext** entnehmen kannst, bilden die Grundlage für dein Schreiben. In Form und Sprache musst du dich an der **Textsorte** orientieren, die dir laut Aufgabenstellung vorgegeben wird.
Wenn du z. B. eine Fortsetzung zu einem Text schreiben sollst (z. B. zu einer Kurzgeschichte), muss dein Text im gleichen Stil wie der Originaltext geschrieben sein. Auch der Inhalt, den du dir überlegst, muss dazu passen. Und wenn dir aufgetragen wird, aus der Sicht einer Figur einen persönlichen Brief zu schreiben, musst du zusätzlich die Merkmale eines persönlichen Briefes berücksichtigen.

Am ehesten kommen diese Textsorten infrage:

- Tagebucheintrag
- persönlicher Brief
- Leserbrief
- formaler Brief, z. B. ein Beschwerdebrief

Wie bei allen Schreibaufgaben musst du vor dem Schreiben eines produktiv-kreativen Textes als Erstes die Aufgabenstellung genau durchdenken. Am besten siehst du dir noch einmal die Schema-Zeichnung auf S. 58 an und hältst die wesentlichen Aspekte der Aufgabe stichwortartig auf einem Extrablatt fest:

- Welche **Art von Text** (**Textsorte**) sollst du schreiben?
  Welche besonderen Merkmale zeichnen einen solchen Text aus? Welche Form und welche Sprache ist passend für diese Textsorte?

- Aus wessen **Sicht** sollst du den Text schreiben (**Schreiber**)?
  Um wen handelt es sich bei dem Schreiber: Was für eine Person ist es? Was will diese Person erreichen? Was weiß sie, was weiß sie nicht? In welcher Situation befindet sich die Person? Welche Sprache wird sie verwenden?

- Wer ist der **Adressat**?
  An welchen Leser richtet sich der Text? Was für eine Person ist es? In welcher Beziehung steht sie zum Schreiber? Welche Meinung vertritt diese Person zu dem Thema? Welche Kenntnisse hat sie, welche nicht? Welche Erwartungen hat diese Person an Sprache und Form eines solchen Textes?

- Um welches **Thema** geht es?
  Welche Informationen vermittelt der Text dazu? Welches Erfahrungswissen hast du zu diesem Thema?

Wähle dann eine Sprache und Form, die zur Textsorte, zum Schreiber und zum Leser passt und auch dem Thema gerecht wird.

Tipp

> Bei produktiv-kreativen Schreibaufgaben solltest du dich unbedingt **am Text orientieren**, denn deine Darstellung muss stimmig sein und genau dazu passen. Schreibe nichts, was dem Text widerspricht! Erfinde z. B. kein Happy-End, wenn der Originaltext das nicht nahelegt.
>
> Trotzdem musst du auch deine **Fantasie** spielen lassen, d. h., du solltest die Darstellung in deinem Text durch dein **Erfahrungswissen** anreichern. Überlege also, was sich über den Schreiber oder den Leser glaubhaft hinzuerfinden lässt. Denke dir passende Einzelheiten aus!

Die wichtigsten **Textsorten** im Bereich produktiv-kreativen Schreibens sind:

Tagebucheintrag

Textsorte: *Ziel:* Erinnerungen festhalten, Erinnerungen verarbeiten
Aufbau: Beginn in der Regel mit der Erinnerung an ein Erlebnis, das an diesem Tag stattgefunden hat; Ende evtl. mit Gedanken über die Zukunft
Merkmale der Darstellung: Der Text wirkt spontan. Er ist so geschrieben, wie es dem Schreiber in den Sinn kommt, stellenweise Umgangssprache möglich (nicht zu viel). Der Schreiber äußert vor allem Gefühle und Gedanken. Tempus: Perfekt oder Präteritum (für die Darstellung des Erlebten), Präsens und Futur (für die Gedanken über das Erlebte)

Schreiber: in der Regel eine Figur aus einem literarischen Text (meist die Hauptfigur); evtl. auch eine Figur, die man sich als Beobachter des Geschehens vorstellen soll

Adressat: der Schreiber selbst; evtl. spricht er das Tagebuch direkt an *(Liebes Tagebuch …)*

Thema: ein Erlebnis des Tages, das den Schreiber bewegt hat (z. B. eine Konfliktsituation)

Persönlicher Brief

Textsorte: *Ziel:* schriftlicher Austausch mit einer vertrauten Person
Aufbau: Beginn mit Briefkopf (Ort, Datum, darunter Anrede: *Lieber …* oder: *Sehr geehrter …*), im eigentlichen Brieftext zunächst Hinweis auf den Anlass des Schreibens, dann die Auseinandersetzung mit dem Thema, danach nochmaliges Herausstellen des Anliegens, Ende mit Grußformel und Unterschrift
Merkmale der Darstellung: Kommunikationssituation erkennbar (z. B. durch gelegentliche direkte Anrede des Empfängers), Darstellung erfolgt einfühlsam, in der Sprache an den Erwartungen des Empfängers ausgerichtet, aber auch zum Schreiber passend; Tempus: Präsens und Perfekt

Schreiber: eine Figur aus einem literarischen Text oder eine Figur, die man sich vorstellen soll und in deren Lage man sich hineinversetzen soll
Adressat: eine andere Figur aus dem Text oder eine andere Figur, die man sich als am Geschehen Beteiligte vorstellen soll
Thema: entsprechend dem Anliegen des Schreibers: z. B. Entschuldigung, Appell, Grüße, Genesungswünsche etc.

Leserbrief

Textsorte: *Ziel:* Meinungsäußerung, in der Regel als Reaktion auf einen Pressetext
Aufbau: Beginn mit Bezugnahme auf ein Ereignis oder eine Entwicklung, über die man etwas gelesen hat, danach Äußerung der eigenen Meinung, anschließend Begründung der Meinung, am Ende eine Art Fazit formulierend
Merkmale der Darstellung: deutliche Sprache, um die eigene Meinung klar zum Ausdruck zu bringen, gelegentlich auch ein wenig pointiert oder provozierend (sonst wird der Leserbrief gar nicht erst abgedruckt), stellenweise Umgangssprache möglich (nicht zu viel); Tempus: Perfekt (für Dinge, die sich ereignet haben und auf die man sich bezieht) und Präsens oder Futur (für die Darstellung einer Entwicklung, für die eigenen Gedanken)
Schreiber: der Leser einer Zeitung oder Zeitschrift
Adressat: zunächst die Redaktion, hauptsächlich aber die anderen Leser der Zeitung/Zeitschrift
Thema: ein aktuelles Ereignis oder eine Entwicklung, die in der Diskussion steht

Formaler Brief

Textsorte: *Ziel:* Vorbringen eines Anliegens (z. B. Vortragen einer Bitte, Beschwerde o. Ä.)
Aufbau: Beginn mit Briefkopf (Name und Anschrift des Schreibers, Datum, darunter Name und Anschrift des Empfängers), darunter Nennung des Anliegens (in Betreffzeile), dann höfliche Anrede des Empfängers; im eigentlichen Brieftext zunächst Bezugnahme auf den Anlass des Schreibens, Vortragen des Anliegens, evtl. Begründung des Anliegens; abschließend eine Erwartungshaltung zum Ausdruck bringend, endend mit Grußformel und Unterschrift
Darstellung: Standardsprache, höflich und sachlich;
Tempus: Perfekt (bei Bezug auf den Anlass) und Präsens oder Futur (zur Darstellung des Anliegens und der Erwartungen)
Schreiber: eine Person, die ein Anliegen an eine Behörde, eine Institution oder ein Unternehmen zum Ausdruck bringen will
Adressat: Mitarbeiter einer Behörde, einer Institution oder eines Unternehmens
Thema: ein Anliegen, das man gegenüber der Behörde, der Institution oder dem Unternehmen vertritt; Grundlage ist die Darstellung eines Geschehens in einem literarischen Text oder in einem Sachtext

Ein **Tagebucheintrag** als mögliche produktiv-kreative Schreibaufgabe zur Kurzgeschichte „Schlitten fahren“ von Helga M. Novak (S. 78 f.) könnte so aussehen: Beispiel

Eine Nachbarin hat den Vorfall zufällig beobachtet. Durch ihr rasches und tatkräftiges Eingreifen hat sie den kleinen Jungen gerade noch aus dem eiskalten Bach retten können. Sie kann es nicht fassen, dass der Vater der beiden Kinder seine Aufsichtspflicht so grob vernachlässigt hat. Die Beinahe-Katastrophe geht ihr gar nicht aus dem Kopf. Am Abend versucht sie, ihre Gedanken zu ordnen, indem sie einen Eintrag in ihr Tagebuch schreibt.

Anfang einer möglichen Lösung:

Heute habe ich etwas geradezu Unglaubliches erlebt, das mir gar nicht aus dem Sinn geht - und das in unmittelbarer Nachbarschaft! Der kleine Sohn unserer neuen Nachbarn ist beim Schlitten fahren in den eiskalten Bach gefallen. Beinahe wäre er ertrunken. Zum Glück kam ich zufällig gerade vom Einkaufen zurück und sah das Unglück. Ohne mich zu besinnen, riss ich die Pforte auf, stürzte hinunter zum Bach und zog den Kleinen heraus. Die Kinder hatten schon eine ganze Weile im Garten gespielt - allein! Es lag ja Schnee, und das Wetter war herrlich. Da kann man ja verstehen, dass sie ihren neuen Schlitten ausprobieren wollten. Aber dass der Vater sich überhaupt nicht um seine Kinder gekümmert hat, ist mir unbegreiflich. Der jüngste Sohn dürfte erst knapp zwei Jahre alt sein, er kann ja noch nicht einmal sprechen. Da hätte man die beiden doch nicht unbeaufsichtigt Schlitten fahren lassen dürfen! Ich bin fassungslos! - Wo war eigentlich die Mutter? Mir scheint, viele Eltern sind heutzutage mit der Erziehung ihrer Kinder heillos überfordert ...

Lies noch einmal die Erzählung „Marathon“ von Reinhold Ziegler (S. 39 f.). Bearbeite dann die beiden produktiv-kreativen Schreibaufgaben (→ Heft). Übung 37

a) Das Erlebnis des Marathonlaufs mit seinem Sohn geht dem Vater nicht aus dem Kopf. Um sich über seine Gedanken und Gefühle klar zu werden, schreibt er am Abend einen Eintrag in sein Tagebuch.

   Hinweis: Denke dir für den Sohn einen Namen aus. Falls du der Meinung bist, dass der Vater auch auf seine Frau zu sprechen kommen sollte, überlegst du dir auch für sie einen Namen.

b) Am Tag nach dem Marathonlauf mit seinem Vater verlässt der Sohn seine Eltern und fährt wieder zu sich nach Hause. Während der Fahrt mit der Bahn denkt er noch einmal über das Erlebnis des Vortages nach. Er ist froh darüber, dass er seinem Vater zum ersten Mal ehrlich seine Meinung gesagt hat. Kurzentschlossen nutzt er die Zeit in der Bahn, um seinem Vater einen Brief zu schreiben.

8 Einen Text überzeugend gestalten

8.1 Geschickt formulieren

Um einen wirklich guten Text zu schreiben, genügt es nicht, dass du etwas Interessantes zu sagen hast; du musst deine Informationen auch so „verpacken“, dass der **Leser** sich **durch die Darstellung angesprochen** fühlt.

Von einem guten Text erwartet man diese Darstellungsqualitäten:

- **Verständlichkeit:** Der Text enthält keine unübersichtlichen, endlos langen „Bandwurmsätze“. Die einzelnen Sätze werden auch nicht nur aneinandergereiht, sondern die Zusammenhänge zwischen ihnen sind deutlich zu erkennen.
- **Interessantheit:** Es gibt keine unnötigen (sprachlichen) Wiederholungen. Der Text vermittelt interessante Informationen (z. B. über etwas, das neu ist). Grundlegende allgemeine Aussagen werden durch Beispiele veranschaulicht.
- **Prägnanz:** Es ist leicht zu erkennen, wo die wesentlichen Informationen stehen. Sie sind an einer herausragenden Stelle positioniert (z. B. am Anfang oder Ende eines Absatzes) und nicht in einer Fülle von erläuternden Sätzen „versteckt“. Außerdem sind sie klar formuliert, am besten in Form von Hauptsätzen. Die Wortwahl ist treffend und angemessen.

Tipp

Denke daran: Ein guter Text macht **auch äußerlich einen ansprechenden Eindruck.**
Achte darauf, dass deine **Schrift** sauber und gut zu lesen ist,
dass du Aussagen, die inhaltlich zusammengehören, in **Absätzen** zusammenfasst und
dass du rund um den Text einen ausreichenden **Rand** (zwei bis drei Zentimeter) lässt.

Im folgenden Text sind die wesentlichen Aussagen unterstrichen. Wörter, die **Zusammenhänge** herstellen, sind durch Fettdruck hervorgehoben.

Beispiel

Der Größere ist meistens schuld

Größere Männer scheinen gegenüber kleineren in der Regel im Vorteil zu sein. Seit langem ist bekannt, dass sie mehr Geld verdienen, und oft haben sie auch die schöneren Frauen.

Im Fußball scheint es **aber** so etwas wie eine ausgleichende Gerechtigkeit zu geben. Bei Fouls treffen die Schiedsrichter **nämlich** oft eine Entscheidung zugunsten kleinerer Spieler. **Diese Entdeckung** haben Forscher der Universität Rotterdam gemacht. **Sie** analysierten über 100 000 Fouls aus der Bundesliga, der Champions League und WM-Spielen, **und dabei** fanden **sie** etwas Interessantes heraus: Unfaires Verhalten wurde in den meisten Fällen den größeren Spielern angelastet.

Ganz so unparteiisch, **wie** man meint, sind Schiedsrichter **also** vielleicht gar nicht. Anscheinend denken sie, dass größere Spieler kräftiger und aggressiver sind, und neigen **deshalb** im Zweifel dazu, ihnen die Schuld zuzuschieben. **Das** wäre eine mögliche Erklärung für das Phänomen, dass kleinere Männer im Stadion überraschend häufig bevorzugt behandelt werden.

Übung 38

Im folgenden Schülertext hat der Lehrer sowohl positive als auch negative Kommentare an den Rand geschrieben. Überarbeite die Textstellen, die er kritisiert.

Hinweis: Es handelt sich bei dem Text um eine Fortsetzung zum Anfang der Novelle „Das Erdbeben in Chili“ von Heinrich von Kleist.

Jeronimo klammerte sich still und reglos, gleich einer Statue, an den Pfeiler, bis er sich langsam und vorsichtig aus dem zerstörten Gefängnis heraus bewegte, immer auf der Hut, nicht von einem herabfallenden Trümmerstück erschlagen zu werden.	*guter Vergleich!* *Hier lieber einen neuen Satz anfangen!*
Das Gefängnis war vollkommen zerstört; nur ein kleiner Bestandteil war standhaft geblieben. Als Jeronimo das Gefängnis, das durch die zerstörerische Kraft des Erdbebens zu einem Labyrinth geworden war, endlich verlassen hatte,	*Wiederholung unschön (s. o.);* *Formulierung ungeschickt;* *eingeschobenen Relativsatz besser zum Hauptsatz machen und voranstellen;*
erblickte er ein grausames Gebilde. Er erkannte die Stadt, die er so sehr liebte, nicht mehr wieder. Alle Häuser lagen in Schutt und Asche. […]	*Ausdruck ungeschickt: Die Trümmer sind kein „Gebilde“!*

Auf einen Blick

Wie du deinen Text gut formulierst	
Treffende Wörter verwenden	Schreibe z. B. nicht: *Sie machte das Fenster auf.* Besser ist: *Sie öffnete das Fenster.*
Unübersichtliche Satzkonstruktionen vermeiden	Am besten schreibst du Satzgefüge, die jeweils aus nur einem Hauptsatz und einem Nebensatz bestehen. Vermeide unübersichtliche „Schachtelsätze“, in denen zwei nebensatzeinleitende Konjunktionen direkt aufeinanderfolgen wie z. B. in diesem Satz: *Viele Schüler denken, dass, wenn sie keine Markenkleidung tragen, sie gemobbt werden.* Besser ist es so: *Viele Schüler denken, dass sie gemobbt werden, wenn sie keine Markenkleidung tragen.*
Wichtige Informationen richtig platzieren	Schreibe Hauptsätze, um deine wichtigen Aussagen zum Ausdruck zu bringen. In die Nebensätze gehören die Zusatzinformationen, die eher als beiläufig anzusehen sind.
Satzanfänge unterschiedlich gestalten	Beginne nicht immer mit dem Subjekt. Stelle auch einmal eine adverbiale Bestimmung an den Satzanfang. Das macht deinen Text abwechslungsreicher und interessanter.
Sätze sinnvoll verbinden	Wähle zum Verknüpfen von Sätzen gezielt passende Konjunktionen und Adverbien aus, um den Zusammenhang zu verdeutlichen. Schreibe nicht *und, auch* oder *außerdem*, um einen Grund, eine Bedingung oder einen Gegensatz auszudrücken. Verwende besser die Konjunktionen *weil* oder *denn* für einen Grund, *wenn* oder *falls* für eine Bedingung und *aber* oder *doch* für einen Gegensatz.
Eine angemessene Sprache wählen	Verwende keine umgangssprachlichen Ausdrücke in Textsorten, die man in der Standardsprache schreibt. Umgangssprachlich ist es auch, wenn du Wörter unangemessen verkürzt. Schreibe also z. B. nicht *reinkommen*, denn korrekt heißt es *hereinkommen*.
Wiederholungen vermeiden	Achte darauf, einzelne Nomen nicht unnötig zu wiederholen. Ersetze sie durch passende Pronomen oder Synonyme, z. B. so: *Große Männer sind erfolgreicher als kleinere. Sie verdienen mehr Geld.*

8.2 Zitate gezielt einsetzen

Bei der Arbeit mit Texten musst du deine Aussagen immer wieder anhand von Zitaten belegen. Dabei geht es weniger darum, dass du möglichst viele Zitate anführst. Entscheidend ist vielmehr, dass du deine Thesen mit **besonders aussagekräftigen Textstellen** untermauerst. Dies ist vor allem bei den Aufgaben zum Erschließen des Textsinns und zur Untersuchung der Sprache notwendig.

Auf einen Blick

Wie zitiert man richtig?

- Schreibe **wortwörtlich** auf, was im Text steht. Verfälsche nichts!
  Du musst nicht immer ganze Sätze zitieren. Manchmal genügen auch einzelne Wörter.
  Du kannst Sätze auch durch Auslassungspunkte verkürzen: *„Gestern […] war er auf der Halfpipe."*
- Setze wörtlich zitierte Textstellen immer in **Anführungszeichen**.
- Ergänze nach dem Zitat die **Zeilennummer**.
  Dann kann der Leser deines Aufsatzes schnell im Text nachschauen, in welchem Zusammenhang das Zitat steht. Setze die Zeilenangabe in Klammern: (Z. …).
- **Verknüpfe** die Zitate gut mit deinem eigenen Text.
  Füge nicht nur das Zitat ein: *„xxx …"* (Z. …).
  Führe **mit eigenen Worten** dazu hin, z. B. durch eine deutende Aussage zum Text:
  Dass die junge Frau in Wirklichkeit gar nicht so selbstsicher ist, wie es den Anschein hat, wird an ihrem Verhalten deutlich. So heißt es: „xxx …" (Z. …).
- **Erläutere** jeweils auch den **Sinn** der Zitate.
  Es genügt nicht, eine Textstelle nur zu zitieren oder womöglich nur eine Zeilenangabe zu machen. Mit der Erläuterung machst du deutlich,
  - **warum** die zitierte Textstelle **eine Aussage**, die du zum Inhalt oder zur Darstellung des Textes gemacht hast, **unterstützt** oder
  - **was** man an der Textstelle hinsichtlich der Handlung oder einer Figur **erkennen** kann.

  Die Erläuterung kann dem Zitat vorangestellt sein oder ihm nachfolgen.

Beispiel

So könntest du in einem Aufsatz zum Text „Schlitten fahren" (S. 78 f.) zitieren:

- *Das kleinere Kind dürfte kaum zwei Jahre alt sein. Es heißt nämlich: „Das eine der Kinder kann noch nicht sprechen." (Z. 3 f.)*
- *„Wer brüllt, kommt rein." (Z. 8 f., 13 f., 20, 23, 39, 43 f.). Diese Worte wiederholt der Mann immer wieder. Das zeigt, dass es ihn gar nicht interessiert, weshalb die Kinder streiten oder schreien. Sie scheinen ihm gleichgültig zu sein.*
- *Am Schluss öffnet er die Tür nur noch „einen Spalt" (Z. 42). Der Vater macht sich also nicht einmal mehr die Mühe, die Tür ganz zu öffnen. Das Geschrei der Kinder ist ihm offenbar nur lästig.*

Tipp

Du solltest nur Textstellen zitieren, **deren Sinn** dem Leser **nicht auf den ersten Blick klar** ist. Einen Satz wie: *Das kleine Kind setzt sich auf den Schlitten.* solltest du also nicht zitieren. Greife solche Textstellen heraus, die mehr sagen, als der Leser vielleicht spontan denkt.

Deine Erläuterungen kannst du beispielsweise mit diesen Worten beginnen:

- *Das zeigt, dass …*
- *Daran kann man erkennen, dass …*
- *Hier wird deutlich, dass …*
- *Wenn …, dann …*
- *Also/Folglich …*

Übung 39

Lies noch einmal die Erzählung „Marathon“ von Reinhold Ziegler (S. 39 f.) und bearbeite dazu die folgenden Aufgaben (→ Heft).

Aufgaben

1. Was kann man an den folgenden Textstellen erkennen? Erkläre ihren Sinn.
   a) „Später standen wir beieinander, alle die, denen Laufen Spaß machen musste.“ (Z. 78 f.)
   b) „Von nun an war ich, wie die Zeitungen schrieben, abonniert auf Sieg, das große deutsche Talent, unsere Olympiahoffnung und vieles andere mehr […].“ (Z. 92–95)
   c) „Wie fremd saß ich dort an dem vertrauten Esstisch, trank Kaffee mit meinen Eltern wie früher und fand doch keine Worte, um das Versagen auszulöschen oder an die kleinen Siege meiner Vergangenheit anzuknüpfen.“ (Z. 123–128)

2. Suche im Text nach Belegen für die folgenden Aussagen und erkläre, warum sie als Belege geeignet sind. (Manchmal gibt es mehrere Möglichkeiten.)
   a) Hass ist das vorherrschende Gefühl, das der Ich-Erzähler empfindet, wenn er an seinen Vater denkt.
   b) Im Rückblick hat der Ich-Erzähler den Eindruck, dass sein Vater für ihn von Anfang an eine Karriere als Läufer im Blick gehabt hat.
   c) Der Vater hat seinen Sohn nie danach gefragt, ob er überhaupt eine Karriere als Läufer machen will.
   d) Der Sohn will sich an seinem Vater rächen.
   e) Der Ich-Erzähler hat nicht wirklich das Ziel, seinen Vater umzubringen.

3. Wähle aus dem letzten Abschnitt (Z. 184–202) eine Textstelle aus, von der du meinst, dass sie etwas Wichtiges über die Entwicklung der Beziehung zwischen Vater und Sohn aussagt.

   Schreibe einen kompletten Absatz, der aus drei Teilen besteht:
   - aus einer Aussage zum Text,
   - einem Zitat, das diese Aussage belegt, und
   - einer Erklärung, die zeigt, dass das Zitat als Beleg für die Aussage geeignet ist.

   Hinweis: Die Reihenfolge der drei Teile ist nicht festgelegt.

9 Richtig schreiben

9.1 Grundregeln der Rechtschreibung kennen

„Kommt es auch auf die Rechtschreibung an?“ Diese Frage hören Lehrer immer wieder, wenn sie ihren Schülern eine Schreibaufgabe stellen. Dass ein Text auch **möglichst fehlerfrei** geschrieben sein sollte, versteht sich aber eigentlich von selbst. Grobe Verstöße gegen die Regeln der Rechtschreibung und Zeichensetzung sollten nicht vorkommen.
Allerdings ist es manchmal gar nicht so einfach, alle Wörter korrekt zu schreiben: Warum schreibt man *Moor* – aber *Tor*? Warum *Stoß* – aber *Los?* Warum *Fächer* – aber *Becher*? Warum *bald* – aber *kalt*?

Die wichtigsten Rechtschreibprinzipien

Zum Glück gibt es in der **Rechtschreibung** einige **Prinzipien**, an denen man sich orientieren kann:

- **Das Laut-Buchstaben-Prinzip:** Für einen bestimmten Laut schreibt man je einen bestimmten Buchstaben, z. B.: *Pelz – Stapel – Biotop*. Auf dieses Prinzip sollte man sich allerdings nicht verlassen, weil es einige Unsicherheiten birgt.
- **Das Stammprinzip:** Alle Wörter, die derselben Wortfamilie angehören, behalten ihre typischen Schreibweisen in allen Wortformen bei. Allenfalls wandelt sich ein Vokal evtl. in einen Umlaut; so wird etwa aus **a** manchmal **ä**.
Z. B.: *essen, (er) isst, Esstisch; fahren, (er) fährt, gefährlich, Fährte.*
- **Das Silbenprinzip:** Wörter bestehen aus Silben. Die kürzesten Wörter haben nur eine Silbe (z. B. *Hut, bis*), viele Wörter bestehen aus zwei Silben (z. B.: *Hose, gehen, Grenze*); einige Wörter haben mehr als zwei Silben (z. B.: *Margarine, fotografieren*). Am Ende einer Silbe kann man ein mehrsilbiges Wort trennen, wenn der Platz am Zeilenende nicht mehr reicht.
Es gibt nur wenige Wörter, bei denen eine Silbe mit einem Vokal aufhört und die darauffolgende Silbe mit einem Vokal beginnt (z. B.: *Kni|e, Bau|er, sä|en*). In der Regel markiert ein Konsonant den Beginn der Folgesilbe (z. B.: *be|ten, Ma|de, Re|gen*). Ein Sonderfall ist das h als Kennzeichen des Beginns einer neuen Silbe (z. B.: *ge|hen, zie|hen, lei|hen*). Beachte hier das Stammprinzip: Das h bleibt in allen Wörtern, die zur selben Wortfamilie gehören, erhalten – auch dann, wenn es nicht mehr am Silbenanfang steht (z. B.: *geht, zieht, leiht*).
- **Das Prinzip von Wort und Bedeutung:** Für das, was eine (einzige) Bedeutung hat (eine „Sache“ ist), schreibt man auch nur ein Wort, z. B.: *Kinderbett* (und nicht: *Kinder Bett*), *notlanden* (und nicht: *Not landen*), *fortsetzen* (und nicht: *fort setzen*).
- **Das Prinzip der Groß- und Kleinschreibung:** Im Deutschen schreibt man Eigennamen und Nomen sowie Satzanfänge, Anfänge von Überschriften und die Anrede *Sie* mit einem großen Anfangsbuchstaben. Alle anderen Wörter schreibt man klein. Was die Großschreibung von Nomen betrifft: Es kommt nicht unbedingt darauf an, wie ein Wort im Wörterbuch registriert ist. Im

Prinzip kann in einem Satz jedes Wort, ja, sogar ein einzelner Buchstabe zum Nomen werden. Von Bedeutung ist, wie es in einem Satz verwendet wird. Wenn ein Wort, das ursprünglich einer anderen Wortart angehört, in einem Satz als Nomen verwendet wird, spricht man von einer Nominalisierung. Z. B.: *Es war ein Kommen und Gehen, was ihn beim Lesen störte. – Was soll dieses ewige Hin und Her? – Man darf die Straße bei Rot nicht überqueren.*

In Zweifelsfällen sollte man **mindestens zwei** von diesen **Prinzipien** berücksichtigen, um die richtige Schreibweise eines Wortes herauszufinden. Denn nicht jedes Prinzip ist gleichermaßen verlässlich. Das gilt vor allem für das Laut-Buchstaben-Prinzip. Die Aussprache eines Buchstabens kann zum Beispiel davon abhängen, an welcher Stelle eines Wortes er sich befindet. Am Wortanfang klingen einige Buchstaben anders als am Wortende (oder am Ende einer Silbe), z. B.: *Degen – Held*. Es gibt auch Laute, die ähnlich klingen, aber unterschiedlich geschrieben werden, z. B.: *stechen* – (sich) *rächen.*

Tipp

> Wenn du bezüglich der Schreibweise eines Wortes unsicher bist, solltest du entweder nach einer anderen Wortform suchen, bei der du die richtige Schreibweise hören kannst, z. B.: *Gäste – Gast, Wald – Wälder*. Oder du suchst nach einem anderen Wort aus derselben Wortfamilie, z. B.: *gefährlich – Gefahr*.

Übung 40

Begründe die Schreibweise der fettgedruckten Stellen in den folgenden Wörtern. Nenne zur Begründung entweder eine andere Wortform oder ein anderes Wort aus derselben Wortfamilie. Schreibe deine Lösung rechts neben das Wort.

l**ä**cheln	Lachen	Beh**ä**lter	behalten
Hem**d**	Hemden	F**äh**re	fahren
kr**ä**ftig	Kraft	Gestan**k**	stinken
Lo**b**	loben	Dan**k**	danken
verst**ä**ndlich	Verstand	Gestal**t**	gestaltlich
belie**b**t	lieben	L**ä**nge	lang
Mu**t**	mutig	St**ä**rke	stark
Stau**b**	staubig	Lei**d**	leiden
Kr**ä**nkung	krank	Bar**t**	Bärte
Tra**b**	traben	bestre**bt**	streben

Die wichtigsten Rechtschreibregeln

Neben den grundsätzlichen Prinzipien gibt es auch einige **Regeln zur Rechtschreibung**. Hier sind die wichtigsten:

Regeln zur Kennzeichnung von kurz gesprochenen Vokalen

Auf einen betonten, **kurzen Vokal** folgen **zwei Konsonanten:** entweder zwei **gleiche** oder zwei **verschiedene**.	*Sonne, Mutter, doppelt* *Winter, Wespe, bergig*
Bei zwei verschiedenen Konsonanten nach kurzem Vokal, schreibst du **keinen** Doppelkonsonanten. Ausnahme: Der Doppelkonsonant gehört zum Wortstamm.	*Veranstaltung* *(nicht: Veranstalltung)* *bestellt (wegen: bestellen)*
Die Konsonanten k und z werden nach kurz gesprochenen Vokalen zu **ck** und **tz** (statt kk und zz).	*Zicke, Katze*

Regeln zur Schreibung von s-Lauten

Es gibt zwei Arten von s-Lauten:	
Für den **stimmhaften**, **weich** gesprochenen s-Laut schreibt man immer **s**.	*Sahne, Esel, Bluse*
Für den **stimmlosen**, **scharf** gesprochenen s-Laut schreibt man entweder **ss** oder **ß**:	
• Nach **kurzem Vokal** schreibt man **ss**.	*Kuss, Wasser*
• Nach **langem Vokal** und **Diphthong** (= Doppellaut, z. B. ei, au, eu) schreibt man **ß**.	*Spaß, Gruß, Fleiß, außen*

Regeln zur Kennzeichnung von lang gesprochenen Vokalen

In den meisten Fällen werden **lange Vokale** nicht besonders gekennzeichnet.	*Lage, reden, Tube*
Vor l, m, n oder r folgt nach einem langem Vokal oft ein **Dehnungs-h**.	*Stuhl, Rahmen, Sohn, Lehrer*
Dies gilt aber nicht in allen Fällen. Beachte deshalb gerade bei Wörtern mit langem Vokal das Stammprinzip!	Aber: *Schule, Scham, schonen, Ware*
Bei einigen Wörtern wird der lang gesprochene Vokal **verdoppelt**. Auch hier gilt das Stammprinzip.	*Haar, Boot, Staat, Seele; staatlich, seelisch*

Regeln zum Schreiben des lang gesprochenen i-Lauts

In der Regel schreibt man den langen **i**-Laut als **ie**.	*Tier, Fliege, lieben*
In wenigen Wörtern schreibt man das lange i als **einfaches i**. Viele dieser Wörter enden auf **-ine**.	*Krise, Bibel, lila, Maschine, Apfelsine*
Das **Dehnungs-h** zur Kennzeichnung des langen i-Lauts gibt es nur in einigen Pronomen.	*ihm, ihr, ihnen*

Regeln zur Zusammen- und Getrenntschreibung

Zusammen schreibt man zwei (oder mehr) Wörter, wenn sie nur **eine einzige Sache bezeichnen**. (Der Fachbegriff für ein zusammengesetztes Wort ist **Kompositum**.)	*Wäschekorb* (= Korb für die Wäsche, nicht Korb und Wäsche)
Wörter mit einem Fugenbuchstaben, z. B. dem **Fugen-s**, schreibt man **zusammen**.	*Zeitungslektüre, Gerichtsurteil*
Hilfreich ist auch die Aussprache: • Hat das erste von zwei benachbarten Wörtern die **Hauptbetonung** und das nachfolgende höchstens noch eine **Nebenbetonung**, schreibt man sie **zusammen**.	*Éselsohr, férnsehen, fléischfressend*
• Haben **beide** benachbarten Wörter eine eigene **Hauptbetonung**, schreibt man sie **getrennt**.	*árbeiten géhen, Brót bácken, fröhlich spíelen*
Getrennt schreibt man meistens auch in diesen Fällen: Verb + Verb, Nomen + Verb, Adjektiv + Verb.	*schwimmen gehen, Milch trinken, laut singen*

Regeln zur Groß- und Kleinschreibung

Nomen schreibt man **groß**. Erkennen kann man sie an	
• bestimmten **Endungen**, z. B. *-ung, -heit, -nis, -keit*;	*Sendung, Sturheit, Zeugnis;*
• bestimmten **Begleitern**, z. B. Artikel, Pronomen und unbestimmte Zahlen- und Mengenangaben.	*der, die, ein; mein, deine, dieser; wenig, einige, etwas, nichts;*
Aber **nicht jedes Nomen** in einem Satz hat einen der typischen **Begleiter**. Das betrifft vor allem Materialien.	*Mehl, Salz, Sand*
Komposita schreibt man **groß**, wenn ihr letzter Bestandteil ein Nomen ist.	*Besen|stiel, Wetter|karte*
In allen anderen Fällen schreibt man sie **klein** – auch dann, wenn sie mit einem Nomen beginnen.	*fahnen|flüchtig, glas|klar*
Ob man ein Wort groß oder klein schreibt, hängt oft davon ab, **wie es in einem Satz verwendet wird**.	*stolz/Stolz:* *Herr Meier ist stolz auf seinen Sohn.* (Adjektiv) *Sein Sohn ist sein ganzer Stolz.* (Nomen)

Tipp

Werde immer wachsam, wenn du auf typische Begleitwörter von Nomen stößt (Artikel, Pronomen oder unbestimmte Zahlen- oder Mengenangaben). Sie beziehen sich in der Regel auf ein Nomen, das kurz darauf folgt und **großgeschrieben** werden muss.
Es kann auch eine **Nominalisierung** vorliegen, z. B. *das Weinen, dein Lachen, etwas Neues.* Das gilt auch, wenn der Artikel mit einer Präposition verschmolzen ist, z.B. *fürs Essen, beim Zuhören, zum Ausgehen.*

Wenn du nicht sicher bist, ob es sich bei einem Wort um ein Nomen handelt, weil du **keinen typischen Begleiter** entdeckst, kannst du **zur Probe** eine unbestimmte Zahlen- oder Mengenangabe einfügen, z. B. so: *Wir brauchen noch Käse.* → *Wir brauchen noch **etwas** Käse.*
Wichtig: Du darfst sonst nichts an dem Satz verändern!

Übung 41 Erkläre, warum die unterstrichenen Wörter in dem folgenden Text falsch geschrieben sind. Korrigiere die Schreibweise und nenne die Regel. Stichworte genügen, z. B.: *Doppelkonsonant nach kurzem Vokal.*

befahren

Einfache Mittel verbessern den „Durchfluss"

[...] Fussgänger zeigen ein viel komplexeres verhalten als Autofahrer. Das entstehen spontaner Staus auf dicht befarenen Autobahnen kann man inzwischen sehr gut erkleren: Ein einziger unaufmerksamer Fahrer, der plözlich stark bremmst, genügt. Fußgänger sind im vergleich dazu deutlich schwiriger zu modellieren.

Menschen laufen nicht in fessten Spuren, bleiben auch gern mal Stehen, wechseln spontan die richtung und versuchen, großem Gedrenge aus dem Weg zu gehen.

Je genauer Wissenschaftler Pasanten simulieren können, umso besser lassen sich Gebeude, Kreuzfahrt Schiffe oder Bahnhöfe planen. Unnötiges Gedrenge oder gar Panik werden so vermiden. Modellrechnungen haben Beispielsweise gezeigt, dass einfache Mittel den „Durchfluss" an Not Ausgengen verbessern können. Ein Pfeiler genükt, denn er spalltet die schibende Menschenmasse. So singt der Druck auf die Tür, durch die sich alle so schnell wie möglich zwengen wollen.

Aber nicht immer ist der einzelne Spielball der wogenden Maße. Bei entsprechend viel Platz kann sich ein Fußgänger nähmlich auch entscheiden, nach rechts oder lings auszuweichen, stehenzubleiben oder umzukehren.

Quelle: http://www.spiegel.de/wissenschaft/mensch/0,1518,699080,00.html

Korrektur/ Regel

Fußgänger: langer Vokal; Verhalten: unbestimmter Artikel; Entstehen: das Entstehen; befahrenen: Fahren -> r; erklären: klar; plötzlich: tz, kurzer Vokal; bremst: Bremsen -> kurzer Vokal 2 Konsonanten; Vergleich: im = in dem; schwieriger: langes i -ie; festen: weich; stehen: Verb; Richtung: Namen; Gedränge: Drang; Passanten: kurzer Vokal; Gebäude: bauen; Kreuzfahrtschiffe: eine Sache; Gedränge: Drang; Vermieden: langes i; beispielsweise: Adjektiv; Notausgänge: ein Wort, Gang; genügt: genügen; spaltete: Spalte; schiebende: langes i; sinkt: sinken; zwängen: Zwang; Einzelne: mit Artikel; Masse: kurzer Vokal; nämlich:

9.2 Grundregeln der Zeichensetzung kennen

Zeichen dienen dazu, einen Text **optisch** so **zu untergliedern**, dass der Leser keine Mühe hat, die Sinnzusammenhänge zu verstehen. Am wichtigsten sind die Satzschlusszeichen (**. ? !**), die Kommas und die Anführungszeichen.

Die wichtigsten Regeln der Zeichensetzung

Regeln zu Satzschlusszeichen

Satzschlusszeichen markieren das Ende eines Satzes.
Man setzt
- einen **Punkt** nach einem Aussagesatz,
- ein **Fragezeichen** am Ende eines Fragesatzes und
- ein **Ausrufezeichen** nach einer dringenden Aufforderung (oder einem Befehl oder einem Ausruf).

Ich tanze gern.
Gehst du heute in die Disco?
Komm doch mit!

Regeln zu Kommas

Das Komma trennt die einzelnen **Glieder einer Aufzählung** – es sei denn, sie sind durch *und* oder *oder* verbunden.
Die Glieder einer Aufzählung können kurz oder lang sein.

Er möchte Vanille, Pistazie und Erdbeer. Sie kam nach Hause, aß etwas, legte sich hin und schlief bald ein.

Das Komma trennt **Gegensätze**: Es steht vor Konjunktionen und Adverbien wie *aber, doch* oder *sondern.*

Der Mann ist nicht schön, aber reich.

Das Komma trennt **Sätze** voneinander. Das gilt für
- **Hauptsätze**, die eine Satzreihe bilden, und
- Satzgefüge aus **Haupt- und Nebensatz** (vgl. S. 130). Ein Nebensatz, der in einen Hauptsatz **eingeschoben** ist, wird vorne und hinten durch Komma vom Hauptsatz abgetrennt.

Der MP3-Spieler ist super, ich kaufe ihn.
Wenn es regnet, bleibt sie hier.
Der Vulkan, der auf Island ausgebrochen war, behinderte tagelang den Flugverkehr.

Das Komma trennt **nachgestellte Erläuterungen** (d. h. Wortgruppen, z. B. Appositionen) vom vorangehenden Hauptsatz ab.
Wenn eine Erläuterung in einen Hauptsatz **eingeschoben** ist, wird sie vorne und hinten durch Komma abgetrennt.

Ich habe schon Mathe gelernt, und zwar gestern.

Mein Freund, ein echter Chaot, verliert ständig etwas.

Durch Komma wird die **Anredeformel** vom Namen der angesprochenen Person getrennt.

Guten Morgen, Herr Müller.

Regeln zu Anführungszeichen

Anführungszeichen kennzeichnen **wörtliche Rede**, d. h. Worte, die jemand sagt oder denkt und die man wörtlich wiedergibt.

„Ganz schön mutig“, dachte Heiko, als er Dilara im Boxring sah.

Mit Anführungszeichen markiert man **Textbelege**, die man wortwörtlich wiedergibt. Das gilt auch für die **Überschrift** eines Textes.

Der Roman „Katz und Maus“ von Günter Grass …

Übung 42 Setze im Text die fehlenden Kommas und begründe sie: Nenne je kurz die Regel.

Studie findet Häufung von Risikofaktoren

In Schottland lebt einer neuen Studie zufolge fast jeder Erwachsene mit einem bedeutenden Gesundheitsrisiko mehr als die Hälfte haben sogar drei oder mehr Risikofaktoren. Die Forscher der Universität Glasgow untersuchten die fünf lebensgefährlichen Angewohnheiten Rauchen Trinken Bewegungsmangel schlechte Ernährung und Übergewicht und fanden heraus dass niemand es den Schotten bei deren Anhäufung gleichtut. „Schotten leben gefährlich“ sagte David Conway Leiter der jetzt veröffentlichten Studie.

„Nur 2,5 Prozent der Bevölkerung tragen überhaupt keine Risikofaktoren“ sagte Conway in einem telefonisch geführten Interview. Die im Wissenschaftsjournal „BMC Public Health“ veröffentlichte Forschungsarbeit befasst sich mit einem neuen Forschungsansatz bei dem nicht nur einzelne Risikofaktoren sondern auch deren Anhäufung untersucht wird. „Ungesunde Verhaltensweisen bündeln sich die Kombination ist dabei synergetisch[1] dadurch steigt das allgemeine Risiko unverhältnismäßig an“ bedauert Conway. […]

Grundlage der Studie war eine staatliche Gesundheitsumfrage aus dem Jahr 2003 Daten lagen für 6574 Männer und Frauen vor. Als gefährdet stuften die Wissenschaftler beispielsweise Menschen ein die zum Zeitpunkt der Befragung rauchten Männer die mehr als 24 Gramm und Frauen die mehr als 16 Gramm Alkohol pro Tag zu sich nahmen. Als fettleibig galten Menschen mit einem Body-Mass-Index (BMI) von über 30. […]

Obwohl Conway mit einem wenig ermutigenden Ergebnis rechnete wurde er vom Ernst der Lage doch überrascht. Mehr als 85 Prozent der Erwachsenen hatten mindestens zwei Risikofaktoren 55 Prozent hatten sogar drei und fast ein Fünftel brachte es sogar auf alle fünf. Die am weitesten verbreitete Angewohnheit war schlechte Ernährung […]. Zehn Prozent der Befragten waren sowohl Raucher als auch starke Trinker von diesen zehn Prozent hatten sich drei Viertel noch zwei oder drei weitere Risikofaktoren zugelegt.

Als mögliche Ursachen werden soziale und wirtschaftliche Faktoren vermutet – Menschen aus den ärmsten Gegenden mit dem schlechtesten Bildungsstand lebten am ungesündesten. […]

Quelle: AFP (gekürzt)

Korrektur/Regel

Aufzählung, Haupt + Nebensatz

wörtliche Rede, Nebensatz

wörtliche Rede

Haupt & Nebensatz

Haupt- & Nebensatz

2 Hauptsätze

Relativsatz

2 Hauptsätze

Anmerkung: 1 *synergetisch:* zusammenwirkend

Kompetenz Sprachwissen und Sprachbewusstsein

Was muss man können? Was wird geprüft?

Was man früher als „Grammatikkenntnisse" bezeichnete, nennt man heute den „Kompetenzbereich Sprachwissen". **Grammatikkenntnisse** sind nämlich einfach nur (mehr oder weniger) angelerntes Wissen über die Grammatik einer Sprache, z. B. über Wortarten oder Satzglieder. Kenntnisse allein reichen aber nicht aus; man muss sie auch **anwenden können**. Beispielsweise genügt es nicht zu wissen, dass Wörter wie *als, wenn* und *weil* Konjunktionen sind, sondern man sollte auch in der Lage sein, gezielt passende Konjunktionen auszuwählen, um Sinnzusammenhänge zwischen Sätzen deutlich zu machen.
In der Prüfung wird vorausgesetzt, dass du über gute Grammatikkenntnisse verfügst – und anhand von Beispielen aus Texten wird geprüft, ob du sie anwenden kannst. Dieses Kapitel ist deshalb so angelegt, dass du deine Grammatikkenntnisse auffrischen kannst. Aufgaben, wie sie in der Prüfung vorkommen könnten, findest du im Abschnitt „Übungsaufgaben im Stil der Prüfung" (ab S. 141).

10 Wortarten unterscheiden

In der Fülle der Wörter, die es in der deutschen Sprache gibt, kann man eine Ordnung erkennen: Wörter, die Ähnliches bezeichnen, lassen sich zu einer Gruppe zusammenstellen; sie gehören derselben Wortart an.

Beispiel

fliegen, erst, Haus, später, wann, weil, kommen, Auto, schreiben, …
Die Wörter *fliegen*, *kommen* und *schreiben* bezeichnen Ähnliches, nämlich eine Handlung. Sie gehören zur Gruppe der **Verben**.

Tipp

Am besten merkst du dir zu jeder **Wortart** ein bis zwei Beispiele. Dann kannst du andere Wörter, die derselben Wortart angehören, leicht zuordnen. Achte aber darauf, dass du dir nur solche **Beispiele** merkst, die für diese Wortart **typisch** sind. Es gibt nämlich Wörter, die sich unterschiedlichen Wortarten zuordnen lassen, z. B. *das* und *auch*. Welcher Wortart solche Wörter angehören, lässt sich nur aus ihrer **Verwendung im Satz** erkennen.

Übung 43

Ordne die Wörter aus dem folgenden Text den passenden Wortarten zu. Schreibe sie jeweils in der Grundform auf.
Orientiere dich im Zweifelsfall an der Übersicht (S. 115).

Noch nicht ausgereift

Roboter sind bis heute noch nicht ausgereift. Der Roboter Monty kann sich zwar schon auf Rädern fortbewegen und das Gleichgewicht halten. Und mit seinen Greifern, zwei motorbetriebenen Händen, kann er sogar schmutziges Geschirr vom Tisch räumen und in die Spülmaschine einsortieren. Aber er merkt nicht, ob eine Tasse voll oder leer ist. Und wie man Ordnung hält, versteht er auch nicht. Aber irgendwann werden Roboter in Haushalten einsetzbar sein.

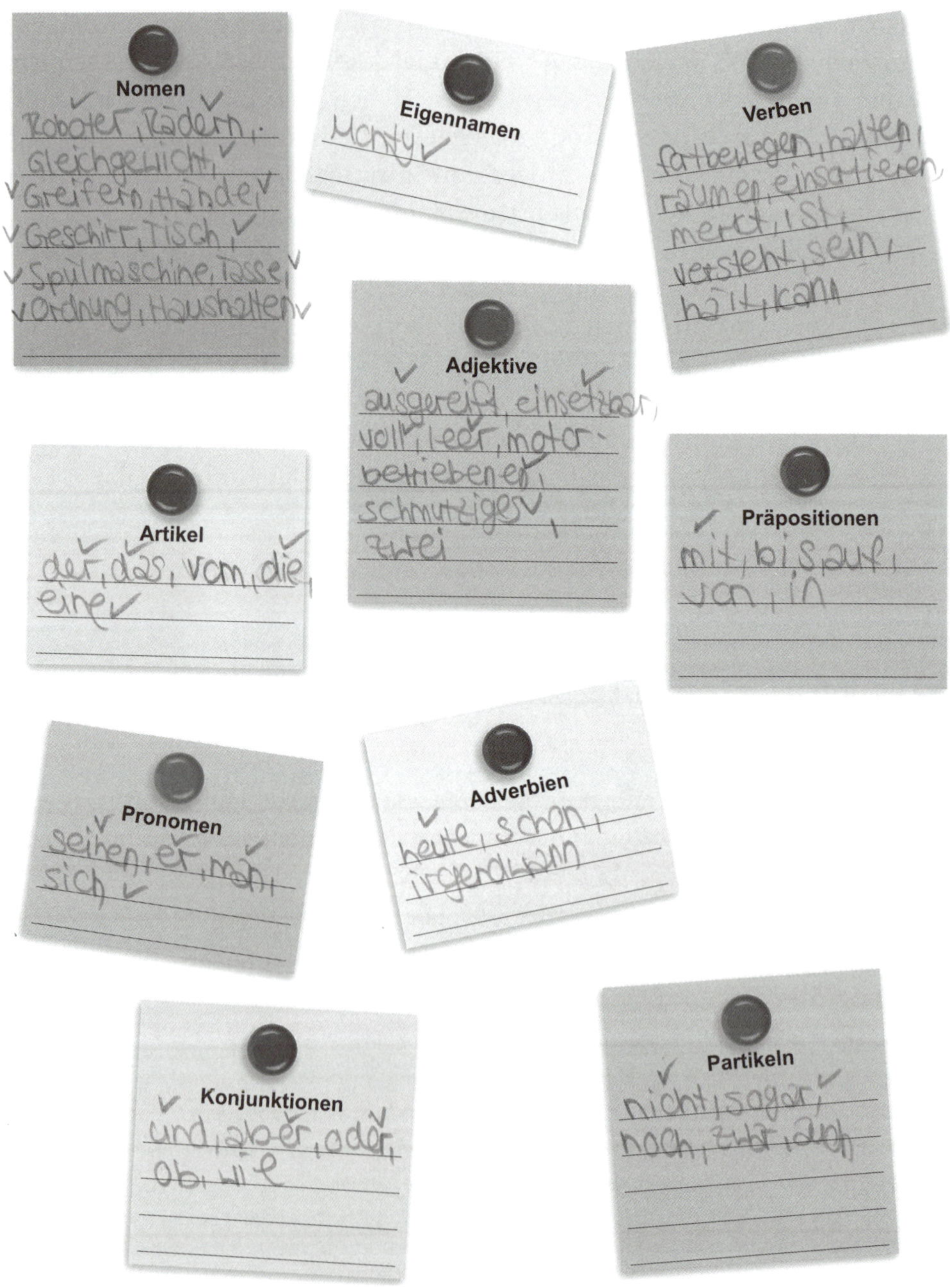

Auf einen Blick

Die wichtigsten Wortarten	
Fachbegriff und Funktion	**Beispiele**
Nomen bezeichnen Lebewesen und Dinge. Man unterscheidet: Nomen, die etwas **Reales** bezeichnen (Konkreta) und Nomen, die etwas **Gedachtes** bezeichnen (Abstrakta).	 *Haus, Ball, Auto, Junge* *Frieden, Angst, Freiheit*
Eigennamen geben Lebewesen oder Dingen persönliche Namen.	*Samira*: Name eines Mädchens *Paris*: Name einer Stadt
Verben bezeichnen eine **Handlung**. Man unterscheidet: **Vollverben**, **Hilfsverben** und **Modalverben.**	 *gehen, essen, liegen* *haben, sein, werden* *können, wollen, sollen, müssen, dürfen*
Adjektive bezeichnen **Eigenschaften**. Auch Zahlen (Zahladjektive) gehören dazu	*gelb, fröhlich, leicht, still* *drei, zehn, hundert*
Artikel sind typische **Begleiter** von **Nomen**. Es gibt: **bestimmte** Artikel und **unbestimmte** Artikel.	 *der, die, das* *ein, eine*
Adverbien bezeichnen die **Umstände**, unter denen eine Handlung erfolgt. Die wichtigsten sind: **Lokaladverbien** (wo? woher? wohin? → Ort), **Temporaladverbien** (wann? seit wann? bis wann? wie lange? wie oft? → Zeit), **Modaladverbien** (wie? → Art und Weise), **Kausaladverbien** (warum? → Grund).	 *dort, hier, oben, überall* *gestern, heute, jetzt, morgens, nachts, selten, oft, manchmal* *gern/ungern, barfuß, blindlings* *vorsichtshalber, deshalb*
Pronomen sind typische **Begleiter** oder **Stellvertreter** von Nomen. Die wichtigsten sind: **Personalpronomen**, **Possessivpronomen**, **Reflexivpronomen**, **Demonstrativpronomen**, **Indefinitpronomen**, **Relativpronomen**, **Fragepronomen.**	 *ich, du, er/sie/es, wir, ihr, sie* *mein, dein, sein/ihr/sein, unser, euer, ihr* *mich, dich, sich, uns, euch, sich* *dieser/diese/dieses, jener/jene/jenes, der/die/das (da)* *etwas, nichts, viel, wenig, kein, alle/alles, einige, man* *der, die, das; welcher, welche, welches* *wer? wo? was? wann? wie? warum?*
Konjunktionen sind „Verbindungswörter“: Sie **verbinden** Wortgruppen oder Sätze miteinander und stellen so Sinnzusammenhänge her. Man unterscheidet: **nebenordnende** Konjunktionen, die Gleichrangiges miteinander verbinden, z. B. Hauptsätze, und **unterordnende** Konjunktionen, die Haupt- und Nebensätze miteinander verbinden.	 *und, oder, denn, aber, doch* *als, weil, obwohl, nachdem*
Präpositionen zeigen an, wie zwei Dinge zueinander stehen (welche „Position“ sie zueinander haben).	*an, bei, mit, vor, zwischen, neben, über, unter, gegen*
Partikeln sind kleine Wörter, die eine Aussage kommentieren, präzisieren oder verneinen können.	*auch, besonders, fast, kaum, nicht, sehr, sogar, vielleicht*

10.1 Besonderheiten bei Nomen

Nomen zeichnen sich durch folgende Eigenschaften aus:

- Sie haben ein **grammatisches Geschlecht** (Genus). Weil sich das Genus eines Nomens im Deutschen nicht von der „Natur" der jeweiligen Sache ableiten lässt, spricht man vom **grammatischen** Geschlecht (z. B.: *der Tisch, die Lampe, das Bild*).

- Nomen können im **Singular** (Einzahl) und im **Plural** (Mehrzahl) stehen.
  Es gibt unterschiedliche Arten der Pluralbildung:
  - durch Anfügen einer Endung (z. B. *Auto* → *Autos, Schule* → *Schulen*),
  - durch Umwandlung des Stammvokals in einen **Umlaut** (z. B. *Laden* → *Läden, Mutter* → *Mütter*)
  - oder durch beides (z. B. *Hut* → *Hüte, Fass* → *Fässer*).

  Bei einigen Nomen sind die Formen von Singular und Plural **gleich** (z. B. *das Segel* → *die Segel, der Lehrer* → *die Lehrer*).
  Von manchen Nomen gibt es **nur** die **Singularform**; das betrifft vor allem Materialbezeichnungen (z. B. *Mehl, Sand*). Es gibt auch Nomen, die **nur** im **Plural** verwendet werden (z. B.: *Leute*).

- Man kann Nomen **deklinieren**. Je nach ihrer Verwendung im Satz setzt man sie in den entsprechenden Fall (Kasus): **Nominativ**, **Genitiv**, **Dativ** oder **Akkusativ**. Als Subjekt (oder Teil eines Subjekts) steht ein Nomen immer im Nominativ; als Objekt (oder Teil eines Objekts) oder Teil einer adverbialen Bestimmung kann es im Genitiv, Dativ oder Akkusativ stehen. Dativ und Akkusativ kommen am häufigsten vor; der Genitiv wird nur selten verwendet.

Auf einen Blick

Deklination: Singular

Kasus (Fall)	**Maskulinum**	**Femininum**	**Neutrum**
Nominativ (wer? was?)	**der** Tisch	**die** Lampe	**das** Bild
Genitiv (wessen?)	**des** Tisches	**der** Lampe	**des** Bildes
Dativ (wem?)	**dem** Tisch	**der** Lampe	**dem** Bild
Akkusativ (wen? was?)	**den** Tisch	**die** Lampe	**das** Bild

Deklination: Plural

Kasus (Fall)	**Maskulinum**	**Femininum**	**Neutrum**
Nominativ (wer? was?)	**die** Tische	**die** Lampen	**die** Bilder
Genitiv (wessen?)	**der** Tische	**der** Lampen	**der** Bilder
Dativ (wem?)	**den** Tischen	**den** Lampen	**den** Bildern
Akkusativ (wen? was?)	**die** Tische	**die** Lampen	**die** Bilder

Oft erkennt man den Kasus nur an der Form des **zugehörigen Artikels**. Das gilt vor allem für Nomen im Femininum. Doch selbst die Form des Artikels gibt **nicht immer eindeutig** Auskunft über den Kasus. Um den Kasus eines Nomens zuverlässig zu bestimmen, musst du deshalb immer auch den **Satzzusammenhang** berücksichtigen.

Wenn du z. B. den Kasus eines Nomens wie *Lampe* bestimmen willst, reicht der Blick auf den begleitenden Artikel nicht aus, denn im Singular unterscheidet sich die Form des Genitivs nicht von der Form des Dativs (vgl. Tabelle S. 116). Erst die **Verwendung** der Worte **in einem Satz** verschafft Klarheit.

Beispiel

Der Schein der Lampe war hell. (**Wessen** Schein war hell? *der (Schein) der Lampe* → Genitiv). *Der Lampe fehlt eine Glühbirne.* (**Wem** fehlt eine Glühbirne? *der Lampe* → Dativ).

Tipp

> Stelle beim Ermitteln des Kasus in Zweifelsfällen zur Probe die entsprechenden **Fragen**: *Wer …? Wessen …? Wem …? Wen …?*
> Wenn ein Nomen eine Sache bezeichnet, solltest du die **Was-Frage** immer mit der **Wer-Frage** bzw. der **Wen-Frage** kombinieren, um den Kasus zu bestimmen. (Die Was-Frage ist nämlich nicht eindeutig und kann sowohl auf Nominativ als auch auf Akkusativ hinweisen.)

Übung 44

Welche Kasus kommen bei den folgenden Beispielen infrage?
Trage die Fachbegriffe ein. Orientiere dich an der tabellarischen Übersicht.

die Geschenke	Nom., Akk.
den Löwen	Akk., Gen.
der Frage	Gen., Dat.

Woher weiß man, welchen Kasus man verwenden muss?

Welcher Kasus in einem Satz erforderlich ist, hängt vom zugehörigen **Verb** ab. Falls sich zwischen ein Verb und das zugehörige Nomen eine **Präposition** gedrängt hat, entscheidet diese über den Kasus. Man sagt auch, dass Verben oder Präpositionen den Kasus „regieren".

Beispiel

- **Genitiv-Verben:** (jeman**des**/etwas) gedenken, erinnern (z. B. *der Toten gedenken, sich eines Vorfalls erinnern*)
- **Dativ-Verben:** (jemand**em**) danken, helfen, trauen, vertrauen, verzeihen (z. B. *dem Freund danken, helfen, trauen, …*)
- **Akkusativ-Verben:** (jemand**en**/etwas) lieben, hassen, kennen, kaufen, mögen, bauen, haben (z. B. *eine Frau lieben, hassen, kennen …*)
- **Genitiv-Präpositionen:** trotz, wegen, statt, anstelle (z. B. *trotz des schlechten Wetters, wegen der guten Noten, statt/anstelle einer Belohnung*)
- **Dativ-Präpositionen:** mit, von, bei (z. B. *mit dem Freund, von einem Fest, bei dem Gewitter*)
- **Akkusativ-Präpositionen:** für, ohne, gegen (z. B. *für den Besuch, ohne den Hund, gegen den Wind*)

Sätze mit dem Hilfsverb *sein* können zwei Nomen im Nominativ enthalten. Der zweite Nominativ ist dann ein **Gleichsetzungs-Nominativ**.

Beispiel

Mein Nachbar ist ein netter Mann (Nachbar = netter Mann). Einige meiner Mitschüler sind meine besten Freunde (einige Mitschüler = meine besten Freunde).

Tipp

In einigen Sätzen werden Nomen **ohne** begleitenden **Artikel** verwendet.
Um den Kasus solcher Nomen sicher zu bestimmen, solltest du **probeweise** einen Artikel oder ein Pronomen **voranstellen**, z. B. so:
Auf Reisen kann man viel entdecken. → Auf (den/einigen) Reisen kann man viel entdecken.
Achte aber darauf, dass du in dem Satz **keine weiteren Veränderungen** vornimmst! Dadurch könnte sich der zu bestimmende Kasus des Nomens nämlich ebenfalls ändern, und dann gelangst du zu einem falschen Ergebnis.

Übung 45

Bestimme den Kasus der unterstrichenen Nomen.
Schreibe zusätzlich das Wort heraus, das für den Kasus „verantwortlich" ist (das zugehörige Verb oder die zugehörige Präposition).

Krähen sind extrem clevere Werkzeugnutzer

Krähen können komplizierte Aufgaben[1] mit Hilfe von Werkzeugen lösen [...]. Wissenschaftler in Neuseeland haben mit einem Experiment[2] gezeigt, dass die Tiere ihre Hilfsmittel höchst strategisch zum Einsatz[3] bringen. Der Versuchsaufbau erinnert an ein Geschicklichkeitsspiel[4]: Um an die Belohnung[5] heranzukommen, muss man eine Kiste mit einem Loch[6] öffnen. Dafür braucht man einen langen Stock. Doch der liegt in einer Gitterbox[7]. Und nur mit Hilfe[8] eines zweiten, kleineren Stocks[9] lässt er sich dort herausmanövrieren. Dumm nur, dass dieses so dringend benötigte Hölzchen an einer Schnur von der Decke[10] hängt ...
Um an Fleisch[11] zu kommen, können Geradschnabelkrähen [...] diese Aufgaben[12] jedoch durchaus bewältigen, wie Forscher [...] gezeigt haben.

Quelle: chs/ddp 21. 4. 2010 (gekürzt)

1 Akk, lösen
2 Dat, mit
3 Dat, zum
4 Akk, an
5 Akk, an
6 Dat, mit
7 Dat, in
8 Dat, mit
9 Gen, mit Hilfe
10 Dat, von
11 Akk, an
12 Akk, benötigen

10.2 Besonderheiten bei Adjektiven

Adjektive kann man **steigern**. Neben der Grundform (dem **Positiv**) gibt es den **Komparativ** (1. Steigerungsform) und den **Superlativ** (2. Steigerungsform). Gebildet werden die Steigerungsformen mit den Endungen **-er** und **-(e)st** (z. B.: *dick – dicker – (am) dicksten*).

Man unterscheidet **drei Verwendungsweisen** von Adjektiven:

- Als **Attribut** bezieht sich ein Adjektiv auf ein **Nomen**; es passt sich dem Nomen im Kasus an.
  der kluge Junge, das schüchterne Mädchen
- Als **Adverb** bezieht es sich auf ein **Verb**; dabei verändert es seine Form nicht.
  Der Junge antwortet klug. Das Mädchen reagierte schüchtern.
- Als **Teil des Prädikats** bezieht es sich auf ein **Nomen**. Zusammen mit dem Hilfsverb *sein* bildet es das Prädikat. Auch dann verändert es seine Form nicht.
  Der Junge ist klug. Das Mädchen war schüchtern.

Tipp

Adjektive können in einem Satz durch einen typischen „Nomen-Begleiter" **zu Nomen werden**, z. B. durch die Indefinitpronomen *etwas* (z. B. *schlecht* → *etwas Schlechtes*) und *nichts* (z. B. *gut* → *nichts Gutes*).
Auch nach manchen Präpositionen wird ein Adjektiv in einem Satz zum Nomen (z. B. *bei Grün, mit Rot*). Das ist aber nur der Fall, wenn das ursprüngliche Adjektiv in der Grundform steht!

Es kann vorkommen, dass ein Wort, das ursprünglich ein **Verb** war, in einem Satz **als Adjektiv verwendet** wird. Das betrifft aber nur zwei Verbformen:

- das Partizip Präsens (z. B.: *lachend, singend, schlafend*);
  Sie ging singend am Strand entlang.
  (ursprüngliches Verb: *singen;* als Adjektiv adverbial verwendet)
- das Partizip Perfekt (z. B.: *geöffnet, beworben, verliebt*).
  Durch das geöffnete Fenster konnte man bunte Blumen sehen.
  (ursprüngliches Verb: *öffnen;* als Adjektiv attributiv verwendet)

Übung 46

Unterstreiche in dem folgenden Text alle Adjektive und bestimme ihre Verwendungsweise: Attribut oder Adverb?

Richtungsweisende Nase

[...] Haie besitzen einen ausgeprägten Geruchssinn und orten zielsicher ihre nächste Mahlzeit. Wie es die Knorpelfische schaffen, so genau auf ihre Beute zuzusteuern, haben Jayne Gardiner und ihre Kollegen von der University of South Florida in Tampa nun an acht Exemplaren des Glatthais Mustelus canis in einem Experiment festgestellt. Dafür wurde jeweils ein hungriger Hai in einem Becken ausgesetzt und mit Geruchsimpulsen aus Düsen konfrontiert. Beobachtet wurden die Versuche

Verwendung

Attribut
Adverb, Attribut
Adverb

Attribut
Attribut

mit einer Kamera über dem Becken. So konnten die Wissenschaftler beobachten, wie schnell der Hai auf die Stimulanz[1] reagierte, indem er sich der jeweiligen Düse zuwandte. Dabei wurde auch der genaue Winkel registriert, in dem die Geruchsfahne den Hai erreichte.
Es stellte sich heraus, dass die Haie kleine Unterschiede in der Zeitspanne erkennen, in der ein Beutegeruch ihre beiden auseinanderliegenden Nasenlöcher erreicht. Erreichen die Geruchsmoleküle zuerst das linke Nasenloch, wendet sich der Hai nach links. [...]

Adverb ✓
Attribut
Attribut
Attribut ✓
Attribut ✓
Attribut ✓

Quelle: ddp

Anmerkung: 1 *Stimulanz*: Reiz

10.3 Besonderheiten bei Pronomen

Pronomen nehmen Bezug auf **Nomen**: entweder als deren (vorangestellte) **Begleiter** – oder als deren **Stellvertreter**. Einige Pronomen können beides sein: Begleiter und Stellvertreter eines Nomens; es gibt auch Pronomen, die nur Stellvertreter sein können.
Einen **Sonderfall** bildet das Demonstrativpronomen *das*: Es kann auch Stellvertreter für einen ganzen Satz sein. Dann bezieht es sich rückblickend auf den vorangehenden Satz. (Beispiel: *Heute ist bei uns schulfrei. Das finde ich super.)*

Pronomen als Stellvertreter	Beispiele
Personalpronomen	*Der Junge kam nach Hause. Er war müde.* (*er* = der Junge)
Relativpronomen	*Die Hose, die du dir gekauft hast, sitzt gut.* (*die* = die Hose)
Reflexivpronomen	*Die Frau wundert sich.* (*sich* = die Frau selbst)
Fragepronomen	*Wann fängt das Fußballspiel an?* (*wann?* = die Uhrzeit)

Pronomen als Stellvertreter oder Begleiter	Beispiele
Demonstrativpronomen	*Diese Musik macht richtig gute Laune.* (*diese* = Begleiter von *Musik*) *Jene gefällt mir gar nicht.* (*jene* = Stellvertreter für *die andere Musik*)
Possessivpronomen	*Meine Wohnung ist mir zu klein.* (*meine* = Begleiter von *Wohnung*) *Eure ist viel größer.* (*eure* = Stellvertreter für *Wohnung*)
Indefinitpronomen	*Kann ich noch etwas Kuchen bekommen?* (*etwas* = Begleiter von *Kuchen*) *Es ist keiner mehr da.* (*keiner* = Stellvertreter für *Kuchen*)

Tipp

Pronomen, die sich als Stellvertreter für ein Nomen verwenden lassen, können dir helfen, ungeschickte Wortwiederholungen in einem Text zu vermeiden. Du musst aber unbedingt darauf achten, dass du ein Pronomen erst dann als Stellvertreter verwendest, wenn du das Nomen, auf das es sich bezieht, bereits genannt hast – und zwar möglichst im Satz davor. Sonst weiß der Leser gar nicht, worauf sich das stellvertretende Pronomen bezieht!

Übung 47

Suche im folgenden Text nach Pronomen. Unterstreiche sie und trage den entsprechenden Fachbegriff für die Art des Pronomens in die rechte Spalte ein. Das Pronomen „es" brauchst du dabei nicht zu berücksichtigen, weil es hier jeweils auf eine besondere Art verwendet wird.

Hinweis: Einen Überblick über die verschiedenen Arten von Pronomen kannst du dir mit Hilfe der Tabelle auf S. 115 verschaffen.

Vom Startloch zum Startblock

Heute wäre es schwierig, Startlöcher in die modernen Kunststoff-Laufbahnen zu graben. Als die Leichtathleten noch auf Asche liefen, war das allerdings durchaus üblich, jedenfalls auf den Kurzstrecken. Für die erfand der amerikanische Trainer Mike Murphy 1887 den Tiefstart aus der Hocke.

Bei diesem Start bringt der Sprinter mehr Kraft auf die Bahn. Er erreicht daher eine höhere Beschleunigung, allerdings besteht auch die Gefahr, dass ihm dabei die Füße wegrutschen. Deshalb war es üblich, dass die Sportler kleine Schäufelchen mit zum Rennen brachten und sich ihre individuellen Startlöcher gruben.

Das war nicht nur den Platzwarten ein Dorn im Auge, die anschließend die Bahn wieder glätten mussten, die Sportler konnten sich auch verletzen, wenn ihr Fuß am Rand des Startlochs hängen blieb. Es war wieder ein amerikanischer Trainer, George Bresnahan, der im Jahr 1927 den Startblock zum Patent anmeldete – eine genial einfache Erfindung, die sich bis heute nur unwesentlich verändert hat.

Aber die Mühlen der Sportbürokratie mahlen langsam. Während sich die Startblöcke in den USA schnell verbreiteten, betrachtete der internationale Leichtathletikverband IAAF die Entwicklung mit Argwohn.

Zeitweise wurden zwei Weltrekorde geführt, mit und ohne Blöcke. Bei den Olympischen Spielen in Berlin 1936 war schließlich Jesse Owens der letzte Sprint-Olympiasieger, der mit Schäufelchen zum Rennen ging und seine eigenen Startlöcher buddelte. Erst 1937 akzeptierte die IAAF die neue Starthilfe.

Quelle: Christoph Drössler; http://www.zeit.de/2010/20/Stimmts-Sprinter

Art des Pronomens

Demonstrativ
Demonstrativ
Demonstrativ ✓
Personal ✓
Personal ✓
Reflexiv, Possesiv
Demonstrativ
Relativ
Refleksiv, Possesiv ✓
Relativ ✓
Relativ ✓, Relativ
Reflexiv ✓
Relativ ✓
Possesiv ✓

10.4 Besonderheiten bei Verben

Verben können durch ihre Form viele Informationen geben. Diese Form erhalten sie durch die **Konjugation**. Man konjugiert ein Verb, indem man dem **Stamm** eine **Endung** hinzufügt. So gibt das Verb Auskunft darüber, …

- **wer** der Handelnde ist, und wie die Äußerung zu verstehen ist: Spricht der Sprecher jemanden **direkt** an? Oder spricht er **über** jemanden – z. B. über sich selbst oder über eine andere Person (oder mehrere)?
  (→ Grammatische Person: erste, zweite oder dritte Person)
- **wie viele** Personen (oder Sachen) es sind, die handeln. (→ Singular oder Plural)
- **wann** eine Handlung erfolgt: in der Gegenwart, in der Vergangenheit oder in der Zukunft. (→ Tempus, siehe S. 123 f.)
- ob sich der Blick auf **den Handelnden** oder **das Geschehen** richtet.
  (→ Aktiv oder Passiv, siehe S. 125 f.)
- ob eine Aussage als **Feststellung einer Tatsache**, als **Aufforderung**, als **Wiedergabe von Worten** eines anderen oder als **Äußerung einer Vorstellung** verstanden werden soll.
  (→ Modus: Indikativ, Imperativ, Konjunktiv, siehe S. 126 f.)

Beispiel

sieg|ten: mehrere Personen; ihre Handlung ist bereits in der Vergangenheit erfolgt (Präteritum), und der Sprecher äußert sich über die Handelnden.
komm|st: eine Person; die Handlung geschieht jetzt oder regelmäßig (Präsens), und der Sprecher spricht die handelnde Person direkt an.

Tipp

Es gibt **trennbare Verben**, die sich im Satz in ihre Bestandteile aufteilen können. Dann rutscht der erste Bestandteil ans Satzende, während der Hauptbestandteil auf seiner Position bleibt. Beispiele: *auf|steh|en – er steht auf, vor|lass|en – sie lässt vor, hin|setz|en – wir setzen uns hin.* Sollst du in einem Satz das Verb benennen, musst du die Bestandteile wieder zusammenfügen.

Übung 48

Kreuze an, welche Informationen in den folgenden Verbformen enthalten sind.

Hinweis: Du musst in jeder Zeile mindestens zwei Kreuze machen. Wenn es bezüglich einer Information mehrere Möglichkeiten gibt, kreuzt du sie alle an.

	Singular	**Plural**	**über sich**	**über andere**	**zu jemandem**
kommt	X	X		X	X
frage	X		X		
folgst	X				X
erscheinen		X	X	X	
sieht	X			X	
wissen		X	X	X	
vergesst		X			X
bleibt	X	X		X	X

Die Tempora des Verbs

Die grundlegenden Tempora sind das **Präsens** und das **Präteritum**. Sie bestehen nur aus einer einzigen Verbform (z. B. *geht, lacht; fragte, wusste*).
Alle übrigen Tempora bestehen aus mindestens zwei Verbformen: Außer dem eigentlichen Verb, dem **Vollverb**, benötigen sie noch eines der **Hilfsverben** *haben*, *sein* oder *werden*. Für das **Perfekt** und das **Plusquamperfekt** braucht man neben dem Hilfsverb *haben* oder *sein* das Partizip Perfekt des Vollverbs (z. B.: *gesagt, gelesen, bearbeitet* ...); für das **Futur I** braucht man neben dem Hilfsverb *werden* den Infinitiv des Vollverbs (z. B.: *sagen, lesen, bearbeiten*); das **Futur II** besteht aus dem Hilfsverb *werden*, dem Partizip Perfekt des Vollverbs und dem Infinitiv des Hilfsverbs *sein* oder *haben*.
Unregelmäßige Verben verändern in einigen Formen ihren Stammvokal, wie z. B.: *kommen – kam – gekommen, singen – sang – gesungen, essen – aß – gegessen.*

Auf einen Blick

Konjugation: Singular						
	Präsens	Präteritum	Perfekt	Plusquamperfekt	Futur I	Futur II
1. Pers. (ich)	sage	sagte	habe gesagt	hatte gesagt	werde sagen	werde gesagt haben
	gehe	ging	bin gegangen	war gegangen	werde gehen	werde gegangen sein
2. Pers. (du)	sagst	sagtest	hast gesagt	hattest gesagt	wirst sagen	wirst gesagt haben
	gehst	gingst	bist gegangen	warst gegangen	wirst gehen	wirst gegangen sein
3. Pers. (er/sie/es)	sagt	sagte	hat gesagt	hatte gesagt	wird sagen	wird gesagt haben
	geht	ging	ist gegangen	war gegangen	wird gehen	wird gegangen sein

Konjugation: Plural						
	Präsens	Präteritum	Perfekt	Plusquamperfekt	Futur I	Futur II
1. Pers. (wir)	sagen	sagten	haben gesagt	hatten gesagt	werden sagen	werden gesagt haben
	gehen	gingen	sind gegangen	waren gegangen	werden gehen	werden gegangen sein
2. Pers. (ihr)	sagt	sagtet	habt gesagt	hattet gesagt	werdet sagen	werdet gesagt haben
	geht	ging(e)t	seid gegangen	wart gegangen	werdet gehen	werdet gegangen sein
3. Pers. (sie)	sagen	sagten	haben gesagt	hatten gesagt	werden sagen	werden gesagt haben
	gehen	gingen	sind gegangen	waren gegangen	werden gehen	werden gegangen sein

Tipp

Die Tempora **Perfekt** und **Plusquamperfekt** unterscheiden sich nur in der **Form des Hilfsverbs**: Beim Perfekt stehen die Hilfsverben *haben* oder *sein* im Präsens, und beim Plusquamperfekt stehen sie im Präteritum.
Das passt zu ihrer **Verwendungsweise**: Das Perfekt verwendet man, um – ausgehend vom **Präsens** – **Vorzeitigkeit** auszudrücken; das Plusquamperfekt drückt **Vorzeitigkeit** in Bezug auf das **Präteritum** aus, z. B. so:
Ich gehe früh nach Hause. Das habe ich dir ja gestern schon gesagt. (Vorzeitigkeit zum Präsens)
Der Lehrer beurteilte Rolands Leistungen im Fach Deutsch mit Eins. Darauf hatte Roland schon lange gehofft. (Vorzeitigkeit zum Präteritum)

Übung 49

Unterstreiche im folgenden Text alle Verbformen und bestimme die Tempora.

Die Broken-Windows-Theorie

Die Verwahrlosung eines Stadtviertels beginnt mit einer zerbrochenen Fensterscheibe, die niemand repariert. Das besagt die sogenannte „Broken-Windows-Theorie“, die Stadtplaner vor Jahren in den USA entwickelt haben. Auch Müll, der auf dem Bürgersteig gelandet ist und einfach dort liegen bleibt, trägt dazu bei, dass eine Gegend verkommt. Eine Person, die durch eine solche Straße geht, sagt sich vielleicht: „Ich werde doch nicht den Dreck wegmachen, den andere verursacht haben!“ Oder sie fügt den schon entstandenen Schäden oder Verunreinigungen noch weitere hinzu.
Wahrscheinlich glaubt sie: „Auf mich kommt es ja nicht an. Andere haben ja auch schon ihren Unrat hinterlassen.“ So wird sie ihre leere Cola-Dose einfach fallen lassen. Und nach einiger Zeit wird das ganze Viertel heruntergekommen sein. Das Nachsehen haben die Bürger, die dort wohnen. Sie hatten sich ihr Leben dort bestimmt anders vorgestellt.

Tempus

Präsens
Präsens
Präsens
Perfekt
Perfekt
Präsens
Präsens
Präsens
Futur I
Perfekt
Präsens
Präsens
Präsens
Perfekt
Futur I
Futur II
Präsens
Plusquamperfekt

Präsens
sagt
haben

Aktiv und Passiv

Wer tut was? Diese Frage beantwortet man mit dem **Aktiv**. Die Person (das Lebewesen, die Sache), die aktiv tätig ist, steht dabei im Mittelpunkt und ist das Subjekt im Satz. Da das Aktiv in der Alltagssprache der Regelfall ist, braucht man seine Formen nicht extra zu lernen.

Was wird getan? Auf diese Frage antwortet man mit dem **Passiv**. Das Hauptaugenmerk liegt auf dem Geschehen und auf demjenigen, mit dem etwas getan wird. Das „Opfer" der Handlung wird deshalb im Passiv-Satz zum Subjekt. Um das Passiv zu bilden, benötigt man das Hilfsverb *werden* und das Partizip Perfekt.

Beispiel

Aktiv: Der Lehrer **benotet** die Schüler.
(Der Lehrer ↑ Subjekt; die Schüler ↑ Objekt)

Passiv: Die Schüler **werden** (vom Lehrer) **benotet**.
(Die Schüler ↑ Subjekt)

Das Passiv kann unterschiedliche **Tempora** annehmen, z. B. *werden benotet* (Präsens), *wurden benotet* (Präteritum), *sind benotet worden* (Perfekt), *waren benotet worden* (Plusquamperfekt), *werden benotet werden* (Futur I), *werden benotet worden sein* (Futur II).

Den **„Täter"** kann man im Passiv-Satz **verschweigen**, z. B.: *Die Schüler werden benotet.* Es gibt zwei Gründe dafür, den „Täter" zu verschweigen:

- Man weiß nicht, wer eine Handlung ausgeführt hat. (Beispiel: *Ein Auto wurde in Brand gesetzt.* Wer das getan hat, ist nicht bekannt.)
- Man hält es für unnötig, den Handelnden zu nennen. (Beispiel: *Der Einbrecher wurde festgenommen.* Dass es Polizisten gewesen sein müssen, ist ohnehin klar und muss nicht extra gesagt werden.)

Tipp

Zu oft sollte man das **Passiv nicht** verwenden. Zum einen klingt es etwas steif und unlebendig (eben nicht „aktiv"), zum anderen kommt es durch die Verwendung des Hilfsverbs *werden* zu unschönen Wiederholungen.

Übung 50

1. Wandle die folgenden Aktiv-Sätze in Passiv-Sätze um.

a) Die Weltraumforschung hat rasante Fortschritte gemacht.

Rasante Fortschritte sind von der Weltraumforschung gemacht worden.

b) Inzwischen schicken die Forscher schon Roboter zum Mars.

Inzwischen werden schon Roboter von den Forschern zum Mars geschickt.

c) Die Roboter sollen wichtige Informationen sammeln.

Wichtige Informationen sollen von den Robotern gesammelt werden

d) Eines Tages werden die ersten Astronauten den Mars anfliegen.

Eines Tages wird der Mars von den ersten Astronauten angeflogen werden.

2. Der folgende Text steht ausschließlich im Passiv. Er soll überarbeitet werden. Wandle die unterstrichenen Sätze ins Aktiv um. Schreibe die überarbeiteten Sätze auf die Linien.

Big Brother auf dem Mars

<u>Von der russischen Weltraumagentur Roskosmos und der europäischen ESA (European Space Agency) ist ein Experiment organisiert worden</u>: Sechs Männer werden für einen Zeitraum von 520 Tagen in einen Container eingesperrt. <u>Während dieser langen Zeit wird jeder ihrer Schritte von Kameras verfolgt</u>. Die Aufzeichnungen werden zu Forschungszwecken genutzt. Auf diese Weise wird erprobt, <u>welche Belastungen von den Crewmitgliedern während einer Expedition zum Mars ertragen werden müssen</u>. <u>Die Bedingungen im All wurden von den Forschern möglichst real inszeniert</u>. Nur auf die Schwerelosigkeit wird verzichtet.

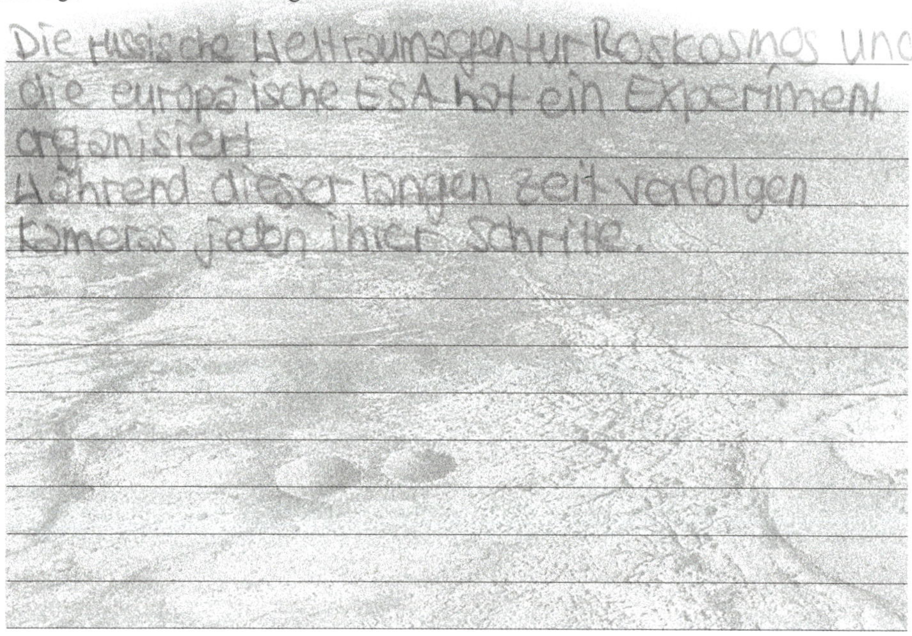

Die Modi: Indikativ, Imperativ und Konjunktiv

Der Begriff „Modus“ bedeutet „Art und Weise“. Der Modus zeigt an, **wie eine Aussage verstanden** werden soll. Es gibt drei Möglichkeiten:

- Man verwendet den **Indikativ**, wenn eine Aussage als Darstellung einer Tatsache verstanden werden soll – nach dem Motto: So ist es!
  Der Indikativ wird im Alltag am häufigsten verwendet, deshalb braucht man seine Formen nicht eigens zu lernen.
  Beispiel: *Es <u>regnet</u>. Die Benzinpreise <u>steigen</u> schon wieder. Die Sieger <u>wurden</u> <u>gefeiert</u>.*

- Man verwendet den **Imperativ**, um eine Aufforderung oder einen Befehl auszusprechen – nach dem Motto: So soll es sein!
  Du kennst diese Formen auch aus dem Alltag. Bei einigen Verben **verändert sich** im Imperativ der **Stammvokal** des Verbs. Das betrifft aber nur Verben mit dem Stammvokal e *(helfen → hilf, geben → gib, lesen → lies)*.
  Beispiel: *<u>Hilf</u> mir bitte beim Tragen. <u>Gib</u> mir deine Jacke! <u>Pass</u> doch <u>auf</u>!*

▶ Man verwendet den **Konjunktiv**, um anzuzeigen, dass man **nicht von Tatsachen** spricht – nach dem Motto: So denkt man es sich (nur).

Beispiel

Deutschland müsste im Fußball wenigstens Europameister werden.
(keine Tatsache, sondern Äußerung einer Vorstellung)
Viele Leute sagen, die deutsche Mannschaft sei sehr gut.
(keine Tatsache, sondern Wiedergabe einer Meinungsäußerung)

- Den **Konjunktiv I** verwendet man in der **indirekten Rede**. Damit drückt man aus, dass man nur wiedergibt, was man gehört oder gelesen hat.
  Man bildet den Konjunktiv I, indem man nach dem Stamm ein **e** einfügt (z. B.: *du hab|e|st, er lieg|e*). Beim Umwandeln von direkter Rede in indirekte Rede muss man evtl. außer den Verbformen noch ein Pronomen verändern: Aus *ich* wird *er* oder *sie*.

  Beispiel

  Leo sagte: „Ich habe keine Zeit." → Leo sagte, er habe keine Zeit.
- Den **Konjunktiv II** verwendet man, um etwas zu sagen, das man sich nur vorstellen kann; man weiß genau, dass es **nicht der Realität entspricht**.
  Man bildet den Konjunktiv II aus der Präteritum-Form; dabei werden die Vokale a, o und u oft zu den Umlauten ä, ö und ü (*sehen: sah → sähe; fliegen: flog → flöge; tragen: trug → trüge)*

  Beispiel

  Ich wäre gern berühmt. Dann hätte ich viele Fans.

Tipp

Es kann vorkommen, dass eine **Konjunktiv-Form genauso** klingt **wie der Indikativ**.
In diesem Fall kannst du ersatzweise die Formulierung mit *würde* verwenden.
Beispiel: *Sie haben versprochen, sie kommen* (*kommen:* sowohl Form des Konjunktivs I als auch des Indikativs). Um sicherzugehen, dass man nicht missverstanden wird, kann man sagen:
Sie haben versprochen, sie würden kommen.

1. Gib die folgende Meinungsäußerung eines Schülers in Form von indirekter Rede wieder. Verwende durchgängig den Konjunktiv I. Übung 51

   Hinweis: Du brauchst keinen weiteren Begleitsatz hinzuzufügen.

   „Manchmal ist es im Unterricht so langweilig, dass ich ständig gähnen muss. Ich weiß nicht, weshalb. Aber ich kann das einfach nicht unterdrücken. Es überkommt mich einfach. Komischerweise scheint Gähnen ansteckend zu sein. Denn kaum habe ich damit angefangen, da machen meine Mitschüler es mir nach. Das finde ich seltsam."

   Der Schüler sagt, manchmal sei es im Unterricht so langweilig, dass er ständig gähnen müsse. Er wüsste nicht, weshalb. Aber er könne es einfach nicht unterdrücken. Es überkomme ihn einfach. Komischerweise scheine Gähnen ansteckend zu sein. Denn kaum habe er angefangen, da würden seine Mitschüler es ihm nach. Das finde er seltsam.

2. Die Schülerin Britta hat für ihre Zukunft viele Wünsche und Vorstellungen. Formuliere zu jedem Wunsch einen vollständigen Satz.

   Verwende nach Möglichkeit den echten Konjunktiv II. Nur wenn die Form des Konjunktivs nicht von der Form des Indikativs zu unterscheiden ist, verwendest du die Umschreibung mit *würde*.

   Das erste Beispiel ist schon gelöst.

Brittas Wünsche:

A. einen guten Schulabschluss machen
B. einen interessanten Beruf erlernen
C. viel Geld verdienen
D. ein Cabrio fahren
E. Reitunterricht nehmen
F. einen netten Mann kennenlernen
G. eine Traumhochzeit feiern
H. eine Familie gründen
I. nach Neuseeland fliegen
J. genügend Freizeit haben

A. Britta würde gern einen guten Schulabschluss machen.

Britta würde gerne einen interessanten Beruf erlernen.

11 Satzglieder und Satzbau beherrschen

11.1 Sätze untergliedern

Jeder Satz ist wie eine Kette von Satzgliedern. Die vier wichtigsten Satzglieder sind diese:

- **Subjekt** (zu erfragen mit: *Wer oder was ...?*),
- **Prädikat** (zu erfragen mit: *Was tut ...?*),
- **Objekt** (zu erfragen mit: *Wem ...? Wen ...?*),
- **adverbiale Bestimmung** (auch „Adverbiale" genannt, zu erfragen mit: *Wo ...? Wohin ...? Woher ...?* → lokal, mit: *Wann ...? Seit wann ...? Bis wann ...? Wie lange ...?* → temporal; *Wie ...?* → modal oder mit: *Warum ...?* → kausal).

Ein Satz besteht aus **mindestens zwei Satzgliedern**: einem **Subjekt** und einem **Prädikat**. Ob darüber hinaus noch weitere Satzglieder erforderlich sind, hängt vom Verb ab – und davon, welche Zusatzinformationen man vermitteln will. Sätze, bei denen entweder das Subjekt oder das Prädikat fehlt (oder beide), sind **unvollständig** (Fachbegriff: Ellipsen/elliptisch verkürzte Sätze).
Satzglieder können unterschiedlich lang sein. Das gilt auch für das Prädikat: Es gibt einstellige, zweistellige und sogar dreistellige Prädikate.
Die **Reihenfolge** der Satzglieder ist **nicht festgelegt**. Ein Satz muss also nicht mit dem Subjekt beginnen. Auch eine adverbiale Bestimmung oder ein Objekt kann einen Satz eröffnen.

Beispiel

[Der Wind] [weht].
↑ Subjekt ↑ Prädikat

[Die Blätter] [fallen] [von den Bäumen].
↑ Subjekt ↑ Prädikat ↑ Adverbiale

[Im Winter] [tragen] [die Menschen] [warme Jacken].
↑ Adverbiale ↑ Prädikat ↑ Subjekt ↑ Objekt

Tipp

> Wenn du nicht sicher bist, welche Wörter zu einem Satzglied gehören, kannst du die **Umstellprobe** machen: Vertausche einfach die Reihenfolge der Satzglieder.
> Alle Wörter, die zum selben Satzglied gehören, bleiben immer zusammen – unabhängig davon, welche Position sie im Satz einnehmen.
> Beispiel: *Mein bester Freund hatte gestern Abend einen Unfall.*
> Umgestellt: [*Gestern Abend*] [*hatte*] [*mein bester Freund*] [*einen Unfall*].
> Oder: [*Einen Unfall*] [*hatte*] [*mein bester Freund*] [*gestern Abend*].

Übung 52

Bestimme die Satzglieder in den folgenden Sätzen. Kennzeichne sie wie in den Beispielsätzen.

a) Lachen ist gesund.

b) Diese Erkenntnis haben Forscher schon vor langer Zeit gewonnen.

c) Lachen lockert die Muskeln und setzt Glückshormone frei.

d) Kinder beherrschen diese Gefühlsäußerung am besten.

e) Laut wissenschaftlichen Untersuchungen lachen Kinder rund 400 Mal am Tag.

11.2 Hauptsätze und Nebensätze unterscheiden

Hauptsätze erkennst du an der Position des finiten Verbs (finites Verb: das konjugierte Verb, also das Verb mit der Personalendung). Im Hauptsatz steht das finite Verb nämlich immer auf der Position des zweiten Satzglieds, und im **Nebensatz** steht es in der Regel ganz am Ende des Satzes.
Hauptsätze, die zusammengehören, bilden eine **Satzreihe**. Eine Verbindung aus einem Hauptsatz und einem Nebensatz bildet ein **Satzgefüge**.

Beispiel

Satzgefüge Hauptsatz + Nebensatz	*Die Polizei in Niedersachsen trainiert neuerdings einen Geier zur Suche von Leichen,* (Hauptsatz) *weil dessen Geruchssinn dem Geruchssinn von Hunden deutlich überlegen ist.* (Nebensatz)
Satzreihe Hauptsatz + Hauptsatz	*Die Beamten verstecken im Gebüsch ein Leichentuch,* (Hauptsatz) *und der Geier muss es aufspüren.* (Hauptsatz)

Tipp

An der **Position des finiten Verbs** kannst du **am sichersten** erkennen, ob es sich bei einem Satz um einen Hauptsatz oder um einen Nebensatz handelt. Viele Schülerinnen und Schüler denken zwar, man könne einen Nebensatz auch an einer **einleitenden Konjunktion** erkennen. Aber dieses Erkennungsmerkmal ist **unsicher**: Zum einen gibt es auch Nebensätze, die **nicht** mit einer Konjunktion beginnen (z. B. Relativsätze, vgl. S. 133 f.); zum anderen können auch Hauptsätze mit einer (nebenordnenden) Konjunktion beginnen.

Übung 53

1. Markiere im folgenden Text die finiten Verben.
   Unterstreiche dann alle Nebensätze.

   Hinweis: Erweiterte Infinitivkonstruktionen mit „zu“ sind verkürzte Nebensätze. (Beispiel: *Ich bitte dich, zu mir zu kommen.* → Kurz für: *Ich bitte dich, dass du zu mir kommst.*) Du brauchst sie nicht zu berücksichtigen.

Flugstaffel Walsrode

[…] Trotz des Regens sind die Bänke an der Bühne fast voll besetzt. Eine Schulklasse ist in den Vogelpark Walsrode gekommen, und ein paar Familien mit Kindern sind da. Gespannt starren sie alle auf einen großen Baum. Dann plötzlich schießt ein schwarz gefiederter Vogel unter den tief hängenden Ästen hervor. Er segelt ein Stück über den Rasen und landet elegant auf dem Unterarm seines Trainers German Alonso. Der Truthahngeier Sherlock ist bereit für seine Mission: Er soll ein Leichentuch aufspüren, das Alonso kurz zuvor in einem Rasenloch versteckt hat. Sherlock springt auf den Rasen und schreitet auf und ab. Nur wenige Augenblicke später zupft er mit seinem Schnabel die Beute hervor. Er hat seinen Auftrag ausgeführt.

Das Leichentuch hat eine Medizinische Hochschule geliefert, die nicht genannt werden will. Zu makaber könnte das Spektakel wirken, wenn man nicht den tieferen Sinn kennt: Alonso soll seinem Geier beibringen, Leichen aufzuspüren. Der Auftrag dazu kam vor drei Jahren von höchster Stelle […].

Bisher helfen speziell ausgebildete Spürhunde bei der Leichensuche. Hunde verfügen über 300 Millionen Riechzellen in der Nase, denen auch viele Jahre alte Spuren nicht entgehen. Das Problem besteht darin: Nur mit geschlossener Schnauze können Hunde alle Duftspuren orten, nach fünfzehn Minuten Einsatz brauchen sie eine Pause. Ein Leichenspürhund kann deshalb nur maximal 100 Quadratmeter am Tag absuchen. Falls er auf unwegsamem Terrain eingesetzt wird, schafft er sogar noch weniger. […]

Quelle: Nadine Querfurth; http://www.zeit.de/zeit-wissen/2010/01/Geier-im-Polizeidienst

2. Satzreihe oder Satzgefüge? Kreuze entsprechend an.

Beispielsatz	Satzreihe	Satzgefüge
Man weiß nicht, wie erfolgreich das Training von Truthahngeiern sein wird.	X	
Es gibt nämlich nur wenige dieser Geier, denn sie werden nur selten gezüchtet.		X
Ob Truthahngeier zwischen dem Geruch toter Tiere und toter Menschen unterscheiden können, ist auch noch unklar.	X	
Es kann sein, dass sie im Ernstfall statt eines toten Menschen nur tote Mäuse finden.	X	
Die Treffsicherheit der Vögel muss erst noch genau geprüft werden, und das kann noch einige Zeit dauern.		X

11.3 Sätze verbinden

Ein guter Text ist nicht einfach nur eine Ansammlung von Sätzen. Die Sätze in einem Text hängen nämlich alle miteinander zusammen – entweder direkt oder indirekt. Man sollte möglichst oft versuchen, den **Zusammenhang zwischen** zwei aufeinander folgenden **Sätzen zu verdeutlichen**. Am besten verwendet man dafür **Konjunktionen** oder **Adverbien**.

Die **Grenze zwischen Haupt- und Nebensatz** markiert man mit einem Komma. Eingeschobene Nebensätze werden vorn und hinten durch Komma abgetrennt. Ob man Hauptsätze durch Punkt, Semikolon oder Komma voneinander abtrennt, hängt davon ab, wie stark man die Grenze markieren will: Der **Punkt** ist die deutlichste Grenzmarkierung zwischen zwei Hauptsätzen, das **Komma** die schwächste, dazwischen liegt das **Semikolon**.

Beispiel

In diesem Textauszug werden die Sätze praktisch nur aufgezählt:
Mehrere Jugendliche haben sich bei einer Autowerkstatt um einen Ausbildungsplatz beworben. Nur einige von ihnen sind zu einem Gespräch eingeladen worden. Die Vorstellungsrunde beginnt. Die Bewerber sollen über ihre Interessen an dieser Ausbildung sprechen. Der 16-jährige Nils ist an der Reihe. Er weiß nichts zu sagen.

Hier werden im selben Textauszug durch Konjunktionen oder Adverbien Zusammenhänge aufgezeigt:
Mehrere Jugendliche haben sich bei einer Autowerkstatt um einen Ausbildungsplatz beworben, <u>aber</u> nur einige von ihnen sind zu einem Gespräch eingeladen worden. <u>Als</u> die Vorstellungsrunde beginnt, sollen die Bewerber <u>erst einmal</u> über ihre Interessen an dieser Ausbildung sprechen. <u>Zuerst</u> ist der 16-jährige Nils ist an der Reihe; <u>allerdings</u> weiß er nichts zu sagen.

Auf einen Blick

Sätze verbinden mit Konjunktionen und Adverbien

Zusammenhang	Fachbegriff	Konjunktionen	Adverbien
Aufzählung	additiv	*und, (so)wie, sowohl – als auch;* Verneinung: *weder – noch*	*außerdem, auch, zusätzlich*
Auswahl	alternativ	*oder, entweder – oder, bzw.*	–
Grund	kausal	*denn, weil, da*	*darum, daher, vorsichtshalber*
Gegengrund	konzessiv	*obwohl, obgleich*	*trotzdem, allerdings*
Gegensatz	adversativ	*aber, doch, während, sondern*	*(je)doch, dagegen*
Zeit	temporal	*als, bevor, nachdem, während, seit, (dann) wenn*	*dann, anschließend, währenddessen, immer, oft, damals*
Ort	lokal	–	*hier, da, dort, dorthin*
Bedingung	konditional	*(nur) wenn, falls, sofern*	*ansonsten, sonst, andernfalls*
Art und Weise	modal	*indem, dadurch dass*	*dadurch, so, derart*
Zweck	final	*damit, dass, auf dass*	*dafür, deshalb*
Folge	konsekutiv	*so …, dass, sodass*	*folglich, also*

Tipp

Adverbien leiten immer **Hauptsätze** ein. Du erkennst ein Adverb daran, dass sich die **Reihenfolge** der anderen Satzglieder **ändert**, wenn du es an den Anfang eines Satzes stellst. Das liegt daran, dass das finite Verb in einem Hauptsatz immer auf der zweiten Satzgliedposition steht. Wenn du also ein Adverb (= eine adverbiale Bestimmung) auf die erste Satzgliedposition setzt, rückt das Subjekt hinter das finite Verb.
Dagegen **ändert sich die Reihenfolge** der Satzglieder **nicht**, wenn du einen **Hauptsatz** mit einer **nebenordnenden Konjunktion** eröffnest.

Beispiel: *Die zentrale Prüfung rückt immer näher. Einige Schüler bereiten sich nicht darauf vor.*

- mit **Adverb** am Anfang des zweiten Satzes:
  *Die zentrale Prüfung rückt immer näher, **trotzdem** bereiten sich einige Schüler nicht darauf vor.*
  (→ finites Verb tauscht die Position mit dem Subjekt)
- mit **Konjunktion** am Anfang des zweiten Satzes:
  *Die zentrale Prüfung rückt immer näher, **aber** einige Schüler bereiten sich nicht darauf vor.*
  (→ Reihenfolge der Satzglieder bleibt unverändert)

Übung 54

Verbinde die folgenden Satzpaare durch passende Konjunktionen oder Adverbien (→ Heft). Du kannst die Reihenfolge der Sätze ändern.

Hinweis: In der tabellarischen Übersicht (S. 132) findest du Anregungen für die Auswahl von Konjunktionen und Adverbien.

a) Es stehen nicht mehr genügend Bewerber für Lehrstellen zur Verfügung. Die Betriebe klagen zunehmend darüber.

b) Die Anzahl der Abiturienten ist gestiegen. Es gibt einen Rückgang bei den Schulabgängern an Haupt- und Realschulen.

c) Die Abiturienten möchten lieber an einer Universität studieren. Die Lehrstellen in einem Betrieb haben an Attraktivität verloren.

d) Bei der Firma Siemens ist die Zahl der Bewerber um 20 Prozent gesunken. Sogar große Betriebe werben inzwischen um Auszubildende.

e) Man sollte sich auf ein Bewerbungsgespräch vorbereiten. Es gibt nicht mehr so viele Konkurrenten um einen Ausbildungsplatz.

f) Der erste Eindruck ist oft entscheidend. Man sollte angemessen gekleidet sein.

11.4 Relativsätze geschickt nutzen

Relativsätze sind eine besondere Art von Nebensätzen: Sie **beziehen sich auf etwas** (oder jemanden) **zurück**, von dem gerade die Rede gewesen ist. Der Zusammenhang zwischen dem Relativsatz und dem zugehörigen Hauptsatz wird durch **Relativpronomen** *(der, die, das; welcher, welche, welches)* hergestellt.
Ein Relativsatz steht entweder nach dem Hauptsatz – oder er ist in ihn eingeschoben.

Beispiel

Das Internet speichert dauerhaft Einträge, die uns später einmal peinlich sein können. (Nachfolgender Relativsatz)
Peinliche Fotos, die wir aus einer Laune heraus ins Netz gestellt haben, lassen sich nicht so einfach wieder löschen. (Eingeschobener Relativsatz)

Tipp

Mithilfe von Relativsätzen kannst du ungeschickte **Wortwiederholungen vermeiden**, denn das **Relativpronomen**, das den Relativsatz einleitet, steht **stellvertretend** für das Nomen aus dem Hauptsatz, auf das es sich bezieht und das man sonst noch einmal nennen müsste. Darüber hinaus kannst du Sätze, die aufgrund von langen Attributen unübersichtlich wirken, mithilfe von Relativsätzen „entschlacken".
Beispiel: *Allzu sorglos ins Internet gestellte Daten können den User später einmal in Schwierigkeiten bringen. → Daten, die allzu sorglos ins Internet gestellt wurden, können den User später einmal in Schwierigkeiten bringen.*

Übung 55

Wandle jeweils den zweiten Satz jedes Satzpaares in einen Relativsatz um. Füge ihn entweder in den vorangestellten Hauptsatz ein oder lass ihn dem Hauptsatz folgen.

a) Bei jedem Surfen im Internet hinterlassen wir Spuren. Die Spuren lassen sich nicht so leicht löschen.
b) Es handelt sich stets nur um ein paar Daten. Unser Computer speichert die Daten und kann sie preisgeben.
c) Manchmal sind es nur einzelne Wörter. Wir haben die Wörter in Suchmaschinen eingegeben.
d) Bewerber können in einem Vorstellungsgespräch einen schlechten Eindruck machen. Sie haben solche Daten im Internet hinterlassen.
e) Inzwischen geben viele Chefs die Namen der Bewerber in eine Suchmaschine ein. Die Bewerber sollen sich bei ihnen vorstellen.
f) Ein Chef wird einem Bewerber kein großes Vertrauen entgegenbringen. Der Chef hat im Internet peinliche Fotos von dem Bewerber entdeckt.

Beim Surfen im Internet hinterlassen wir Spuren, welche sich nicht so leicht löschen lassen.
Es handelt sich stets um ein paar Daten, die unser PC speichert und preisgeben kann.

11.5 „Das" und „dass" auseinanderhalten

Die Frage, ob du *das* oder *dass* schreiben musst, mag dir als ein Problem der Rechtschreibung vorkommen. In Wirklichkeit ist es ein Grammatikproblem: Das Wort *das* ist entweder ein **Artikel** oder ein **Demonstrativpronomen** oder ein **Relativpronomen**, das Wort *dass* ist immer eine **Konjunktion**.

Auf einen Blick

Der Unterschied zwischen *das* und *dass*

Das Wort ***das*** kann dreierlei sein:

- ein **Artikel**.
  Z. B.: *das Geld, das Essen, das Spielen …*
- ein **Relativpronomen**. Es verweist immer zurück auf etwas, das gerade genannt wurde.
  Z. B.: *Kennst du das Mädchen, das dort steht?*
- ein **Demonstrativpronomen**. Es verweist meist auf mehrere Wörter zurück, die unmittelbar zuvor genannt worden sind.
  Z. B.: *Du kommst früh. Das hätte ich nicht gedacht.*

Das Wort ***dass*** ist immer:

- eine **Konjunktion**. Sie leitet einen folgenden Nebensatz ein, weist also immer nach vorne (nicht zurück).
  Z. B.: *Er weiß, dass es schon spät ist.*
  Beachte aber: Der Nebensatz kann auch an erster Stelle stehen!
  Z. B.: *Dass wir uns so schnell wieder sehen, hätte ich nicht gedacht.*

Es ist leicht, den Artikel *das* in einem Satz zu identifizieren. Aber ob es sich bei dem Wort *das/dass* um ein Demonstrativpronomen, ein Relativpronomen oder eine Konjunktion handelt, ist nicht so einfach zu erkennen. Du kannst jedoch eine Probe durchführen, um es herauszufinden:

- Lässt sich das Wort *das/dass* durch das Wort *welches* ersetzen? Dann handelt es sich um das **Relativpronomen** *das*.
- Lässt sich das Wort *das/dass* durch das Wort *dieses* ersetzen? Dann handelt es sich um das **Demonstrativpronomen** *das*.
- Ist kein Austausch möglich? Dann handelt es sich um die **Konjunktion** *dass*.

Beispiel

Es ist erstaunlich, das/dass (?) der Vulkan auf Island den Flugverkehr in Europa lahmgelegt hat.

1. Probe: *Es ist erstaunlich, welches der Vulkan …* → nicht möglich

2. Probe: *Es ist erstaunlich, dieses der Vulkan …* → nicht möglich

Also handelt es sich um die Konjunktion *dass*: *Es ist erstaunlich, dass der Vulkan auf Island den Flugverkehr in Europa lahmgelegt hat.*

Tipp

Die Konjunktion ***dass*** folgt in der Regel nach Formulierungen, die ausdrücken, dass eine Person **etwas denkt, fühlt oder sagt**. Am besten merkst du dir die typische Satzstruktur:
Ich weiß, dass … Mein Freund hat gesagt, dass …
Das gilt auch für Sätze, in denen es heißt, dass mehrere Personen etwas denken, fühlen oder sagen: *Viele Menschen glauben, dass …, Man hat gehört, dass …, Es ist bekannt, dass …*
Wenn du in solchen Sätzen automatisch die Konjunktion *dass* schreiben kannst, hast du schon eine große Sicherheit bezüglich der richtigen Schreibweise gewonnen.

Übung 56

1. Was ist richtig: *das* oder *dass?* Trage die richtige Schreibweise in den Text ein.
2. Ordne die Wörter *(das/dass)* der jeweiligen Wortart zu. Orientiere dich an der Verwendung im Satz. Trage die Lösung in die rechte Spalte ein.

Letzte Chance für ein normales Leben

Wortart

Wer einmal notorischer Blaumacher ist, findet nur schwer zurück in die Schule. In Berlin gibt es ein Internatsprojekt, das notorischen Schwänzern helfen soll, diesen Teufelskreis zu durchbrechen. Das ist ihre letzte Chance.

Sie sind zwischen 12 und 16 Jahre alt und kommen aus Berlin-Neukölln. Eines haben die Jungen und Mädchen gemeinsam: dass sie die Schule zuletzt nur selten besuchten. Das hat sich inzwischen geändert. Denn jetzt lernen sie im Internat „Leben und Lernen“.

Von Sonntagabend bis Freitagnachmittag werden die Schüler dort ganztags betreut. Ganze 2 400 Euro kostet das pro Schüler – monatlich. Die Eltern zahlen davon das, was das Familieneinkommen zulässt. Den Rest trägt das Jugendamt. Das entscheidet auch, wer aufgenommen wird – gemeinsam mit den Mitarbeitern der Wohngruppe und den Lehrern.

Ziel des Projekts ist es, dass sich die Kinder an klare Strukturen gewöhnen. Um die Gewohnheiten zu durchbrechen, setzt das Internat auf Tagesstrukturen mit wenig persönlichen Rückzugsmöglichkeiten. Mit Ausnahme eines Einzelzimmers gibt es nur Doppelzimmer. Die aber sind so ausgestattet, dass jeder einen eigenen Schreibtisch und etwas Platz für persönliche Dinge hat.

Die Nutzung des Telefons wird nur eingeschränkt erlaubt, das gilt auch für Handys. Klar geregelt ist, dass die Schüler zu einer bestimmten Zeit aufstehen müssen und dass sie den Putzdienst für die Zimmer und Gemeinschaftsräume leisten müssen.

Einfach ist die Arbeit nicht […]. Denn wer im Internat lebt, steigt nicht automatisch ins normale Schulleben ein. Das ist ein Entwicklungsprozess […].

Quelle: M. Hannemann; http://www.news.de/gesellschaft/855026951/letzte-chance-auf-ein-normales-leben/1/ (gekürzt und leicht geändert)

Merkwissen

Stilmittel

Ein Autor setzt Stilmittel bewusst ein, um eine bestimmte Wirkung zu erzielen. Aus der Vielzahl an Stilmitteln werden hier die häufigsten aufgeführt. Ihre Wirkung (gekennzeichnet mit →) wird allgemein beschrieben, im konkreten Einzelfall musst du sie auf den Text abstimmen.

Alliteration: gleicher Anlaut aufeinanderfolgender Wörter → Betonung, Förderung der Merkfähigkeit, lautmalerisch, melodisch
Beispiel: *Kind und Kegel, wahre Wunder*

Anapher: Wiederholung gleicher Vers- oder Satzanfänge → Hervorhebung, oft gefühlsmäßige Beteiligung
Beispiel: *Das Wasser rauscht | Das Wasser schwoll.*

Antithese: Gegenüberstellung von gegensätzlichen Begriffen oder Gedanken → Betonung des Gegensatzes
Beispiel: *Friede den Hütten | Krieg den Palästen*

Beispiel: → Veranschaulichung, Verdeutlichung
Beispiel: *Kinder lieben Süßes; wenn z. B. der Eismann kommt, hält sie nichts ...*

Chiasmus: Überkreuzstellung von ähnlichen Sätzen oder Satzteilen → Verstärkung, Betonung
Beispiel: *Ich weiß nicht, was ich will, ich will nicht, was ich weiß.*

Ellipse: verkürzter, unvollständiger Satz in dem das Subjekt oder das Prädikat fehlt (oder beides) → erregtes, gefühlsbetontes Sprechen als Ausdruck von Freude, Angst, Entsetzen oder Erleichterung, auch typisch für die Umgangssprache
Beispiel: *Je früher (du zum Arzt gehst), desto besser (ist es für deine Gesundheit).*
Endlich allein! (statt: Endlich bin ich allein!)

Enjambement: Zeilensprung; ein Satz im Gedicht erstreckt sich über zwei (oder mehr) Verse → Bewegung, Lebendigkeit, Durchbrechen des monotonen Versmaßes, Erzeugen von Spannung
Beispiel: *Daraus rennt | Mit wildem Sprunge | Ein Tiger hervor*

Epipher: Wiederholung gleicher Vers- oder Satzenden → Hervorhebung, oft gefühlsmäßige Beteiligung
Beispiel: *Doch alle Lust will Ewigkeit –, – will tiefe, tiefe Ewigkeit!*

Hyperbel: sehr starke Übertreibung → Verdeutlichung, manchmal auch ironisch gemeint
Beispiele: *ein Meer von Tränen, himmelhoch jauchzend, zu Tode betrübt*

Inversion: Umstellung der normalen Satzstellung → Verstärkung, Hervorhebung des Satzanfangs
Beispiel: *Unendlich mühsam war der Weg! (statt: Der Weg war unendlich mühsam.)*

Ironie: versteckter, feiner Spott, meint das Gegenteil des Vorgegebenen → humorvolle Kritik, Bloßstellung von Missständen
Beispiel: *Du bist mir ein schöner Freund.*

Klimax: Steigerung → Hervorhebung
Beispiel: *Sie arbeiten täglich zehn, zwölf, ja vierzehn Stunden am Erfolg!*

Lautmalerei: Nachahmung von Klängen, Lauten → Veranschaulichung, Verlebendigung, Spiel mit der Sprache
Beispiel: *Das Feuer leckt, knistert und knattert.*

Litotes: doppelte Verneinung → Hervorhebung durch Untertreibung, meint das Gegenteil
Beispiel: *nicht selten (statt: oft), nicht unschön (statt: schön)*

Metapher: bildhafter Ausdruck mit übertragener Bedeutung, nicht wortwörtlich zu nehmen, Vergleich ohne Vergleichswort → Veranschaulichung, sprachliche Verdichtung, Betonung
Beispiel: *Flug der Gedanken (statt: Die Gedanken bewegen sich so leicht, als ob sie fliegen könnten.), Bücher verschlingen (statt: sehr gerne lesen), Rabenvater (statt: schlechter Vater)*

Neologismus: Wortneuschöpfung → starke Aussagekraft, oft Sprachspielerei
Beispiel: *wirrflirrbunt*

Oxymoron: (scheinbar) widersinnige, unlogische Behauptung → soll stutzig machen, Missstände aufdecken
Beispiel: *alter Knabe, süße Arbeit*

Parallelismus: Aufeinanderfolge von gleich oder ähnlich gebauten Sätzen oder Satzteilen → Verstärkung, Betonung
Beispiel: *Schnell lief er hin, langsam kam er zurück.*

Parenthese: Einschub in einen Satz → erregtes Sprechen, ergänzender, kommentierender Gedanke, Betonung
Beispiel: *Die Errichtung der Mauer – wir werden es nie vergessen – hat uns viel Unglück gebracht.*

Seine Augen funkeln wie die Sterne

Auffälligkeiten:
- lange/kurze Sätze?
- Wiederholung von einem Wort

Personifikation: Gegenstände/Begriffe werden vermenschlicht → Veranschaulichung, Verlebendigung
Beispiel: *Mutter Natur*

Pointe: Höhe-/Schlusspunkt bei Anekdote, Glosse, Kurzgeschichte oder Witz → Auslösen eines Überraschungseffekts

Rhetorische Frage: Scheinfrage, auf die keine Antwort erwartet wird → Betonung der Aussage, Anregung zum Nachdenken
Beispiel: *Machen wir nicht alle Fehler?*

Sarkasmus: beißender Spott, verletzender Hohn, extrem gesteigerte Ironie

Satire: ein Text, in dem Personen und Ereignisse mittels Übertreibung, Ironie und scharfem Spott lächerlich gemacht und heftig kritisiert werden

Symbol: Sinnbild, das auf eine Idee verweist, verbunden mit einer Vielzahl von Vorstellungen und Gefühlen → Veranschaulichung, starke sprachliche Verdichtung, Betonung
Beispiel: *Teufel (Symbol des Bösen), Ring (Symbol der Treue)*

Synonyme: verschiedene Wörter, die alle eine gleiche oder sehr ähnliche Bedeutung haben → Umschreibung, Vermeidung von Wiederholung
Beispiel: *Pferd, Ross, Gaul, Mähre, Reittier*

Vergleich: Verbindung eines bildhaften Ausdrucks mit dem eigentlich gemeinten Begriff mit Hilfe eines Vergleichswortes (z. B. *wie, als ob*) → Veranschaulichung
Beispiel: *Er ist stark wie ein Löwe.*

Wiederholung: mehrmalige Verwendung eines Wortes oder einer Wortgruppe in einem Text → Hervorhebung
Beispiel: *Die Frau war in großer Eile. Man sah ihr die Eile an.*

Wortspiel: Ausnutzung von sprachlicher Vieldeutigkeit → witzig, geistreich
Beispiel: *Ich habe den Saal schon voller und leerer gesehen, aber so voller Lehrer noch nie.*

Zynismus: beißender Spott, rohe Offenheit, Schamlosigkeit, herausforderndes, verächtliches Verhalten und bewusste Verletzung anderer Menschen

Verben des Sagens

Es gibt verschiedene **Verben**, um zu sagen, dass jemand etwas Bestimmtes mit Worten **zum Ausdruck bringt**. Die meisten dieser Verben sind aber von ihrer Bedeutung her nicht gleich. Du solltest sie deshalb sicher unterscheiden können. In der Prüfung wirst du häufig **in der Aufgabenstellung** mit diesen Verben aufgefordert, dich in einer bestimmten Art und Weise zu einem Text zu äußern. Dann ist es wichtig, dass du genau weißt, **was von dir verlangt wird**.

Die folgende Übersicht gibt dir dafür wichtige Hinweise:

analysieren: etwas in seine Bestandteile zerlegen; sagen, aus welchen Einzelheiten es besteht
→ *einen Text analysieren*: untersuchen, aus welchen Abschnitten ein Text besteht, welche Satzstrukturen er aufweist, welche (auffälligen) Wörter darin enthalten sind usw.

belegen: sagen, woran etwas zu erkennen ist, etwas beweisen
→ *am Text belegen:* anhand von Textstellen (Zitaten) nachweisen, dass eine Aussage zum Text stimmt

begründen: sagen, was der Grund für etwas ist
→ *eine Meinung begründen:* sagen, weshalb man diese Meinung vertritt

beschreiben: sagen, wie eine Person oder eine Sache aussieht
→ *eine Person beschreiben:* sagen, wie die Person aussieht (Körpergröße, Figur, Haarfarbe, Kleidung usw.)

beurteilen: sagen, was etwas bedeutet
→ *Verhalten beurteilen:* sagen, was es bedeutet, wenn jemand rot wird (er schämt sich) oder wenn er schreit (er ist wütend)

bewerten: sagen, ob man etwas gut oder schlecht findet
→ *Verhalten bewerten:* sagen, ob man das Verhalten gut (akzeptabel, verständlich) oder schlecht (inakzeptabel, unverständlich) findet

bezeichnen (als): eine Bezeichnung für etwas oder jemanden finden
→ *eine Bezeichnung für eine Person finden:* z. B. die Person als „Helden", „Feigling", „Tyrann" o. Ä. bezeichnen

darstellen: sagen, was für ein Sachverhalt vorliegt und wie dieser beschaffen ist
→ *eine Situation darstellen:* sagen, was passiert ist und wie sich die Lage zeigt

erklären: ausführlich sagen, warum ein bestimmter Sachverhalt vorliegt
→ *ein Verhalten erklären:* ausführlich sagen, warum sich jemand auf eine bestimmte Art und Weise verhält, indem man Zusammenhänge aufzeigt (z. B. über das, was vorher geschehen ist, was die Absicht dieser Person ist, wie sie sich fühlt usw.)

erläutern: sagen, wie etwas zu verstehen ist
→ *den Sinn einer Textstelle erläutern:* sagen, was man anhand dieser Textstelle erkennen kann

erörtern: eine Fragestellung/ein Problem diskutieren
→ *eine Fragestellung erörtern:* Argumente darstellen und gegeneinander abwägen

erwähnen: etwas beiläufig nennen
→ *einen Vorfall erwähnen:* in einem bestimmten Zusammenhang kurz auf den Vorfall zu sprechen kommen

hinweisen (auf): auf etwas zeigen, sein Augenmerk auf etwas richten
→ *auf eine Beobachtung hinweisen:* in einem bestimmten Zusammenhang etwas in den Blick nehmen, es hervorheben (häufig als Beleg für etwas)

interpretieren: sagen, wie etwas zu verstehen ist, was es bedeutet
→ *einen Text interpretieren:* sagen, was in dem Text zum Ausdruck kommt (z. B. über die Beziehung zwischen Menschen, über ein Problem o. Ä.)

nennen[1]: knapp sagen, welche Merkmale oder Eigenschaften etwas hat (ohne ausführliche Erklärung oder Begründung)
→ *verschiedene Möglichkeiten nennen:* die Möglichkeiten aufzählen, ohne dabei auf Ursache und Folgen einzugehen oder sie zu bewerten

nennen[2]: einer Person oder einer Sache einen Namen geben (wie „bezeichnen")
→ *jemanden einen … nennen:* z. B. eine Person einen Schuft oder einen Betrüger nennen

schildern: eine Situation oder eine Atmosphäre sehr ausführlich und anschaulich darstellen
→ *schildern, wie die Stimmung ist,* z. B. bei einem Fest

umschreiben: die Bedeutung eines Wortes oder Satzes mit mehreren (anderen) Worten zum Ausdruck bringen
→ *die Bedeutung eines Wortes umschreiben:* z. B. mit mehreren Worten sagen, was das Wort „Mobbing" bedeutet

verweisen (auf): sagen, welchen Sachverhalt man als Beleg für eine These ansieht
→ *in einem bestimmten Zusammenhang auf etwas verweisen:* ein Beispiel anführen, um zu zeigen, dass eine These stimmt

wiedergeben: sagen, was geschehen ist (oder was in einem Text dargestellt ist)
→ *eine in einem Text dargestellte Handlung wiedergeben:* die Handlung mit eigenen Worten darstellen

zusammenfassen: kurz und knapp sagen, was in einem Text dargestellt ist
→ *den Inhalt eines Textes zusammenfassen:* mit wenigen Sätzen sagen, was in dem Text steht

Übungsaufgaben mit Materialien im Stil der zentralen Prüfung

Zentrale Prüfung am Ende der Klasse 10 – NRW Deutsch – Übungsaufgabe 1

Erster Prüfungsteil: Leseverstehen

Nadja Erb: Unternehmen verkaufen weiter Killer-Jeans

Eines Tages spuckte Rashid Blut beim Husten. Da fing er an, sich ernsthaft Sorgen um seine Gesundheit zu machen. Schon seit längerem hatte er Schmerzen in der Brust. Rashid ist 24 und verdient den Lebensunterhalt für seine ganze Familie. Er kann es sich nicht leisten, krank zu sein, sagt er. Doch seit er vor vier Jahren angefangen hat, als Sandstrahler zu arbeiten, geht es ihm immer schlechter. Rashid ist einer von 73 Textilarbeitern in Bangladesch, die die Kampagne für Saubere Kleidung (CCC)[1], ein Netzwerk von NGOs[2], für ihre aktuelle Studie „Deadly Denim“[3] interviewt hat. Der Bericht stellt fest, dass in vielen Textilfabriken die gesundheitsgefährliche Sandstrahltechnik weiter zum Einsatz kommt. Und zwar auch in Zuliefererbetrieben für große Modemarken, die sich offiziell von der tödlichen Technik distanziert[4] haben.

Tausende Arbeiter betroffen

Dabei wird der Jeansstoff mit Sand bearbeitet, um ihm den trendigen Used-Look[5] zu verpassen. Das Verfahren ist in vielen Ländern verboten, weil der feine Sandstaub massiv die Lungen der Arbeiter angreift. In der Türkei, wo Sandstrahlen bis März 2009 erlaubt war, sind den NGOs zufolge bereits 46 Todesfälle infolge Sandstrahlens bekannt und etwa 1 200 Krankheitsfälle registriert.
Weltweit wird demnach von einer hohen Dunkelziffer ausgegangen. Allein in der Türkei waren rund 10 000 Sandstrahler tätig, rund die Hälfte davon dürften laut CCC an der Lungenkrankheit Silikose erkrankt sein.
„Es ist schockierend, dass Unternehmen das Sandstrahlen verbieten, um ihren Ruf zu retten, und trotzdem weiterhin die Arbeiter dieser tödlichen Gefahr aussetzen“, sagt Lars Stubbe, der beim Netzwerk Inkota für die Kampagne zuständig ist. Dem Bericht zufolge haben die interviewten Arbeiter bekannte Marken wie H&M, Levi's, C&A, Dolce & Gabbana, Esprit, Lee, Zara und Diesel als Käufer der von ihnen hergestellten Kleidung genannt.
Deren Logos hätten auf den Kleidungsstücken geprangt. Bis auf das Luxuslabel Dolce & Gabbana haben alle genannten zugesichert, auf die umstrittene Technik zu verzichten. Für die Konsumenten ist nicht zu erkennen, mit welcher Technik die Jeans behandelt wurde.

H & M sieht sich als Vorbild

Beim Modehaus H & M zeigt man sich erstaunt über die harschen[6] Anschuldigungen, versteht man sich doch als Vorreiter in der Branche, was Gesundheitsstandards in der Produktion angeht. Das Unternehmen habe die umstrittene Technik bereits 2010 aus seiner gesamten Produktion verbannt, teilte ein Spre-

1 *CCC: (engl.: Clean Clothes Campaign) Kampagne für Saubere Kleidung. Die Kampagne setzt sich für eine Verbesserung der Arbeitsbedingungen in der Bekleidungsindustrie ein.*

2 *NGOs: (engl.: Non-Governmental Organisations) Vereinigungen, die unabhängig von staatlichen Organisationen und Regierungen sind; sie engagieren sich in der Regel für die Umwelt oder soziale Anliegen*

3 *Deadly Denim: Tödliches Denim (Denim: Jeansstoff)*

4 *sich distanzieren: von etwas Abstand nehmen, dagegen sein*

5 *Jeans im Used-Look: Jeans, die aussehen, als wären sie schon gebraucht (von engl. „used“: gebraucht), also nicht mehr neu*

6 *harsch: grob, rau, böse*

cher auf Anfrage mit. Darüber hinaus würden die Sicherheitsvorkehrungen in den Zuliefererbetrieben stetig weiter kontrolliert, so dass sich die Bedingungen auch für die Arbeiter verbessert hätten, die für andere Marken weiter mit Sandstrahlern arbeiteten.

Auch bei Esprit heißt es, seit mindestens zwei Jahren werde sichergestellt, dass kein Zulieferer mehr mit dieser Technik arbeite. Alle Zulieferer wüssten das und würden entsprechend kontrolliert, so ein Sprecher auf Anfrage. „Wir nehmen das sehr ernst."

[...]

Aus Sicht der NGOs reichen die Kontrollen jedoch nicht aus. Die Firmen müssten ihre Designvorgaben [...] vielmehr so anpassen, dass die Jeans nicht mehr sandgestrahlt werden müssten, fordert CCC. Um das Verbot wirksam durchzusetzen, müssten die Firmen mit NGOs und Gewerkschaften vor Ort zusammenarbeiten.

Eine Heilung gibt es nicht

Dem Bericht zufolge wurde beispielsweise in manchen Fabriken nachts gearbeitet, um Kontrollen zu umgehen. Auch die Politik sei in der Pflicht: Deutschland und die EU müssten ein Importverbot für sandgestrahlte Produkte prüfen.

Die durch das Sandstrahlen hervorgerufene Silikose ist eigentlich eine typische Berufskrankheit unter Bergleuten. Dabei lagert sich der feine Staub, vor allem quarzhaltiger, in der Lunge ab. Als Reaktion auf diese winzigen Fremdkörper bilden sich Knötchen und Vernarbungen.

Die Folgen reichen von Atemnot, Husten und chronischer Bronchitis bis zum qualvollen Erstickungstod. Eine Heilung gibt es nicht.

„Das ist eine Zeitbombe", sagt Lars Stubbe. Er rechnet mit tausenden Betroffenen allein in Bangladesch. Genauere Schätzungen seien schwierig, weil die Betroffenen meist nach wenigen Jahren nicht mehr in der Lage seien zu arbeiten und aus den städtischen Produktionszentren in ihre Heimatdörfer zurückkehrten – ohne zu wissen, dass sie eine tödliche Krankheit in sich tragen.

Dort verliere sich ihre Spur.

Quelle: Berliner Zeitung vom 3. 4. 2012; http://www.berliner-zeitung.de/wirtschaft/schaedliche-textilproduktion-unternehmen-verkaufen-weiter-killer-jeans,10808230,14640866.html

Aufgaben

1. Bestimme die Textsorte. Kreuze die passende Aussage an.

   Es handelt sich bei dem Text um …

   - [ ] einen Kommentar.
   - [ ] einen Bericht.
   - [x] eine Reportage.
   - [ ] ein Interview.

2. Bestimme das Thema des Textes. Kreuze die passende Aussage an.

   Es geht im Text um …

   - [ ] die Arbeitsbedingungen in Bangladesch.
   - [ ] unzureichende Sauberkeit von Jeansstoffen.
   - [ ] Lügen einiger Modefirmen über ihre Zulieferer.
   - [x] bestimmte Verfahren bei der Herstellung von Jeans.

3. Wie heißt die Technik, mit der viele Jeansstoffe bearbeitet werden?

   Die Technick heißt: „Sandstrahlen"

4. Warum kommt diese Technik zum Einsatz – und warum nicht? Kreuze entsprechend an.

Aussagen	trifft zu	trifft nicht zu
a) Anschließend sehen die Jeansstoffe nicht mehr neu aus.	☒	☐
b) Das Verfahren verbilligt die Herstellung.	☐	☒
c) Das Ergebnis entspricht dann der gängigen Mode.	☒	☐
d) Man benötigt so weniger Arbeitskräfte.	☐	☒

5. Was ist der Grund (G), was die Folge (F)? Kreuze entsprechend an.

	G	F
a) Der Jeansstoff wird mit Sand bestrahlt.	☒	☐
Viele der betroffenen Textilarbeiter erkranken.	☐	☒
b) In der Türkei ist die Sandstrahltechnik seit 2009 verboten.	☒	☐
Es wurden in der Türkei schon 46 Todesfälle registriert.	☐	☒
c) Die Firmen fürchten um ihren guten Ruf.	☐	☒
Sie verbieten die Sandstrahltechnik offiziell.	☒	☐
d) Einige Firmen lassen ihre Arbeiter nachts arbeiten.	☒	☐
Die Kontrolleure können keine Verstöße gegen das Verbot der Sandstrahltechnik feststellen.	☐	☒

6. Welche Folgen hat die Anwendung dieser Technik für die betroffenen Arbeiter? Beantworte diese Frage mit einem vollständigen Satz.

Feine Sandpartikel gelangen in die Lungen der Arbeiter und bilden dort Knoten, die bis zum Erstickungstod führen können.

7. Warum kann Rashid es sich nicht leisten, krank zu werden? Nenne den Grund.

Er verdient den Lebensunterhalt für seine ganze Familie. Wenn er krank wird und nicht Arbeiten gehen kann, bekommt er kein Geld mehr.

8. „Weltweit wird […] von einer hohen Dunkelziffer ausgegangen." (Z. 34 f.) Was lässt sich aus diesem Satz ableiten – und was nicht? Kreuze entsprechend an.

Aussagen	trifft zu	trifft nicht zu
a) Man kennt die genaue Zahl nicht.	☒	☐
b) Die tatsächliche Zahl ist höher als die Zahl, die man kennt.	☒	☐
c) Eine Mafia sorgt dafür, dass die wahre Zahl im Dunkeln bleibt.	☐	☒
d) Weltweit fragt man sich, wie hoch die Zahl tatsächlich ist.	☒	☐
e) Fachleute glauben, dass die Zahl erschreckend hoch ist.	☒	☐
f) Für die genaue Zahl interessiert sich niemand.	☐	☒

9. Was bezeichnet der Sprecher der Kampagne für Saubere Kleidung als „Zeitbombe" (Z. 112)? Kreuze die passende Aussage an.

Irgendwann wird es dazu kommen, dass …

- ☐ die bei der Jeans-Herstellung verwendeten Geräte explodieren.
- ☒ eine erschreckend hohe Zahl von Arbeitern erkrankt.
- ☐ der Markt für Jeans weltweit zusammenbricht.
- ☐ den Jeans-Herstellern der Prozess gemacht wird.

10. Warum reichen Kontrollen nicht aus (vgl. Z. 83 f.)? Kreuze die passende Aussage an.

- ☒ Die Kontrolleure sind bestechlich.
- ☐ Die Fabrikbesitzer sind erfinderisch.
- ☐ Es gibt keine Gewerkschaften.
- ☐ Die Chefs lassen Kontrollen nicht zu.

11. Wer sind die Zulieferer (vgl. Z. 70, 77), von denen im Text die Rede ist? Kreuze die passende Aussage an.

    Die Zulieferer ...

    - [ ] liefern Maschinen zur Herstellung von Kleidung.
    - [x] bearbeiten Stoffe zur Herstellung von Kleidungsstücken.
    - [ ] versehen Kleidungsstücke mit den Labels von Modemarken.
    - [ ] sind zuständig für den Transport von fertigen Jeans.

12. „Dem Bericht zufolge haben die interviewten Arbeiter bekannte Marken [...] als Käufer der von ihnen hergestellten Kleidung genannt." (Z. 46–51) „Bis auf das Luxuslabel Dolce & Gabbana haben alle genannten zugesichert, auf die umstrittene Technik zu verzichten." (Z. 53–56)

    Erkläre, warum diese beiden Aussagen eigentlich nicht zusammenpassen.

13. Welche Reaktionen zeigten einige Modehäuser, nachdem sie den Bericht von CCC gelesen hatten? Kreuze die passende Aussage an.

    - [ ] Sie reagierten betroffen.
    - [ ] Sie waren empört.
    - [ ] Sie stellten sich unwissend.
    - [x] Sie waren erstaunt.

14. Ordne passend zu. Verbinde zusammengehörige Textbausteine durch Linien.

	46 Todesfälle	waren tätig
In der Türkei:	73 Textilarbeiter	wurden interviewt
	1.200 Krankheitsfälle	wurden registriert
In Bangladesch:	10.000 Sandstrahler	sind bekannt

15. Welche Forderung richtet die Kampagne für Saubere Kleidung an die Modefirmen? Kreuze die passende Aussage an.

Die Kampagne für Saubere Kleidung fordert von den Modefirmen, …

- [ ] Jeans nicht mehr in Bangladesch produzieren zu lassen.
- [ ] die betroffenen Arbeiter besser zu bezahlen.
- [ ] bei der Herstellung von Jeans sorgfältiger vorzugehen.
- [x] künftig auf den Used-Look zu verzichten.

16. Welche Pflicht haben die Politiker nach Ansicht der Kampagnenmitarbeiter? Kreuze die passende Aussage an.

Politiker sollten prüfen, ob …

- [x] die Einfuhr bestimmter Produkte verboten werden kann.
- [ ] Kleidung nicht besser in Deutschland hergestellt werden sollte.
- [ ] Gewerkschaften mehr Macht bekommen sollten.
- [ ] die Grenzkontrollen zu verschärfen sind.

17. Erkläre den Sinn der Überschrift.

Die Überschrift deutet auf die Entstehung der Krankheit hin, die bei der Produktion von Hosen mit Sandstrahlung oft unter den Arbeitern auftritt. Sie soll zeigen, dass die Herstellung von manchen Jeans tödlich ist.

18. Boris sagte nach der Lektüre dieses Textes:

„Gut, dass ich diesen Artikel gelesen habe. Künftig werde ich darauf achten, wie eine Jeans produziert wurde, ehe ich sie kaufe."

Nimm begründet Stellung zu dieser Äußerung.

Das ist zwar eine gute Idee, jedoch schwer umsetzbar. In den Hosen steht zwar oft wo sie hergestellt wurden, aber nicht unter welchen Bedingungen. Somit müsste man sich erst einmal bei der Filialie informieren und dann besteht immernoch das Risiko, dass man keine Auskunft bekommt.

Zweiter Prüfungsteil

Der zweite Prüfungsteil enthält **zwei Wahlthemen**, von denen **eines** von dir ausgewählt und bearbeitet werden muss.

Wahlthema 1 –
Einen literarischen Text analysieren

Lies zunächst den gegebenen Text und bearbeite dann die Aufgaben.
Schreibe einen zusammenhängenden Text.

Aufgabenstellung

Analysiere den Auszug aus dem Roman „Es war einmal Indianerland" von Nils Mohl.

Gehe dabei so vor:

- Schreibe eine Einleitung, in der du Textsorte, Titel, Autor und Erscheinungsjahr **nennst** und das Thema **bestimmst**.
- **Fasse** den Inhalt des Textes mit eigenen Worten **zusammen**.
- **Stelle** den Ablauf der Begegnung zwischen dem Ich-Erzähler und Jackie **dar**. Gehe dabei auch auf die Gefühle beider ein. Beziehe dich auf Textstellen.
- **Beschreibe** auffallende sprachliche Besonderheiten. Zeige, wie die Sprache der Hauptfiguren den Gesprächsverlauf beeinflusst.
- **Stelle dar**, wie die Begegnung endet. Gehe dabei noch mal kurz auf die Gründe für dieses Ende ein.
- Nach dem Lesen des Textes sagt Nora: *„Ich finde, die beiden passen überhaupt nicht zusammen!"*
  Nimm begründet Stellung zu dieser Äußerung. **Belege** deine Meinung anhand des Textes.

In dem Roman „Es war einmal Indianerland" setzt sich der siebzehnjährige Ich-Erzähler mit Problemen auseinander, denen er sich auf der Schwelle zum Erwachsenwerden stellen muss. Der Umgang mit Mädchen spielt dabei auch eine wichtige Rolle. In diesem Textauszug interessiert er sich für Jackie, die aus ganz anderen Verhältnissen stammt als er selbst: Ihre Eltern sind reich, und sie wohnt in einer Villa mit großem Garten und Swimmingpool. Er dagegen stammt aus einer Vorstadtsiedlung, in der die Mieter eher unteren gesellschaftlichen Schichten angehören. Nachdem Jackie ihn am Vortag bei einer Verabredung am Strand der Elbe versetzt hat, geht er zu ihrem Haus, um sie deswegen zur Rede zu stellen. Allerdings klingelt er nicht, sondern wartet vor dem Eingang darauf, dass sie irgendwann herauskommt …

Nils Mohl: Es war einmal Indianerland (Auszug)

Als ich sie (bei ihrer versuchten Begrüßungsumarmung) zur Seite schieben will, hält sie mich fest. Mit einer Träne im Knopfloch, was mich kurz aus dem Konzept bringt. Ein rascher Kuss auf den Mundwinkel gelingt ihr, dann habe ich meine Fassung wieder und gebe den Kotzbrocken, den man nicht so ohne weiteres im Regen stehen lässt. Sie:

– Es hat nicht bloß genieselt, beleidigte Leberwurst, es hat Nägel geschüttet, die Welt ist gestern untergegangen, mit Donner und Gloria. Warum bist du nicht einfach vorbeigekommen?

– Bin ich. Es war kein Mensch hier.

– Warum besorgst du dir kein Telefon?

Ich sehe Tropfen über ihre Wimpern kullern. Bleibe trotzdem ruppig, fasele etwas von wegen, wo ich herkomme sei ein Wort ein Wort, und so weiter. Was ihr aber nicht wirklich imponiert.

– Na und, sagt sie, ich könnte mich auch aufregen. Du lauerst mir auf. Stehst hier vor der Haustür wie ein Stalker: Möchte gar nicht wissen, wie lange schon. Und wozu? Um mich zu beschimpfen und herumzuschubsen?

Beim Wort *Stalker* malt sie Gänsefüßchen in die Luft. Ich entgegne, dass sie unbesorgt sein könne, ich habe noch nie rothaarige Mädchen tranchiert[1] oder mit Salzsäure beträufelt. Jackie:

– Sei nicht kindisch.

Ich frage mich im Stillen, warum nicht. Pöble:

– Was soll ich denn deiner Meinung nach sein? Auf erwachsene Weise stumpf abgebrüht gleichgültig?

Das *So-wie-du* schenke ich mir. Sie verwischt die feuchten Spuren im Gesicht, und ich sehe, wie vor ihren Augen unsichtbare Visiere runtergeklappt werden. Und als weitere Absicherung auch noch: die Sonnenbrille, direkt aus dem fuchsroten Haar über der Stirn.

– Okay, du bist sauer, kapiert, sagt sie, aber warum kommst du jetzt nicht einfach mit, ich bin zum Kaffee verabredet.

Ein Trick? Ich muss kurz nachdenken. Höre den Motor eines Rasenmähers in der Nähe. Sehe einen Gärtner mit fransigem Strohhut vor mir, der auf dem Sitz eines wackeligen Gefährts durchgerüttelt wird und leise summend über die Hügel einer Parklandschaft zuckelt (wie ein Siedler auf dem Kutschbock vor dem Planwagen).

1 *tranchieren: mithilfe eines scharfen Messers zerlegen. Man tranchiert z. B. eine gebratene Gans.*

– Ich will nicht stören. Merke schon: Ghetto-Kind wird langweilig.

Es ist mir so rausgerutscht. Genauso peinlich: Die Gänsefüßchen, die ich beim Wort *Ghetto-Kind* in die Luft gemalt habe.

– Meld dich einfach wieder, wenn du normal bist. Oder geh zum Teufel.

Höllisch gerne. Ich betrachte betreten und getreten meine Turnschuhe: Baustellenstaub haftet noch dran; denke an die Prämie, die ich heute früh für diesen Auftritt in den Wind geschlagen habe[2], drehe bei und weiß plötzlich nicht so recht, wohin. Überhaupt: Mein Zorn ist bereits nach wenigen Schritten komplett verpufft.

Werde ich meinen Schatten nie wieder auf dieses Pflaster werfen?

War's das?

Jackie womöglich nie wiederzusehen erscheint mir ein hoher Preis für meinen Stolz. Also drehe ich mich noch einmal um, nur zur Vorsicht, aber Jackie ist schon zurück durch die Toreinfahrt. Wollte sie nicht gerade los?

Ich hüpfe hinter einen Busch und warte wieder. Aber während es beim ersten Mal geschlagene drei Stunden waren am Ende (ich weiß jetzt, für einen Spähtrupp ist das Leben die meiste Zeit ungefähr so spannend, wie einem Baum beim Wachsen zuzusehen), sind es diesmal nur drei Minuten.

Und schon kommt sie vorbei. So schnell, so wunderschön in der Sonne mit ihrem Raubtiergang. Eine leibhaftige Werbeposter-Ikone: Zero Körperfett, Zero Makel, Zero Selbstzweifel. Ihr Auftritt sagt: *Seht her, hier kommt Jackie!*

Sie trägt einen kurzen Rock, dazu einen weit ausgeschnittenen, hauchzarten Pulli, darunter sieht man ein Bikini-Oberteil im Leopardenlook hervorblitzen. An den Füßen: Espadrilles[3]. In der Hand: ein kleines Ledertäschchen. Im Haar jetzt wieder die Sonnenbrille, im exakt gleichen Design wie der Bikini.

(Ist sie deshalb zurück ins Haus, um die Sonnenbrille zu richten?)

Mein Puls, ihre Haare fliegen. Ich kann nicht anders, ich muss ihr nach. [...]

Quelle: Nils Mohl: Es war einmal Indianerland. rororo, Reinbek bei Hamburg 2011, S. 140–142

3 *Espadrilles: sommerliche Leinenschuhe mit Sohlen aus Pflanzenfasern*

2 *Um Jackie zu treffen, hat er eine Prämie ausgeschlagen, die ihm für zusätzliche Arbeitsstunden auf einer Baustelle angeboten worden war.*

Wahlthema 2 – Einen informierenden Text verfassen

Bei Recherchen für eine Präsentation zum Thema „Heimat" sind einige Schüler deiner Klasse im Internet des Öfteren auf Seiten gestoßen, die von Rechtsradikalen stammen. Nicht alle haben das gleich gemerkt, denn einige der verwendeten Symbole und Inhalte lassen sich nur von Kennern eindeutig den Neonazis zuordnen. Das hat dich dazu bewegt, einen Vortrag über das Thema „Neonazis im Internet" zu halten. Zur Sicherheit schreibst du dir das, was du sagen willst, auf. Die Schüler sollen anschließend eine Kopie davon bekommen, damit sie die einzelnen Informationen noch einmal genau nachlesen können.

Lies zunächst die Materialien (S. 151–153), bevor du dich an die Bearbeitung der Aufgabe machst.

Aufgabenstellung

Verfasse auf Grundlage der Materialien M 1–M 6 einen informierenden Text für deinen Vortrag über „Neonazis im Internet".

Gehe so vor:

1 - Formuliere eine Überschrift für deinen Vortrag.
2 - Nenne in der Einleitung den Anlass, der dich bewegt hat, den Vortrag zu halten.
3 - Äußere dich allgemein zu der Entwicklung der Aktivitäten von Neonazis im Internet.
4 - Nenne dann Beispiele für die Aktivitäten Rechtsradikaler im Netz.
5 - Erkläre, woran man rechtsradikales Denken erkennen kann.
6 - Äußere dich zum möglichen Vorgehen gegen Neonazis im Internet.
7 - Appelliere am Schluss an deine Mitschüler, beim Surfen im Internet wachsam zu sein. Begründe deinen Appell.
8 - Notiere unterhalb des Textes die von dir genutzten Materialien.

Materialien zum Thema „Neonazis im Internet“

M 1: Neonazi-Strategien in Sozialen Netzwerken

Wenn jemand auf seinem Facebook-Profil ein Bild des Cartoon-Helden Bart Simpson postet, kann der bestimmt kein Nazi sein. Das ist doch eine amerikanische Fernsehserie, die kann deutschen Nazis eigentlich nicht gefallen. Aber warum steht auf Barts Pullover „Fuck off Israel“? Und daneben „Nationaler Sozialismus jetzt“?

Neonazis nutzen Soziale Netzwerke intensiv und professionell. Dabei haben sie bemerkt, dass sie mit Rechtsextremismus der alten Schule nur die eigene Szene beeindrucken, der sie gern „GrüSSe“[1] schicken. Wenn sie sich aber gegen Kindesmissbrauch engagiert zeigen, Diskussionen mit angeblich selbsterlebten Multikulti-Horrorgeschichten „bereichern“ und jugendkulturelle Codes[2] verwenden, gelingt es ihnen erschreckend oft, sich in Diskussionen zwischen Demokratinnen und Demokraten einzuklinken und dort Rassismus, Demokratiefeindlichkeit oder Bedrohungen gegen Andersdenkende zu platzieren – in der Hoffnung, langsam, aber sicher mit ihren hasserfüllten Ideen gesellschaftliche Normen zu verschieben.

Quelle: Simone Rafael; http://www.netz-gegen-nazis.de/artikel/neonazi-web-strategien-1111

1 *SS: Abkürzung für die sogenannte Schutzstaffel, eine Sonderorganisation der nationalsozialistischen Partei NSDAP*

2 *Code: eine Art Geheimsprache*

M 2: Gruppenbezogene Menschenfeindlichkeit

Der Sozialforscher Klaus Hurrelmann hat den Begriff „Gruppenbezogene Menschenfeindlichkeit“ geprägt. Für Hurrelmann ist rechtsradikales Denken daran zu erkennen, dass jemand eine feindselige Einstellung gegenüber Menschen hat, die er als andersartig ansieht. Die Ablehnung kann sich gegen unterschiedliche Gruppen richten:

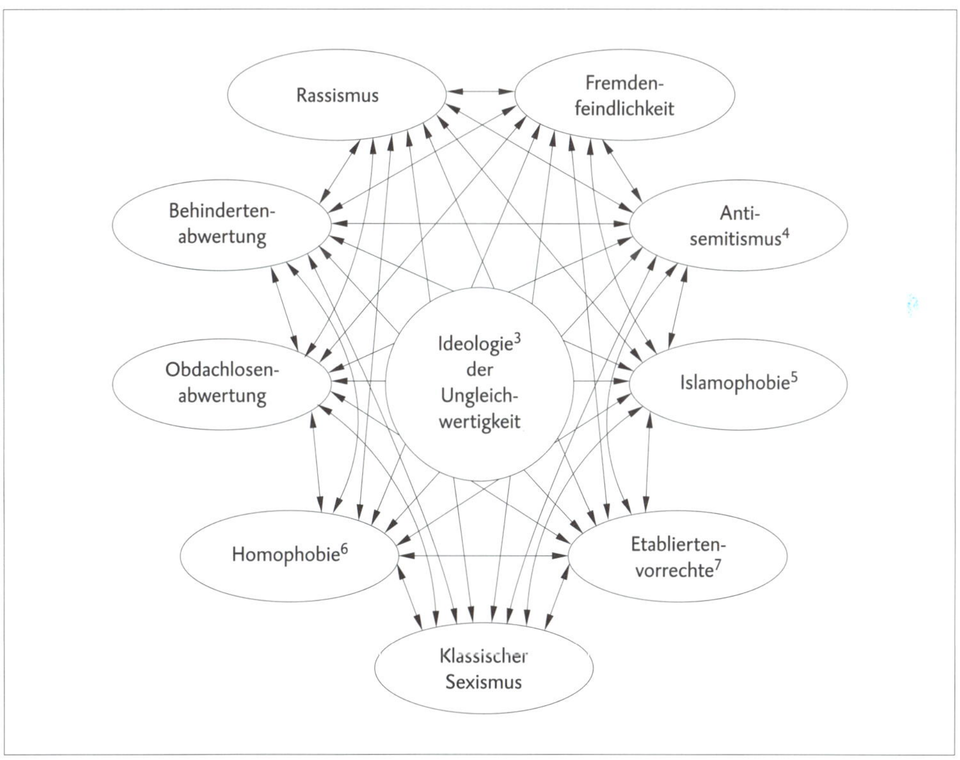

Quelle: Klaus Hurrelmann; http://www.dortmund.unicef.de/typo3temp/pics/cac59d8bc6.jpg

3 *Ideologie: Weltbild*

4 *Antisemitismus: Judenfeindlichkeit*

5 *Islamophobie: (übersteigerte) Angst vor dem Islam und vor den Angehörigen dieser Religion*

6 *Homophobie: (übersteigerte) Angst vor Homosexuellen*

7 *Etabliertenvorrechte: die Vorrechte gehobener Schichten*

M 3: Rechte Propaganda im Netz

Mobilisierung[8]: Mit Videos, Musik und Symbolen Jugendliche ködern

Rechtsextreme bewerben Veranstaltungen und Kampagnen mehrdimensional: Twitter, Profilseiten bei Facebook und Videos bei YouTube garantieren eine hohe Präsenz der Propagandabotschaften[9] und eine breite Mobilisierung. Die so genannten „Follower"[10] suggerieren[11] dabei massenhaften Zuspruch, zum Beispiel zu Kampagnen wie „Volkstod stoppen" oder Events wie dem Nationalen Antikriegstag. Die Verknüpfung von Web-2.0-Bausteinen mit den „klassischen" rechtsextremen Angeboten sorgt für eine optimale Szenevernetzung. Vielfach wird auf massive Hassparolen verzichtet. Stattdessen locken Neonazis mit Elementen einer modernen Erlebniswelt. Symbolik, sprachliche Codes und multimediale Ästhetik[12] orientieren sich an jugendgemäßen Ausdrucksformen. Gepaart mit Themen, die junge Menschen bewegen, dockt die Agitation[13] nicht nur an heutige Medienwelten an, sondern trifft auch inhaltlich auf Zustimmung außerhalb rechtsextremer Kreise.

Quelle: Stefan Glaser; http://www.hass-im-netz.info/fileadmin/dateien/dokumente/PDFs/Jahresberichte/bericht2010v2.pdf

8 *Mobilisierung: Aktivierung*

9 *Propaganda: Werbung für eine (politische) Idee*

10 *Follower (von engl. „follow"=folgen): Anhänger, Leser von Botschaften im Internet (v. a. im Zusammenhang mit der Plattform Twitter)*

11 *suggerieren: glauben machen, einreden*

12 *Ästhetik: Aussehen, Erscheinungsbild*

13 *Agitation: aggressive Beeinflussung, Aufruf zum Handeln für ein politisches Ziel*

Hohe Zugriffszahlen durch emotionale Themen

Viele Kampagnen von Rechtsextremen erhalten großen Zuspruch. Ein aktueller Clip zeigt Fackelträger beim nächtlichen Marsch durch leere Straßen, die Gesichter mit weißen Masken verhüllt. Die Szenerie wird untermalt von dramatischer Musik. Dahinter stecken Neonazis, die vor dem „drohenden Volkstod" warnen und dabei rassistisches und antidemokratisches[14] Gedankengut verbreiten. Das Video erzielte binnen weniger Wochen über 20 000 Zugriffe. Vor allem bei stark emotionalen Themen sind die Zugriffszahlen gigantisch: Ein rechtsextremes Musikvideo zum Thema Kindesmissbrauch brachte es bislang auf mehr als 880 000 Klicks.

Quelle: Kristina Hammann, Bundeszentrale für politische Bildung; http://hass-im-netz.info/aktuell/monatsfeature/ feature/pressekonferenz-neonazis-online-massiver-missbrauch-des-web-20/a8f867769d3633ecce82011cd1148fd4.html

14 *antidemokratisch: gegen die Demokratie gerichtet*

M 4: Rechtsextreme Seiten im Internet

Von jugendschutz.net dokumentierte deutschsprachige, rechtsextreme Seiten im Internet von 2005 bis 2010:

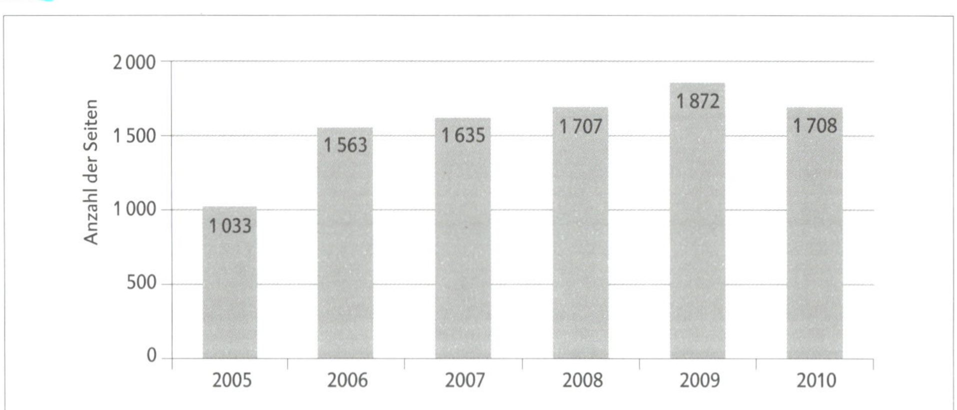

M 5: Was machen Neonazis in Sozialen Netzwerken?

- Sie verbreiten die eigene Ideologie möglichst breit gefächert auf dem virtuellen Marktplatz der Meinungen.
- Sie rufen […] zu Gewalttaten gegen Menschen auf, die zu ihren Feindbildern gehören (z. B. Migranten, Muslime, Nicht-Rechte).
- Sie gründen eigene Gruppen – sowohl mit rechtsextremen als auch mit nicht eindeutig rechtsextremen Themen.
- Sie bewerben rechtsextreme Musik, Videos, Propagandamaterialien (z. B. stellen sie bei YouTube ein, bewerben sie bei Facebook oder SchuelerVZ etc.).
- Sie mobilisieren für Demonstrationen, Aktionen.
- Sie verabreden sich zu Gewalttaten.
- Sie amüsieren sich mit „humoristischen" Angeboten oder im Austausch mit Gleichgesinnten.
- Wenn sie auf Gegenwehr stoßen, bewegen sie sich geschickt im eindeutig-zweideutigen Bereich, der rein juristisch nicht geahndet[16] werden kann.
- Oft geben sie sich aus taktischen Gründen gar nicht als Neonazis zu erkennen, sondern sie versuchen als vermeintliche Demokraten Diskussionen über die angeblich steigende „Ausländerkriminalität", oder „Islamfaschisten" in Gang zu bringen.

16 *ahnden: bestrafen*

Quelle: Simone Rafael; http://www.soziale-netzwerke-gegen-nazis.de/problem_01

M 6: Neonazis in sozialen Netzwerken – was tun?

Wer möchte, dass das Internet ein freies Medium bleibt, aber sich auch der Einhaltung der Menschenrechte verpflichtet fühlt, muss dafür etwas tun. Allerdings sind wir im Internet sehr viele – wenn also viele mit verschiedenen Mitteln aktiv werden, kommt man gemeinsam schon voran. Darum geht es:

Rechtsextremismus, Rassismus, Antisemitismus und andere Menschenfeindlichkeiten nicht unwidersprochen lassen

- Das heißt: Nicht wegklicken, sondern melden (bzw. als Betreiber: löschen) – das setzt eine wichtige Grenze. Aber auch: Mit Argumenten dagegen halten. Widersprechen. Grenzen setzen. Widersprüche aufzeigen. Sagen, warum etwas rassistisch/antisemitisch/NS-verherrlichend ist. Nicht unbedingt, um den Schreiber oder die Schreiberin zu überzeugen – vielmehr, um dem Rest der (möglicherweise indifferenten[17]) Öffentlichkeit zu signalisieren, warum diese Argumente keine echten Lösungen anbieten und nicht einmal zu einer echten Diskussion beitragen wollen, sondern gezielt verbreitet werden, um Hass zu säen. […]

17 *indifferent: unentschieden, unentschlossen*

Opfer von Herabsetzungen unterstützen

- Wenn einer einen anderen beleidigt, angreift, Unwahrheiten verbreitet, ist es für die Betroffenen extrem hilfreich, wenn sich andere Userinnen und User für die betroffene Person einsetzen, ihr argumentativ zur Seite springen und damit das Gefühl vermitteln: Du bist nicht allein.

Informieren und aufklären – und die Ideologie der Ungleichwertigkeit bearbeiten

- Rechtsextremismus kann man nur begegnen, wenn man ihn erkennt. Deshalb sind Informationsangebote wichtig, die über Strategien und Aktivitäten der rechtsextremen Szene, rassistische Argumentationen und die Denkmuster hinter antisemitischen Verschwörungstheorien aufklären, auch über die Präsenz in sozialen Netzwerken. Das macht *www.netz-gegen-nazis.de* […].
- Rechtsextremismus ist nicht weg, wenn man ihn nicht mehr sieht. Deshalb hilft dauerhaft nur, die einzelnen Ideologie-Teile zu bearbeiten: Rassismus, Antisemitismus, Nationalismus, Chauvinismus[18] und Ähnliches. […]

18 *Chauvinismus: eine Haltung der Überheblichkeit, z. B. gegenüber anderen Ländern oder Personengruppen*

Quelle: Simone Rafael; http://www.soziale-netzwerke-gegen-nazis.de/was-tun

Zentrale Prüfung am Ende der Klasse 10 – NRW
Deutsch – Übungsaufgabe 2

Erster Prüfungsteil: Leseverstehen

Luftballons statt Noten

Bei der Besetzung von Lehrstellen legen Unternehmen immer weniger Wert aufs Zeugnis; die kleinen aus Not, die großen wollen kein Talent übersehen.

Der Morgen ist Stress pur. In der Bäckerei am Freiburger Hauptbahnhof stehen die Pendler in einer langen Schlange vor dem Tresen. Unmissverständlich geben sie zu verstehen, dass sie nicht länger als eine Minute auf Kaffee und Brötchen warten wollen – auch nicht um sieben Uhr morgens.

Xenia Mahler lächelt trotzdem. Die 22-Jährige schmiert Brötchen und kocht Kaffee, schiebt sich flink an den Kolleginnen vorbei und sorgt für Nachschub in den Brotkörben.

Eigentlich hatte sie kaum eine Chance auf eine Lehrstelle. „Die Noten waren richtig schlecht", sagt sie. In fast allen Fächern tat sie sich schwer, bereits in der Grundschule musste sie eine Klasse wiederholen. Bei der Bäckereikette K & U bekam sie dennoch eine Chance. Mittlerweile ist sie Bäckereifachverkäuferin. Das Unternehmen hat rund 4 800 Mitarbeiter, seit zehn Jahren werden sie ähnlich ausgewählt wie Xenia Mahler. „Bei uns zählen Motivation, Zuverlässigkeit, Teamfähigkeit und Dienstleistungsmentalität", sagt Ausbildungsleiterin Corinna Krefft-Ebner. Schulnoten spielen dagegen eine untergeordnete Rolle, stattdessen müssen alle Bewerber einen „Potentialtest" machen.

Überall in der Republik legen Unternehmen weniger Wert aufs Schulzeugnis, wenn sie Ausbildungsstellen zu besetzen haben. Die einen zweifeln, ob die Note über die Qualität ihrer Bewerber wirklich etwas aussagt. Die anderen können freie Stellen anders kaum noch besetzen. Laut Deutschem Industrie- und Handelskammertag blieben 2012 70 000 Ausbildungsstellen unbesetzt.

Das Problem wird sich verschärfen. Bis 2025 wird die Zahl der unter 30-Jährigen um 2,7 Millionen sinken. Zugleich aber verlassen noch immer rund 50 000 Jugendliche jedes Jahr ohne Abschluss die Schule.

Entsprechend verändern sich die Auswahlkriterien. Wer früher aufgrund seines Zeugnisses als Versager abgestempelt wurde, gilt heute als mögliches Talent. Und es sind nicht nur die Mittelständler, die aus Personalnot die Anforderungen herunterschrauben. Auch die großen Konzerne denken um.

Die Deutsche Bahn AG kann über einen Mangel an Interessenten nicht klagen: Auf gut 4 000 Plätze für Schulabgänger kommen rund 50 000 Bewerber pro Jahr. Dennoch hat die Bahn entschieden, Schulnoten ab sofort generell weniger wichtig zu nehmen. Seit Juli werden alle Bewerber ohne Vorauswahl zu einem Online-Test zugelassen. Je nach Berufswunsch – ob Gleisbauer oder Informatiker – bekommen die Jugendlichen spezielle Fragebögen per E-Mail zugeschickt. Vom Ergebnis hängt ab, ob der Kandidat für einen Lehrberuf zum Einstellungsgespräch oder für ein duales Studium[1] zum Assessment-Center[2] eingeladen wird.

Erst dabei werden die Testergebnisse mit den Schulnoten abgeglichen.

„Wir wollen nicht die Besten ermitteln, sondern diejenigen, die den jeweiligen Berufsanforderungen am besten entsprechen“, sagt Personalvorstand Ulrich Weber. Für einen Lokführer oder Fahrdienstleiter sei Pflichtbewusstsein wichtiger als Mathe-Noten. „Vielleicht fördert der Online-Test unentdeckte Talente zutage, die uns sonst verborgen geblieben wären“, sagt Weber.

Die Bahn ist nicht allein. Auch beim Automobilbauer Daimler sollen Noten für den Ausbildungsjahrgang 2014 kein Ausschlusskriterium bei einer Bewerbung mehr sein. Siemens hat sein Testverfahren bereits umgestellt. Alle Bewerber absolvieren daheim einen Online-Test, angepasst an den jeweiligen Traumjob. Wer Feinmechaniker werden möchte, braucht beispielsweise ein gutes Koordinationsvermögen. Im Test fliegen deshalb Luftballons über den Bildschirm, die der potentielle Azubi anklicken muss.

Wissenschaftler raten seit Jahren zu Eignungstests für Bewerber. Erstens seien Noten zwischen Schulen oder Bundesländern oft nicht vergleichbar, zweitens seien sie vielfach nicht objektiv. „Mädchen erhalten bei gleicher Fähigkeit zum Teil bessere Noten – weil Jungs vielleicht aus disziplinarischen Gründen abgewertet wurden“, sagt der Psychologe Matthias Ziegler. Zudem lässt sich etwa an der Deutsch-Note nicht unbedingt ablesen, ob der Kandidat Orthografie[3] beherrscht. In dem Fach geht es eben auch um die Interpretation von Gedichten. „Wenn fehlerfreie Rechtschreibung für den Job Voraussetzung ist, sollte ein eigener Test dazu durchgeführt werden“, sagt Annalisa Schnitzler vom Bundesinstitut für Berufsbildung.

Komplett auf die Berücksichtigung von Noten werden die Unternehmen aber nicht verzichten. Schließlich können Zensuren in der Schule sehr wohl eine Aussage darüber treffen, ob der Bewerber etwa über Selbstdisziplin verfügt.

Die Angst vieler Chefs, schlechte Schüler als Azubis könnten die Versagerquote hochtreiben, ist jedoch unbegründet. Die süddeutsche Bäckereikette K & U hat eine andere Erfahrung gemacht, wie Ausbildungsleiterin Krefft-Ebner bestätigt: „Bei uns ist die Abbrecherquote in den zehn Jahren von 22 auf 8 Prozent gesunken.“

Quelle: Michael Stürzenhofecker, Tobias Schulze, Markus Dettmer: Der Spiegel 29/2013 vom 15. 3. 2013; http://www.spiegel.de/spiegel/print/d-103361693.html

3 *Orthografie: Rechtschreibung*

1 *duales Studium: Hochschulstudium, das beide Bereiche berücksichtigt: Theorie und Berufspraxis; Praxiszeiten in Unternehmen sind fester Bestandteil eines solchen Studiums.*

2 *Assessment-Center: ein bestimmtes Verfahren zur Auswahl von Bewerbern auf eine Stelle. Dabei werden mehrere Kandidaten gleichzeitig eingeladen und direkt miteinander verglichen.*

Aufgaben

1. Worum geht es in dem Text? Kreuze die Aussage an, die das Thema des ganzen Textes benennt.

   Es geht um …

   - ☐ Klagen über die schlechten Noten der Schulabgänger.
   - ☒ Zweifel an der Aussagekraft von Schulnoten. f
   - ☐ neue Wege beim Besetzen von Ausbildungsplätzen.
   - ☐ Sorgen wegen des drohenden Fachkräftemangels.

2. Nenne drei Unternehmen, die ihre Einstellungspraxis geändert haben.

   Die Deutsche Bahn AG; süddeutsche Bäckereikette K&U; Automobilbauer Daimler ✓

3. Warum wird bei der Einstellung von Azubis inzwischen weniger auf Schulnoten geachtet?
   Kreuze an, welche der folgenden Aussagen zutreffen und welche nicht.

Aussagen	trifft zu	trifft nicht zu
a) Bestimmte Ausbildungsplätze könnten sonst nicht besetzt werden.	✓ ☒	☐
b) Es gibt immer weniger Bewerber um Ausbildungsplätze.	☐	☒ f
c) Man ist der Meinung, dass Schulnoten nichts über die Qualitäten eines Bewerbers aussagen.	☒	☐ f
d) Bewerber mit guten Noten stellen zu hohe Ansprüche an die Unternehmen.	☐	☒ ✓
e) Auch Bewerber mit schlechten Noten können für einen Beruf geeignet sein.	☒ ✓	☐
f) Die Unternehmen passen ihre Auswahlkriterien an die Anforderungen des jeweiligen Ausbildungsberufes an.	☒ ✓	☐
g) Bewerber, die aufgrund guter Noten eingestellt wurden, sind während ihrer Ausbildung gescheitert.	☐	☒ ✓
h) Die Unternehmen haben ihre Ansprüche an die Bewerber gesenkt.	☒ ✓	☐

4. Beschreibe in zwei bis drei Sätzen den Werdegang von Xenia Mahler.

   Xenias Schulnoten waren sehr schlecht. Trotz diesen bekam sie bei der Bäckereikette K&U heute Angestellte.

5. Nenne die vier Fähigkeiten, die die Bäckereikette K & U von ihren Bewerbern erwartet, und weise nach, dass Xenia sie erfüllt. Trage entweder eine passende Textstelle ein oder formuliere den Beleg mit eigenen Worten.

Erwartete Fähigkeit	Textbeleg
Motivation	Sie erledigt flink und freundlich alle ihre Aufgaben. (vgl. Z. 9–13)
Zuverlässigkeit	Z. 10–13: Sie „schmiert Brötchen und kocht Kaffee. [...] und sorgt für Nachschub in den Brotkörben."
Teamfähigkeit	Sie „[...] schiebt sich flink an den Kolleginnen vorbei" (Z. 14f.)
Dienstleistungsmentalität	„Xenia Mahler lächelt trotzdem" (Z. 9).

6. Was ist ein „Potentialtest" (Z. 31)?
Kreuze die passende Aussage an.

Bei einem Potentialtest wird geprüft, ob …

- ☒ in einem Bewerber unentdeckte Fähigkeiten schlummern.
- ☐ die Kenntnisse eines Bewerbers ausreichen.
- ☐ ein Bewerber genügend Ausdauer mitbringt.
- ☐ ein Bewerber für eine Tätigkeit kräftig genug ist.

7. Gute Noten zeigen nicht unbedingt, ob ein Bewerber für eine bestimmte Ausbildung geeignet ist. Erläutere diese Aussage am Beispiel des Fachs Deutsch.

Auf dem Zeugnis steht nicht, wie gut man z.B. in Rechtschreibung ist. Wenn diese für einen Beruf benötigt wird, muss man diese erst testen.

8. Der Psychologe Matthias Ziegler sagt, Mädchen würden manchmal bessere Noten bekommen als Jungen, obwohl ihre Fähigkeiten nicht besser seien. Welchen Grund dafür vermutet er?
Kreuze die passende Aussage an.

- ☐ Mädchen lassen sich im Unterricht nicht so leicht ablenken wie Jungen.
- ☐ Mädchen arbeiten im Unterricht fleißiger mit als Jungen.
- ☒ Jungen werden durch schlechtere Noten für ihr Fehlverhalten bestraft.
- ☐ Jungen legen nicht so viel Wert auf gute Noten.

9. „Wer früher aufgrund seines Zeugnisses als Versager abgestempelt wurde, gilt heute als mögliches Talent.“ (Z. 49–51)
   Erkläre die Bedeutung dieses Satzes, indem du die angefangenen Sätze sinnvoll beendest. Verwende eigene Worte.

   Früher dachte man, dass ein Bewerber, der schlechte Schulnoten hat,
   auch ein schlechter Arbeiter sei.

   Heute fragt man sich, ob ein Bewerber, der schlechte Schulnoten hat,
   nicht doch versteckte Fähigkeiten haben kann.

10. Bringe die Aussagen über den Ablauf des Bewerbungsverfahrens bei der Deutschen Bahn in die richtige Reihenfolge, indem du sie nummerierst.

    2 Der Bewerber wird zum Einstellungstest zugelassen.
    5 Die Ergebnisse des Online-Tests werden mit den Schulnoten verglichen.
    3 Der Bewerber füllt den Test aus.
    1 Ein Schüler bewirbt sich um einen Ausbildungsplatz.
    4 Der Bewerber erhält per E-Mail einen zum Berufswunsch passenden Fragebogen.
    6 Bei gutem Testergebnis wird der Bewerber zu einem Gespräch eingeladen.

11. Nicht alle Bewerber absolvieren den gleichen Online-Test. Weise nach, dass diese Aussage zutrifft. Führe zum Beleg eine Textstelle an und erläutere sie kurz.

    Z. 64–69. Der Test variiert nach den Berufswünschen der Bewerber. Je nach Berufswunsch bekommen sie unterschiedliche Erweiterungen per E-Mail zugeschickt.

12. Die Bäckereikette K & U hat mit ihrem Einstellungsverfahren gute Erfahrungen gemacht. Woran zeigt sich das – und woran nicht? Kreuze an.

Aussagen	trifft zu	trifft nicht zu
a) Die Atmosphäre im Laden ist auch zu Stoßzeiten angenehm.	☒	☐
b) Die Arbeitstage verlaufen auch bei großem Kundenandrang stressfrei.	☐	☒
c) Es gibt vor dem Verkaufstresen keine Warteschlangen mehr.	☐	☒
d) Weniger Azubis haben ihre Ausbildung vorzeitig abgebrochen.	☒	☐

13. Warum werden Unternehmen nicht komplett darauf verzichten, auf die Noten zu achten? Kreuze die passende Aussage an.

    Die Personalchefs …

    ☒ schließen von den Noten der Bewerber auf deren Selbstdisziplin.
    ☐ sind seit Langem daran gewöhnt, auf die Noten zu achten.
    ☐ trauen ihren eigenen Tests nicht und wollen sich absichern.
    ☐ können Absagen anhand der Noten besser begründen.

14. Felix sagt nach dem Lesen des Textes: „Eigentlich braucht man sich gar nicht mehr um gute Schulleistungen zu bemühen."
    Nimm begründet Stellung zu seiner Aussage.

    Doch, man sollte sich weiterhin um gute Schulleistungen bemühen. Da die Noten weiterhin berücksichtigt werden, kann man durch diese doch noch einen Vorteil erlangen. Muss man sich nämlich zwischen zwei Bewerbern entscheiden, deren Leistungen gleich gut sind, wird eher der mit den besseren Noten genommen.

15. Welche Textaussagen werden durch das Diagramm bestätigt oder widerlegt? Stelle einen Zusammenhang her. Schreibe drei bis vier Sätze.

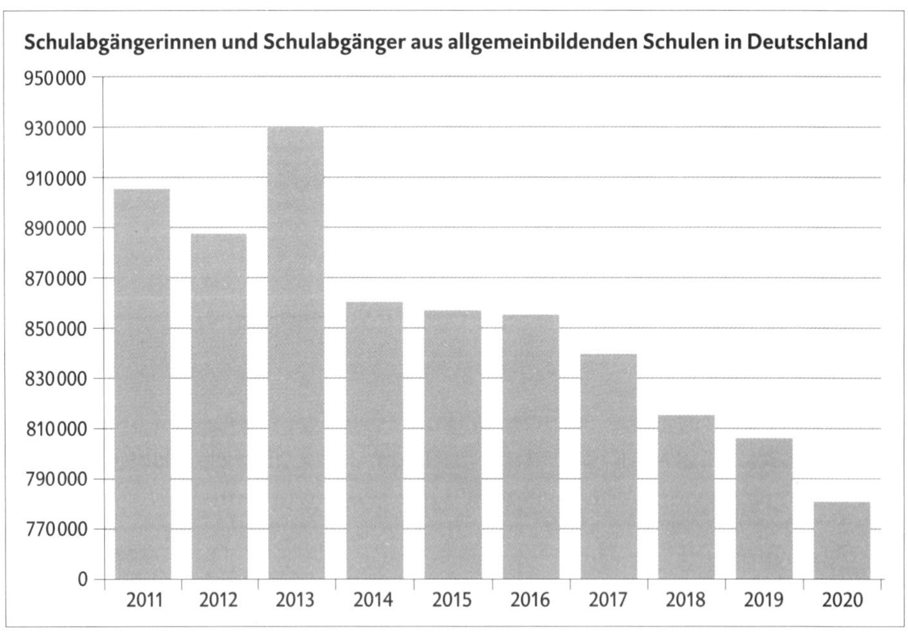

    Es gehen immer weniger Schüler von der Schule ab.

Zweiter Prüfungsteil

Der zweite Prüfungsteil enthält **zwei Wahlthemen**, von denen **eines** von dir ausgewählt und bearbeitet werden muss.

Wahlthema 1 –
Einen literarischen Text analysieren

Aufgabenstellung

Analysiere die Erzählung „Eine leere Flasche" von Yoko Tawada. Schreibe einen zusammenhängenden Text. Gehe so vor:

- Schreibe eine Einleitung, in der du die Textsorte, den Titel, den Namen der Verfasserin und das Thema nennst. Fasse danach den Inhalt in Grundzügen knapp zusammen.
- Beschreibe das Problem, das die Ich-Erzählerin in ihrer Kindheit gehabt hat. Äußere dich auch dazu, wie sie dieses Problem gelöst hat.
- Beschreibe das Nachbarmädchen. Nenne auch Beispiele für dessen Verhalten.
- Äußere dich zur Meinung der Ich-Erzählerin über das andere Mädchen.
- Vergleiche die Ich-Erzählerin und das andere Mädchen. Stelle Übereinstimmungen und Unterschiede zwischen ihnen fest.
- Erläutere die Gedanken, die die Ich-Erzählerin zum deutschen Wort „ich" zum Ausdruck bringt.
- Erkläre den Sinn der Überschrift.
- Untersuche die Verwendung der Zeitformen im Text.
- Nach der Lektüre des Textes entfuhr Florian diese Äußerung:
  „Das ist doch bloß ein Text für Mädchen, noch dazu von einer Japanerin geschrieben. Warum soll ich so eine Geschichte lesen? Nichts von dem, was darin steht, betrifft mich!"
  Nimm begründet Stellung zu dieser Schüleräußerung.

Schreibe einen zusammenhängenden Text. Beziehe dich auf Textstellen.

2 *abstrakt: rein theoretisch, ohne Bezugnahme auf die wirkliche Welt*

1 *geschlechtsneutral: nicht auf ein bestimmtes Geschlecht bezogen (männlich oder weiblich)*

Yoko Tawada: Eine leere Flasche

Unsere Wohnung in Tokyo, die sich in einer Siedlung befand, trug die Nummer zwei-sechs-zwei-null-drei. In dieser Siedlung gab es viele Mädchen in meinem Alter. Eines dieser Mädchen fiel mir besonders auf, weil es sich wie ein Junge als „boku" bezeichnete. Wir gingen zusammen zur Grundschule. Die meisten Mädchen in dem Alter bezeichneten sich als „atashi", einige frühreife Mädchen dagegen schon als „watashi", ein Mädchen aus einer vornehmen Familie benutzte das Wort „atakushi", dieses Wort roch nach Zypressenholz. Die meisten Jungen nannten sich „boku", einige freche oder stolze Jungen dagegen „ore". Es gab natürlich keinen Jungen in dem Alter, der sich schon als „watashi" oder „watakushi" bezeichnet hätte. Das hätte lächerlich geklungen, dafür mussten sie noch viel älter werden.

Ich hatte Schwierigkeiten mit all diesen Wörtern, die „ich" bedeuten. Ich fühlte mich weder wie ein Mädchen noch wie ein Junge. Als Erwachsene kann man sich in das geschlechtsneutrale[1] Wort „watashi" flüchten, aber bis man so weit ist, ist man gezwungen, ein Junge oder ein Mädchen zu sein. Wie einfach wäre meine Kindheit gewesen, wenn ich eine andere Sprache – zum Beispiel Deutsch – gesprochen hätte. Ich hätte dann einfach immer „ich" sagen können. Man muss sich weder weiblich noch männlich fühlen, um das Wort „ich" zu verwenden.

In der Kindheit vermied ich es, die Worte, die es im Japanischen für „ich" gibt, zu benutzen. Wenn ich betonen wollte, dass ein Wunsch mein Wunsch war, benutzte ich das Wort „diesseits": „Was diesseits betrifft, ist es gut, wenn wir morgen in den Zoo gehen. Was meine Schwester betrifft, ist es nicht besonders günstig, aber machbar. Also gehen wir morgen in den Zoo." Ich fühlte mich wie ein Ufer, und auf der gegenüberliegenden Seite des Flusses sah ich meine Gesprächspartnerin. Zwischen uns lag ein Fluss. Das Wasser war tief und unruhig, aber wenn man wollte, konnte man den Fluss überqueren.

Der Raum zwischen den deutschen Worten „ich" und „du" hingegen bleibt abstrakt[2], man kann ihn nicht durchqueren.

Das Mädchen, das das Wort „boku" benutzte, beherrschte einige beneidenswerte Künste und wurde deshalb von den anderen Kindern respektiert: Es konnte mit seiner Zunge eine Löffelform bilden, vom Balkon des ersten Stockes hinunterspringen, giftig-bunte Würmer und Spinnen mit nackten Händen anfassen, Grasflöten blasen und auch noch Klavier spielen. Eines Tages fragte ich das Mädchen direkt, warum sie „boku" sagte. Das Mädchen antwortete einfach: „Weil ich meistens das Gefühl habe, dass ich ein boku bin. Ehrlich gesagt gibt es ab und zu Momente, in denen ich mich wie ein Mädchen fühle, aber das ist selten."

Man spricht im Wetterbericht von der sogenannten gefühlten Temperatur: Je nachdem, wie stark der Wind weht oder wie feucht die Luft ist, empfindet man ein und dieselbe Temperatur als höher oder niedriger. Genauso gibt es wahrscheinlich ein gefühltes Geschlecht. An einem windigen Tag am Pazifik fühlte ich mich männlicher als sonst, an einem schwülen Augusttag hingegen war ich eindeutig ein Mädchen.

„Isst du nie Eis mit Obst?", fragte ich das Mädchen. „Doch, doch", antwortete es und grinste. „Dann bist du doch ein Mädchen!", erwiderte ich. Der große Eisbecher mit bunten Obstschnitten galt damals noch ausschließlich als Speise für Mädchen und Frauen. Ein Junge oder ein Mann mussten so etwas heimlich essen und sich dabei schämen.

Das Mädchen, das sich „boku" nannte, hatte Schuhe für Jungen an, und auf seinen Bleistiften befanden sich männliche Comicfiguren. Der Schulranzen war zwar rot wie bei den anderen Mädchen, aber der Regenschirm war blau und trug das Bild eines Roboters, war also männlich. „Hast du zu Hause Mädchenstäbchen oder Jungenstäbchen?", fragte ich das Mädchen. Es zuckte mit den Schultern und verriet mir, dass es Stäbchen mit Obakyu habe. Die Comicfigur „Obakyu" war – wie der heutige „Pokemon" – für Jungen und Mädchen gedacht.

Anders als dieses Mädchen, das sich „boku" nannte, konnte ich mich nicht als „boku" fühlen. Die Jungen waren mir fremd, ich spielte nur mit Mädchen, ohne mich aber selbst als Mädchen zu fühlen. [...]

Das Mädchen, das sich „boku" nannte, verlor ich irgendwann aus den Augen. Das Problem der Selbstbezeichnung[3] verlor ich auch aus den Augen. Denn ich zog nach Europa und fand das Wort „ich", bei dem man sich keine solchen Gedanken machen musste. Ein Ich muss kein bestimmtes Geschlecht haben, kein Alter, keinen Status, keine Geschichte, keine Haltung, keinen Charakter. Jeder kann sich einfach „ich" nennen. Dieses Wort besteht nur aus dem, was ich spreche, oder genauer gesagt aus der Tatsache, dass ich überhaupt spreche. Das Wort zeigt nur auf den Sprecher, ohne eine weitere Information über ihn hinzuzufügen. „Ich" wurde zu meinem Lieblingswort. So leicht und leer wie dieses Wort wollte ich mich fühlen. Ich wollte sprechen, das heißt, durch meine Stimme Schwingungen in die Luft bringen, ohne mich entscheiden zu müssen, welchem Geschlecht ich angehöre.

Mir gefällt außerdem, dass ein Ich mit einem „I" beginnt, ein einfacher Strich, wie der Ansatz eines Pinselstriches, der das Papier betastet und gleichzeitig die Eröffnung einer Rede ankündigt. Auch „bin" ist ein schönes Wort. Im Japanischen gibt es auch das Wort „bin", das klingt genau gleich und bedeutet „Flasche". Wenn ich mit den beiden Wörtern „ich bin" eine Geschichte zu erzählen beginne, öffnet sich ein Raum, das Ich ist ein Pinselansatz und die Flasche ist leer.

Quelle: Yoko Tawada: Eine leere Flasche. In: Dies.: Überseezungen. Tübingen: Konkursbuch Verlag 2002 (III. 9: S. 53–57)

3 *Selbstbezeichnung: Bezeichnung für die eigene Person. Im Deutschen verwendet man dafür das Personalpronomen „ich".*

Wahlthema 2 – Informationen ermitteln, vergleichen und bewerten

Lies zuerst die Materialien, bevor du die Aufgaben bearbeitest.

Aufgabenstellung

Untersuche die Materialien M 1 bis M 4.

Gehe dabei so vor:

- **Bestimme** das gemeinsame Thema von M 1 bis M 4. Verwende eigene Worte.
- **Fasse** die Informationen aus M 1 **zusammen.**
- **Stelle** auf Grundlage von M 2 und M 3 **dar**, wie es Menschen geht, die unter Prokrastination leiden.
- **Vergleiche** den Alltag dieser Personen mit dem Alltag des Autors von M 4. Berücksichtige dabei, wie sich die unterschiedlichen Verhaltensweisen auf ihr Leben auswirken.
- Lina sagt: *„Wieso soll Prokrastination eine Krankheit sein? Dass man unangenehme Pflichten aufschiebt, ist doch normal."*
  Nimm begründet **Stellung** zu dieser Äußerung. Beziehe dich dabei auch auf die Materialien M 1 bis M 4.

Materialien zum Thema „Aufschiebe-Krankheit"

M 1: Was du heute kannst besorgen, das verschiebe nicht auf morgen

Wer kennt das nicht: Schon auf dem Weg von der Schule nach Hause weiß man, dass zu Hause ein Berg Hausaufgaben wartet und in der nächsten Woche auch noch drei Arbeiten anstehen. Klar, dass man darauf eigentlich überhaupt keine Lust hat und sich erst einmal entspannt vor den Fernseher oder Computer setzt. Denn es ist ein ganz natürliches Verhalten von Menschen, unangenehme Dinge auf die lange Bank zu schieben. Nun gibt es für diese „Krankheit" einen Namen – Prokrastination.

Prokrastination bedeutet, die Erledigung unangenehmer oder – nach Meinung der „Erkrankten" – unwichtigerer Angelegenheiten in die Zukunft zu verschieben. Diese „Kranken" sind sich des Nachteils bewusst, dass alles auf den „letzten Drücker" erledigt werden muss oder gar nicht mehr geschafft werden kann, was wiederum Angst und noch mehr Unlust auslöst. Ein Kreisprozess mit oft ernsten Folgen. [...]

Prokrastination kann entstehen, wenn die Betroffenen ihre Prioritäten zu ungenau setzen, wenig organisiert sind oder eine Abneigung gegen Aufgaben haben, die ihnen langweilig erscheinen. Es kann aber auch durch das Elternhaus ausgelöst werden, wenn zu hoher Perfektionismus gefordert wird. Die Erkrankten sehen als einzige Möglichkeit, um eine Beurteilung zu umgehen, einfach kein Ergebnis abzugeben, mit der Ausrede, man hätte es ja gekonnt, aber nicht unter Zeitdruck.

Dieses Phänomen ist vor allem unter Schülern und Studenten weit verbreitet, denn gerade diese müssen immer wieder neue Abgabetermine einhalten, Hausaufgaben erledigen und für Arbeiten lernen. Wer kennt nicht auch Schüler [...], die grundsätzlich nie Hausaufgaben zu Hause machen, sondern meist in der Pause oder kurz vor der Stunde? Es gibt auch Schüler, die die Lektion für die anstehende Klausur erst einen Tag vorher lesen. Und es gibt natürlich auch diejenigen, die überhaupt nicht lernen, weil es ihnen keinen Spaß macht und sie ihre Aufmerksamkeit lieber anderen Dingen widmen wollen. [...]

Jeder Mensch ist zum Prokrastinator geboren, denn man setzt sich lieber an kurzweilige Aufgaben mit baldigem Erfolg als an Projekte, die viel Zeit in Anspruch nehmen und bei denen die Belohnung auf sich warten lässt. [...]

Quelle: Julia Gunkel, Goethe-Gymnasium Kassel, 20. 1. 2007; http://www.umlauf.de/online/archiv/zeitpunkte/item/874-was-du-heute-kannst-besorgen-das-verschiebe-nicht-auf-morgen

M 2: Prokrastination vom Feinsten[1]

Seit Tagen trage ich eine immer länger werdende To-do-Liste mit mir herum. Da stehen echt wichtige Dinge drauf. Was mache ich heute Morgen?

- Erst komme ich ewig nicht aus dem Bett, obwohl ich um 7 Uhr schon wach war.
- Als ich es endlich schaffe, schalte ich den Computer an und stelle sicher, dass „Fernweh" von Herbert Grönemeyer in der Dauerschleife läuft.
- Danach fange ich erst mal an, die Wohnung zu putzen, ganz gründlich (auch in den Ecken, in denen man das nicht so häufig tut).
- Und ich bügele – das mache ich sonst nie!!!
- Stunden später fange ich an, nach meiner To-do-Liste zu suchen (nicht, dass ich sie brauchen würde, ich weiß ganz genau, was draufsteht).

Meine Ausreden, nicht zu tun, was ich tun sollte, reichen von: „Heute scheint die Sonne, ab in den Park" über: „Jetzt hast du endlich mal ein paar Tage lang wirklich Zeit, das kannst du auch noch morgen erledigen", hin zu: „Na ja, entspann dich mal!".

Gut ist schon mal, wenn man erkennt, dass man Dinge vor sich herschiebt. Mein Gegenmittel heute wird wohl ein Spaziergang im Park sein, und vielleicht sieht meine Motivation hinterher schon ganz anders aus. ...

Quelle: Andrea Herzog; http://freilaufmenschen.com/pro%C2%ADkras%C2%ADti%C2%ADna%C2%ADti%C2%ADon-vom-feinsten/ (aus didaktischen Gründen gekürzt und leicht verändert)

1 *Bei diesem Text handelt es sich um einen Blogeintrag im Internet.*

M 3: Der Teufelskreis des Aufschiebens

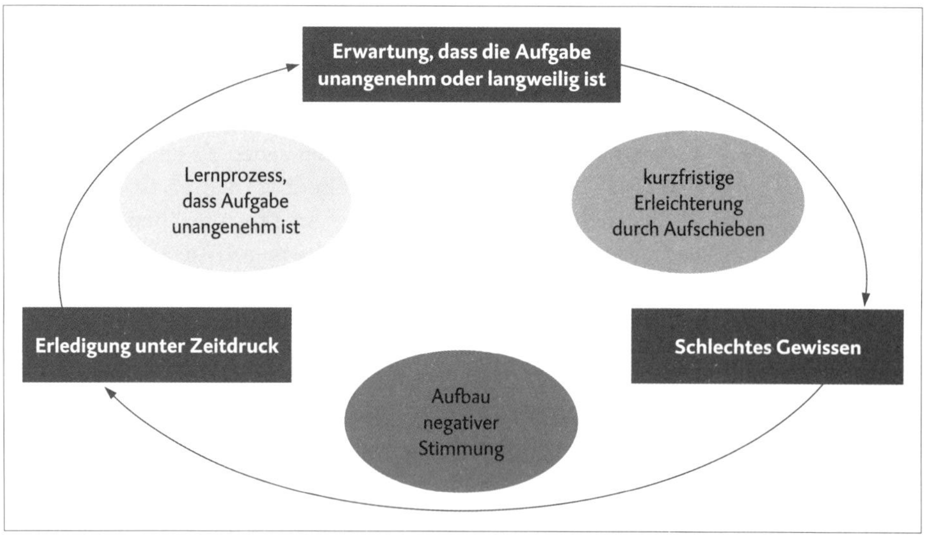

Quelle: Dirk Lehr, David Daniel Ebert; https://www.geton-training.de/InfoProkrastination.php

M 4: Richtiges Zeitmanagement

[...] Es ist ganz einfach. Entweder machen Sie sich jetzt auf den Weg und beginnen ETWAS zu tun, oder Sie tun es nicht. Es spielt keine Rolle, was Ihre Gründe oder Ausreden sind, wichtig ist nur, ob Sie es tun oder nicht tun. [...] Um seine Zeit richtig zu nutzen und den größtmöglichen Nutzen daraus zu ziehen, muss man dafür sorgen, ein hohes Niveau an Produktivität zu erreichen. Das bedeutet vor allem konzentriert, in Ruhe und ungestört zu arbeiten. [...]. Nehmen Sie immer wieder Abstand von technischen Spielzeugen wie Computern, Handys [...] und von Menschen im Allgemeinen. Sorgen Sie ab und zu dafür, dass Sie niemand stören darf (oder nur ausgewählte Personen). Nehmen Sie sich Zeit für sich und setzen Sie Regeln für die Nutzung Ihrer Zeit. Es ist Ihre Zeit. Sie entscheiden, wen Sie empfangen, ob Sie ans Telefon gehen, ob Sie arbeiten oder pausieren. [...] Bei E-Mail und SMS verhalten wir uns manchmal so, als wären sie auch umsonst. Sie sind es nicht. Wir bezahlen immer mit unserer Zeit. Ich lese und beantworte meine E-Mails nur einmal pro Woche und ich bin sehr zufrieden damit. [...]

Um seine Zeit besser nutzen zu können, muss man auch lernen Nein zu sagen. Oft. Es ist für jeden unangenehm eine Einladung abzulehnen oder ein Gespräch kurz zu halten, aber es ist notwendig. Sie können nicht überall zur gleichen Zeit sein. Und falls Sie dort sein wollen, wo Sie sein wollen, müssen Sie dort Nein sagen, wo Sie nicht sein wollen. [...] Mindestens genauso wichtig, wie zu entscheiden, was man tun sollte, ist zu entscheiden, was man nicht tun sollte.

Eine sehr lästige Angelegenheit sind unerledigte Aufgaben, die nicht dringend sind [...], aber die dennoch getan werden sollten. Nichts ist so nervig und lähmend wie eine Aufgabe, die nicht zu Ende geführt wurde, obwohl es oft nicht viel Zeit in Anspruch nehmen würde. Je länger man diese Dinge aufschiebt, desto schlimmer wird es. Deshalb ist die einzige zufriedenstellende Lösung, es so schnell wie möglich hinter sich zu bringen. Oft dauert es weniger als angenommen und hinterher fühlt man sich frei für neue Vorhaben. Lassen Sie deshalb keine Aufgabe unvollendet und schieben Sie wichtige Dinge nicht auf.

Quelle: Haris Halkic; http://www.zeitmanagementtipps.de/zeitmanagement/richtiges-zeitmanagement, (aus didaktischen Gründen stellenweise gekürzt und leicht geändert)

▶ Abschluss-Prüfungsaufgaben Nordrhein-Westfalen

Zentrale Prüfung am Ende der Klasse 10 – NRW
Deutsch 2015
Realschule/Gesamtschule EK/Hauptschule Typ B

Erster Prüfungsteil: Leseverstehen

Alexandra Reinsberg: Quelle: Internet

Bei Berichten aus Krisengebieten greifen Sender zunehmend auf Videos aus dem Netz zurück – die zuvor aufwendig geprüft werden.

(1) Ein Schuss fällt, in der Ferne steigt Rauch auf, Schreie hallen durch eine staubige Straße. Die flachen, sandfarbenen Häuser, die Dachfirste[1] und Strommasten wirken arabisch. Das Bild ist unscharf, es wackelt, gefilmt wurde wahrscheinlich mit einer Handykamera, neun Sekunden, Schnitt. Gelaufen ist das Video aus Syrien in der Tagesschau, doch aufgenommen hat es kein Journalist. Eingeblendet wird der Hinweis: „Internet-Video". Seit einigen Jahren schon mischen sich unter die professionellen Bilder der Fernseh-Journalisten zunehmend Videos aus dem Netz. Wenn Journalisten keinen Zugang mehr zu Ländern wie Syrien haben, aber auch, wenn Kamerateams noch auf dem Weg sind zu einem Unglücksort oder Konfliktherd, greifen Sender auf solches Bildmaterial zurück. Doch welche Bilder sind echt?

(2) Vor dieser Frage stehen Fernsehredakteure der ARD und des ZDF täglich. Kleinste Details in den Videos können Hinweise auf die Echtheit des Materials und die Glaubwürdigkeit der Quelle geben. Für Ralf Zimmermann von Siefart, Chef vom Dienst der ZDF Nachrichtenredaktion, bedeuten die Internetvideos Segen und Fluch zugleich: „Die Internetwelt bietet uns die Möglichkeit, hinter die Mauern der Diktatur zu schauen, aber wir müssen extrem vorsichtig dabei sein."

(3) „Es ist immer ein Indizienprozess[2]", beschreibt der Leiter des ARD Content Center[3] Michael Wegener seine Arbeit. „Wir tragen Indizien zusammen und schauen, ob sie für das Video sprechen oder dagegen." Seit 2011 überprüft das Content Center in Hamburg Bildmaterial und wertet soziale Medien wie Google+, Twitter, YouTube und Facebook aus. Täglich werden bis zu 80 Videos nach einem Vier-Punkte-Check überprüft. „Den Zuschauern ist nicht bewusst, wie viel Aufwand hinter einem 20-Sekunden-Video steckt", erklärt Wegener. „Wir sichten Videos, recherchieren, diskutieren, schicken die Links zu unseren Kontakten und überprüfen es mehrere Male, bevor es in den Nachrichten gezeigt wird."

(4) In den fast zwei Jahren seit ihrer Gründung hat sich die Redaktion einen Stamm an Quellen und Informanten aufgebaut. Je vernetzter die Redaktion ist, desto einfacher wird die Arbeit. Um sich zu vergewissern, dass Ereignisse wirklich stattgefunden haben, kommunizieren die Redakteure mit Usern zum Beispiel von syrischen Internet-Plattformen. Dort beobachten sie Diskussionen, fragen nach, was passiert ist und welche Informationen die User zu angeblichen Vorfällen haben. Auch zeigen die Redakteure das Videomaterial Kontaktmännern in den Netzwerken und bitten um deren Einschätzung. Durch die zwischengeschaltete Plattform schützen sich die Informanten, denn ihre kritische Berichterstattung kann sie das Leben kosten.

(5) Im Land des Geschehens können Journalisten, deutsche Institute und Vertrauenspersonen helfen, die Videos einzuordnen. In Deutschland beraten etwa Dolmetscher und Geologen[4] die Journalisten. Es gilt das Zwei-Quellen-Prinzip, nach dem jede Information von zwei voneinander unabhängigen

1 *Dachfirst:* obere Kante eines Daches

2 *Indizienprozess:* Vorgang, bei dem man verschiedene Anhaltspunkte und Beweisstücke zusammenträgt

3 *Content Center:* Einrichtung der ARD, die Inhalte aus dem Internet systematisch prüft, ob sie auch für das Fernsehen geeignet sind

4 *Geologen: hier:* Wissenschaftler, die sich mit der Oberflächenstruktur der Erde befassen

Quellen bestätigt werden muss. Hilfreich sei auch die Erfahrung der Social-Media[5]-Redakteure, betont ARD-Mann Wegener: „Unsere Redakteure wissen, was schon seit einigen Tagen kursiert[6] oder immer wieder hochgeladen wird."

(6) Das ZDF in Mainz ist in derselben Situation: eine unüberschaubare Zahl an Videos, wenig Zeit und eine unklare Interessenslage. Hier überprüft jedoch nicht eine gesonderte Redaktion die Informationen und Videos aus dem Netz, sondern der für den Beitrag zuständige Redakteur. Die Verantwortung solle nicht abgegeben werden, erklärt Zimmermann von Siefart: „Unsere Redakteure holen sich Hilfe von unserem Newsdesk[7] und von Spezialisten. Das Fachwissen wird dort abgerufen, wo es liegt, die Verantwortung bleibt aber bei der Redaktion." So könne das ZDF auch individueller auf die Nachrichtenlage reagieren und das Rechercheteam schnell erweitern – zum Beispiel, wenn der arabische Dolmetscher den tunesischen Dialekt nicht versteht. [...]

(7) Eine hundertprozentige Sicherheit, dass das gesendete Material echt ist, gibt es aber nicht. Alle Unklarheiten kommunizieren die Nachrichtensprecher jedoch direkt, sagen Zimmermann von Siefart und Wegener. So lautet der Sprechertext dann: „Das Video zeigt Homs[8] und soll von heute sein." Erst viel später wird sich herausstellen, ob die Realität wirklich so war, wie sie abgebildet wurde.

Quelle: Reinsberg, Alexandra: Quelle: Internet. Frankfurter Rundschau, 13. 02. 2013. http://www.fr-online.de/medien/krisenberichterstattung-quelle--internet,1473342,21743308.html, Seitenaufruf am 13. 02. 2014.

5 *Social Media: Oberbegriff für soziale Netzwerke wie z. B. Facebook*

6 *kursiert: hier: im Internet im Umlauf sein*

7 *Newsdesk: Arbeitsplatz, an dem die aktuellen Meldungen eingehen*

8 *Homs: Stadt in Syrien*

Aufgaben zum Leseverstehen

1. Kreuze die richtige Antwort an.

   Die Einblendung *„Internet-Video"* (Z. 12) soll dem Zuschauer zeigen, dass das Video …

   a) ☐ aus einer besonderen Datenbank des Senders kommt.
   b) ☐ eine spezielle Auftragsarbeit für das Internet ist.
   c) ☐ von ausgebildeten Journalisten gedreht wurde.
   ✓ d) ☒ von unbekannten Personen ohne Auftrag gedreht wurde.

2. Kreuze die richtige Antwort an.

   Mit der Bezeichnung *„professionelle Bilder"* (Z. 14) ist gemeint, dass die Aufnahmen …

   a) ☐ aus dem Internet stammen.
   b) ☐ reale Situationen zeigen.
   c) ☐ Konfliktherde darstellen.
   ✓ d) ☒ von Journalisten stammen.

3. Kreuze die richtige Antwort an.

   Für Ralf Zimmermann von Siefart sind die Internetvideos *„Segen und Fluch zugleich"* (Z. 31 f.). Der Grund dafür ist:

   ✓ a) ☒ Journalisten erhalten dadurch mehr Informationen, aber sie müssen diese Informationen auf ihre Richtigkeit hin prüfen.
   b) ☐ Journalisten haben durch diese Videos weniger Arbeit und ihnen ist deshalb häufig langweilig.
   c) ☐ Solche Videos haben eine schlechte Bildqualität und müssen zu großen Teilen stark nachgebessert werden.
   d) ☐ Solche Videos sind zwar sehr leicht im Internet zu finden, aber man muss viel Geld für sie bezahlen.

4. Kreuze die richtige Antwort an.

   Mit dem sprachlichen Bild *„Mauern der Diktatur"* (Z. 33 f.) meint Ralf Zimmermann von Siefart, dass …

   a) ☐ man in manchen Diktaturen sicher im Internet surfen kann.
   b) ☐ Journalisten in manchen Krisengebieten gut gesichert sind.
   c) ☐ manche Länder von hohen Mauern umgeben sind.
   ✓ d) ☒ zu manchen Krisengebieten der Zugang verwehrt ist.

5. Kreuze die richtige Antwort an.

   Michael Wegener bezeichnet seine Arbeit als *„Indizienprozess"* (Z. 36 f.), weil …

   a) ☐ die entsprechenden Internet-Links in den Nachrichten gezeigt werden müssen.

   ✓ b) ☒ die Videos aufwendig nach Hinweisen für ihre Echtheit geprüft werden müssen.

   c) ☐ 80 Videos von den Mitarbeitern der Fernsehredaktionen gründlich untersucht werden müssen.

   d) ☐ für die sozialen Medien wie Google+ und Facebook aufwendig recherchiert werden muss.

6. Ordne die Arbeitsschritte zur Überprüfung der Videos in der richtigen Reihenfolge (Abschnitt 3).

Arbeitsschritt	**Reihenfolge (1, 2, 3, 4)**
a) Herkunft diskutieren	2
b) Herkunft herausfinden	3
✓ c) Video ansehen	1
✓ d) Video durch andere Kontakte prüfen	4

7. Kreuze die richtige Antwort an.

   „Je vernetzter die Redaktion ist, desto einfacher wird die Arbeit." (Z. 59 ff.)

   Dies bedeutet im Textzusammenhang: Die Echtheit des Internetvideos zu überprüfen wird einfacher, weil viele …

   a) ☐ Fernsehredakteure heutzutage immer online sind.

   b) ☐ Mitarbeiter eines Fernsehsenders daran arbeiten.

   c) ☐ soziale Medien dem Sender bereitgestellt werden.

   ✓ d) ☒ unterschiedliche Personen befragt werden können.

8. Kreuze die richtige Antwort an.

   Mit der Formulierung *„Zwei-Quellen-Prinzip"* (Z. 82 f.) ist im Textzusammenhang gemeint, dass die Echtheit der Informationen durch zwei …

   a) ☐ Social-Media-Redakteure als Quellen bestätigt wird.

   b) ☐ unabhängige Quellen aus Deutschland belegt wird.

   c) ☐ voneinander abhängige Quellen bestätigt wird.

   ✓ d) ☒ voneinander unabhängige Quellen abgesichert wird.

9. Kreuze die richtige Antwort an.

Mit Hilfe von sozialen Netzwerken können Fernsehredaktionen die Echtheit von Videos überprüfen (Abschnitt 5), da in diesen Netzwerken …

a) ☐ die User selbst über die Echtheit eines Videos abstimmen können.
✓ b) ☒ echte Videos häufig von verschiedenen Usern hochgeladen werden.
c) ☐ Zweifel über die Echtheit eines Videos schneller verbreitet werden.
d) ☐ Redakteure gezielt User nach ihren eigenen Videos fragen können.

10. Erläutere vor dem Hintergrund von Abschnitt 6 das folgende Zitat:

„Das Fachwissen wird dort abgerufen, wo es liegt, die Verantwortung bleibt aber bei der Redaktion." (Z. 104–107)

Wenn falsche Informationen eingeholt und veröffentlicht werden ist das die Schuld der Redaktion.

11. Kreuze die richtige Antwort an.

Der Sprechertext *„Das Video zeigt Homs und soll von heute sein"* (Z. 119–121) drückt aus, dass …

a) ☐ das Video mit Sicherheit von heute ist.
b) ☐ die Nachricht hundertprozentig sicher ist.
c) ☐ die Realität im Video abgebildet wird.
✓ d) ☒ die Echtheit der Quelle unsicher ist.

12. Erläutere den Zusammenhang zwischen der Grafik und dem Text. Beziehe dich dabei auf mehrere Textaussagen.

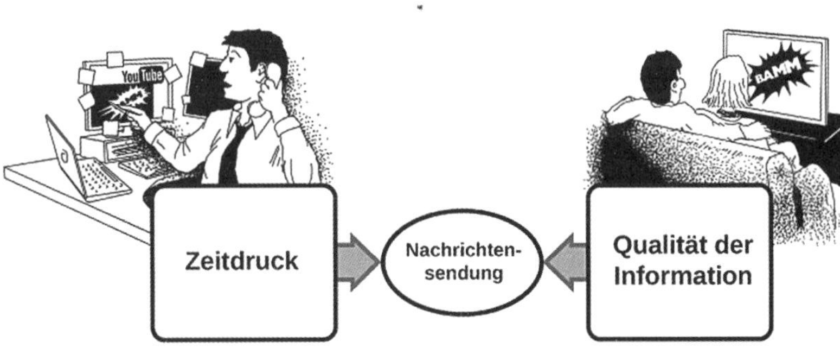

Durch Zeitdruck suchen Journalisten Videos im Internet im Social-Network und kontrollieren deren Echtheit. Danach werden sie im Fernsehen veröffentlicht.

13. Eine Schülerin sagt nach dem Lesen des Textes:

    „Wenn es keine hundertprozentige Sicherheit gibt, sollte man lieber ganz auf Bilder und Videos verzichten."

    Du kannst dieser Aussage zustimmen oder nicht. Wichtig ist, dass du deine Meinung begründest und dich auf mehrere Textaussagen beziehst.

    Das sehe ich nicht so, da solche Informationen oftmals echt sind und den Menschen zeigen, was in der Welt vor sich geht. Außerdem stehen die Chancen auf Echtheit höher, wenn ähnliche Videos von verschiedenen Personen hochgeladen werden (Abschnitt 5)

Zweiter Prüfungsteil

Der zweite Prüfungsteil enthält **zwei Wahlthemen**, aus denen **eines** von dir ausgewählt und bearbeitet werden muss.

Wahlthema 1

Lies bitte zunächst den Text, bevor du die Aufgaben bearbeitest.
Schreibe einen zusammenhängenden Text.

Aufgabenstellung

Analysiere den Textauszug aus dem Roman „Arthur – Oder: Wie ich lernte, den T-Bird zu fahren" von Sarah N. Harvey.

Gehe dabei so vor:

- Schreibe eine Einleitung, in der du Titel und Autorin benennst und das Thema formulierst.
- Fasse den Text kurz zusammen.
- Stelle dar, worüber sich die Mutter im Telefonat beklagt.
- Erläutere, wie der Ich-Erzähler die Klage versteht, und erkläre seine Reaktion.
- Untersuche, wie durch sprachliche und formale Mittel deutlich gemacht wird, dass der Ich-Erzähler beunruhigt ist *(mögliche Aspekte: Wortwahl, Satzbau, Satzart).*
- Eine Mitschülerin sagt über den Text: *„Die Reaktion des Ich-Erzählers auf das Telefonat ist völlig übertrieben."*
  Setze dich mit der Aussage auseinander und überlege, ob du die Einschätzung teilen kannst. Begründe deine Meinung und beziehe dich dabei auf den Text.

Sarah N. Harvey: Arthur – Oder: Wie ich lernte, den T-Bird zu fahren
(Textauszug)

„Er ist unmöglich, Marta“, sagt sie. „Absolut unmöglich. Hat keine Freunde. Schläft den ganzen Tag. Schaut die ganze Nacht fern. Duscht nie. Lässt sich die Haare nicht schneiden. Schiebt sein dreckiges Geschirr unters Bett oder steckt es zusammen mit seiner schmutzigen Unterwäsche in irgendwelche Schubladen. Ich bin mit meinem Latein am Ende.“

Am liebsten wäre ich in die Küche gestürmt und hätte gerufen: „Hey! Es ist erst zwei Uhr. Ich bin auf. Ich habe geduscht. Ich bin angezogen. Und schmutziges Zeug – ob Geschirr oder Unterwäsche – stecke ich nie in Schubladen. Ich lasse es auf dem Boden liegen. Und wann warst du überhaupt in meinem Zimmer?“ Ich habe meine Maßstäbe. Niedrige zwar, aber immerhin. Sie soll mal keinen Schwachsinn über mich erzählen. Gut, ich habe mir seit drei Jahren die Haare nicht schneiden lassen, aber ich wasche sie alle paar Tage. Und nun jammert sie Marta etwas vor, ausgerechnet Marta, die wahrscheinlich nicht überrascht ist zu hören, dass sich ihr armer vaterloser Neffe so nachteilig entwickelt. Marta ist meine Tante, die Halbschwester meiner Mutter. Ab und zu kommt sie mal nach Kanada, aber seit unserem Umzug quer durch das Land hat sie uns noch nicht besucht. Wir sind hierhergezogen, um näher bei meinem Großvater zu wohnen, er ist fünfundneunzig.

Ich kenne niemanden sonst, der so alt ist. Deshalb weiß ich nicht, ob Alter automatisch mit zänkischem[1] Egoismus einhergeht. Aber nach allem, was ich über meinen Großvater gehört habe, war er schon immer so, es liegt also wohl nicht nur am Alter.

„Ich weiß nicht mehr, was ich tun soll“, sagt sie gerade.

„Ich muss etwas für ihn finden, einen Platz, wo ich ihn hinbringen kann. Und zwar schnell. Sonst kriege ich einen Nervenzusammenbruch. Im Ernst, Marta.“

Einen Platz, wo sie mich hinbringen kann? Was redet sie da? Dass ich die ganze Zeit zu Hause bin, dafür kann ich nichts. Ich habe kurz nach Weihnachten das Pfeiffer'sche Drüsenfieber bekommen, und als es mir endlich besser ging, fingen bald die Frühjahrsferien an, und dann war auch schon Ostern. Und ja, ich bin viel allein. Und so vergehen die Tage: Ein bisschen für die Schule machen, ein bisschen fernsehen, ein bisschen Musik hören, viel schlafen. Essen am liebsten aus der Mikrowelle. Ich esse nie zusammen mit meiner Mutter. Sie ist sowieso nicht viel zu Hause. Und jetzt sagt sie, sie kann nicht mehr und will mich los sein. Scharf.

„Ich weiß, etwas Luxuriöses können wir uns nicht leisten“, sagt Mom. „Es muss nur sauber sein.“ Wer weiß, vielleicht macht Tante Marta gerade den Vorschlag, mich in eine Jugendstrafanstalt oder so zu schicken. Nur habe ich keine Straftat begangen. Bis jetzt jedenfalls. Mom sagt: „Hm, mmh, vielleicht hast du recht. Nein, ich glaube nicht, dass er besonders viel trinkt. Ich mache ja alle Einkäufe, und nach Wein oder so was verlangt er nie.“

Trinken. Na klar. Ich bin sechzehn. Ich habe keine Freunde. Ich habe kein Geld. Ab und zu ein Bier, okay. Wie sollte ich mich also betrinken? Ich hätte absolut keine Lust dazu.

Mom spricht immer noch. „Die einzige andere Möglichkeit wäre, jemanden einzustellen, der ins Haus kommt. Vielleicht nicht den ganzen Tag – er schläft ja so viel –, aber wenigstens, um bei den Mahlzeiten zu helfen.“

Wovon spricht sie? Ein Babysitter? Sie muss total von der Rolle sein. Eine Jugendstrafanstalt würde ich einem Babysitter jederzeit vorziehen. Und Hilfe bei den Mahlzeiten brauche ich nicht. Meine Fähigkeiten im Umgang

1 *zänkisch: streitsüchtig*

mit der Mikrowelle sind auf einem hohen Level.

„Und auch beim Duschen muss ihm jemand helfen."

Ich traue meinen Ohren nicht. Seit wann brauche ich Hilfe beim Duschen? Jetzt springe ich aber doch die letzten vier Stufen hinauf und stürme in die Küche. „Kommt nicht infrage, Mom. Verdammt noch mal, nein!"

„Warte, Marta. Gerade kommt Rolly herauf", sagt sie ruhig.

Sie wirft mir einen Blick zu, der ausdrücken soll *Wir unterhalten uns gleich.* „Rolly, du weißt, was ich von Fluchen halte. Ich telefoniere gerade."

„Ich gehe nicht in irgendein Jugendgefängnis und ich brauche erst recht keinen Babysitter. Wenn das deine Pläne sind, dann bin ich hier weg." Ich stehe auf, um wieder in den Keller zu gehen, aber Mom hält mich am Arm fest.

„Jugendgefängnis? Wer hat etwas von Jugendgefängnis gesagt? Was redest du da? Hast du Probleme?" Sie zieht die Stirn kraus und sagt ins Telefon: „Ich muss später noch mal anrufen, Marta."

„Aber, Mom … Ich suche mir einen Job. Ich werde mehr helfen. Bloß keinen Babysitter."

„Babysitter?"

„Ich habe doch gehört, wie du mit Marta besprochen hast, mich wegzuschicken. Oder einen Babysitter zu engagieren."

Mom verschränkt die Arme auf dem Tisch und legt den Kopf auf die Arme. Das Haar fällt ihr übers Gesicht, und ihre Schultern beben. „He, Mom. Wein doch nicht", sage ich. „Es wird schon werden." Keine Antwort. Nur ein Schluckauf und ein Schnauben, gefolgt von einer Art Wiehern. Ihr Benehmen bringt mich allmählich auf die Palme, deshalb tippe ich an ihre Schulter, und sie hebt das Gesicht. Tränen laufen ihr über die Wangen, und unter der Nase hängt ein bisschen Rotz, aber sie weint nicht – sie lacht.

„Was ist so komisch?", frage ich. Ich sollte froh sein, dass sie lacht, aber ich mag es nicht, wenn man über mich lacht. Erst recht nicht, wenn ich gar nicht versucht habe, komisch zu sein.

„Du", japst sie schließlich. „Was hast du dir denn gedacht? Dass ich dich satthabe?"

„Hm, ja."

„Ach, mein Schatz", sagt sie. „Nie." Sie prustet noch einmal. „Sagen wir, so gut wie nie."

„Worüber hast du dann mit Marta geredet?" Sie hört auf zu lachen und wischt sich mit dem Pulloverärmel über die Nase. „Über deinen Großvater."

Quelle: Harvey, Sarah N.: Arthur – Oder: Wie ich lernte, den T-Bird zu fahren. Aus dem Englischen von Ulrike und Herbert Günther. © 2013 Carl Hanser Verlag München (aus didaktischen Gründen gekürzt)

Wahlthema 2

Die nächste Ausgabe der Schulzeitung, die Schüler, Lehrer und Eltern lesen, widmet sich dem Thema „Phantastische Literatur". Du bist gebeten worden, für diese Ausgabe einen informierenden Text zum Thema „Vampire in Büchern und Filmen" zu schreiben. Um deinen Text schreiben zu können, bekommst du eine Materialsammlung (M 1 bis M 6).

Lies bitte zunächst die Aufgabenstellung und dann die Materialien aufmerksam durch, bevor du mit dem Schreiben beginnst.

Aufgabenstellung

Verfasse auf der Grundlage der Materialien M 1 bis M 6 einen informierenden Text zum Thema „Vampire in Büchern und Filmen". Schreibe nicht einfach aus den Materialien ab, sondern achte auf eine eigenständige Darstellung in einem zusammenhängenden Text.

Gehe dabei so vor:

- ▶ Formuliere für den Text eine passende Überschrift.
- ▶ Schreibe eine Einleitung, in der du kurz definierst, was ein Vampir ist und woher die Vorstellung von Vampiren ursprünglich stammt.
- ▶ Stelle das von Bram Stoker geschaffene Vampirbild dar. Erkläre dabei auch die besondere Rolle Bram Stokers für die nachfolgende Vampirliteratur und die späteren Vampirfilme.
- ▶ Erläutere, wie sich das Vampirbild im Film entwickelt hat.
- ▶ Schlussfolgere anhand der Materialien und eigener Überlegungen, warum viele Menschen Vampirbücher und -filme faszinierend finden. Beziehe dich dabei auch auf die Funktion von phantastischer Literatur.
- ▶ Notiere unterhalb des Textes die Nummern der von dir genutzten Materialien.

M 1 Vampirbilder – von früher bis heute

Quelle: links: © antonbrand/123RF.com, Mitte: © lawangdesign/Fotolia.com, rechts: © Kes/cartoonstock.com

M 2 Was macht einen Vampir aus? Auszug aus einem Online-Lexikon

Vampire sind untot. Sie sind lebende Tote, deren Hauptanliegen – zumindest in Literatur und Film – meistens das Blutsaugen ist. Vampire brauchen Energie und Leben, das sie sich durch das Blut von Lebenden holen. Und auch sonst haben sie außergewöhnliche Eigenschaften. Häufig sind die besonderen Fähigkeiten – vor allem seit Stokers Roman „Dracula“ – allen Vampiren gemeinsam, doch manchmal variieren sie und treten in verschiedenen Zusammenstellungen auf. […]

Sie meiden das Tageslicht und schlafen tagsüber in ihren dunklen Särgen, während sie nachts erwachen und auf Nahrungssuche gehen. Außerdem können Vampire überdurchschnittliche Kräfte entfalten und auf natürlichem Wege niemals sterben. […]

Feuer oder ein Holzpflock, der ihm grausam durchs Herz gestoßen wird, bringt den Vampir um. Als Abwehrmittel gelten vor allem Knoblauch und religiöse Utensilien wie Kreuze oder Weihwasser. Man kann sich jedoch niemals sicher sein, denn wie gesagt: Die Eigenschaften variieren.

Quelle: Schultens, Andrea: Vampire. © WDR/SWR/ARD-alpha, 01. 11. 2012. http://www.planet-wissen.de/kultur/fabelwesen/vampire/pwwbvampire100.html, Seitenaufruf am 04. 07. 2014.

M 3 Dracula war nicht der Anfang – Vampirvorstellungen im Wandel der Zeit

Informationen basierend auf: Schultens, Andrea: Vampire. © WDR/SWR/ARD-alpha, 01. 11. 2012. http://www.planet-wissen.de/kultur/fabelwesen/vampire/pwwbvampire100.html, Seitenaufruf am 23. 07. 2014.

M 4 Dracula von Bram Stoker

a) Die Geschichte des berüchtigten Grafen Dracula, der in Transsylvanien und London sein Unwesen treibt, ist weltbekannt. Der Roman, der die Themen Liebe, Abenteuer und Schauer kunstvoll verknüpft, regte seit seinem Erscheinen 1897 zahlreiche Schriftsteller, Regisseure und Künstler zu Adaptionen und Nacherzählungen an. Varianten des Vampir-Mythos erfreuen sich bis heute ungebrochener Beliebtheit, und zahllose Legenden ranken sich um den düsteren Grafen. Den Anfang jedoch nehmen all diese Geschichten in einem der berühmtesten Meisterwerke der Weltliteratur: Bram Stokers „Dracula".

Quelle: dtv. http://www.dtv-dasjungebuch.de/buecher/dracula_14299.html, Seitenaufruf am 23. 07. 2014.

b) Für das breite Publikum ist der Vampir ein Blutsauger, der in der Nacht die Schlafenden aufsucht und ihren langsamen Tod bewirkt, indem er ihnen ihr Leben aussaugt. Romane und Filme haben uns vertraut gemacht mit den „Lebensgewohnheiten" dieses Wesens: Der Vampir, der als lebender Toter das Tageslicht scheut, wenn die Sonne am Himmel steht, in seinem Sarg oder in einer Kiste, angefüllt mit der Erde des eigenen Grabes, schläft dort mit offenen Augen, während Ratten ihn vor jeder Annäherung anderer bewahren; er fürchtet nichts so sehr wie Kreuz und Knoblauch. Als Untoter par excellence hat er bleiche Haut, gut entwickelte und spitze Schneidezähne, blutrote Lippen und überlange Fingernägel, seine Hände sind eiskalt und seine Fäuste von eiserner Kraft. Begleitet vom Todesgeheul der Hunde und Wölfe verlässt er seinen Aufenthaltsort, und wenn er sich in ein Haus schleicht, verursacht er bei den Bewohnern eine hilflose Benommenheit. [...] Die genannten Merkmale gehen auf weit zurückliegende Traditionen zurück. Bram Stoker hat sie gesammelt und mit Geschick angeordnet, um damit etwas zu schaffen, was zum Mythos des Vampirs geworden ist.

Quelle: Lecouteux, Claude: Die Geschichte der Vampire: Metamorphose eines Mythos. Aus dem Französischen von Harald Erhardt. Patmos Verlag 2001. S. 10–11.

M 5 Die Entwicklung des Vampirfilms

a) Die Anfänge des Vampirfilms

Was Autoren wie Stoker, Polidori und Le Fanu zu Papier gebracht hatten, diente bereits zu Zeiten des Stummfilms als Kinostoff. Erste Versuche, die Blutsauger im Film zu zeigen, gab es bereits Anfang des 20. Jahrhunderts. Bereits 1920 wurde in Russland ein Film, der auf Bram Stokers 1897 erschienenem Roman „Dracula" basierte, unter eben diesem Titel gedreht. Leider blieb keine Kopie davon erhalten. 1921 setzte der deutsche Regisseur Friedrich Murnau mit „Nosferatu – Eine Symphonie des Grauens" eine Schreckensfigur in Szene, die heute als die Urform des Filmvampirs bezeichnet werden kann.

Quelle: Schindlbeck, Birgit: Die Anfänge des Vampirfilms. Bayerischer Rundfunk, 02. 11. 2011. http://www.br.de/themen/kultur/inhalt/film/vampirfilm-vampire-anfaenge100.html, Seitenaufruf am 21. 07. 2015.

b) Der Vampirfilm im Wandel der Zeit

Zwischen „Nosferatu" von 1922 und „Twilight" liegen einige 100 Vampirfilme. Und da auch Vampire mit der Zeit gehen müssen, wenn sie überleben wollen, treten die Blutsauger heute ganz anders auf als noch zu F. W. Murnaus Zeiten.
Der Vampir an sich hat sich seit „Nosferatu" stark verändert: Gestern ein buckliger wandelnder Leichnam mit überlangen Krallenhänden, heute ein gutaussehender junger Mann, der im Sonnenlicht glitzert wie ein Diamant, so wie Edward Cullen aus der „Twilight"-Reihe.